ANTON MAKARENKO
GESAMMELTE WERKE
BAND 1

ANTON MAKARENKO

GESAMMELTE WERKE

MARBURGER AUSGABE

Herausgegeben von
Leonhard Froese, Götz Hillig, Siegfried Weitz, Irene Wiehl
Makarenko-Referat der Forschungsstelle
für Vergleichende Erziehungswissenschaft,
Philipps-Universität Marburg

Erste Abteilung:
Veröffentlichungen zu Lebzeiten

ANTON MAKARENKO

Gesammelte Werke
Marburger Ausgabe

BAND 1

VERÖFFENTLICHUNGEN 1923–1931

Bearbeitet von
Siegfried Weitz
und
Götz Hillig

OTTO MAIER VERLAG RAVENSBURG

Übersetzungen aus dem Russischen: I. Wiehl, S. Weitz, G. Hillig
Übersetzungen aus dem Ukrainischen: I. Wiehl, G. Hillig

CIP-Kurztitelaufnahme der Deutschen Bibliothek

Makarenko, Anton S.
[Sammlung ‹dt.›]
Gesammelte Werke: Marburger Ausg./hrsg. von Leonhard Froese... – Ravensburg: Maier.

Bd. 1: Abt. 1, Veröffentlichungen zu Lebzeiten. Veröffentlichungen: 1923 bis 1931 / bearb. von Siegfried Weitz und Götz Hillig. – 1976.
ISBN 3-473-60151-9
NE: Weitz, Siegfried [Bearb.]

© 1976 by Otto Maier Verlag Ravensburg

Umschlagentwurf: Manfred Burggraf
Satz: IBV Lichtsatz KG, Berlin
Druck: Druckerei Holzer, Weiler/Allgäu
Printed in Germany 1976
ISBN 3-473-60151-9

INHALTSVERZEICHNIS

	Text	Kommentar
Vorwort zur Marburger Ausgabe	7	
Vorwort zu Band 1	12	
Beiträge über die Gor'kij-Kolonie	13	93
Die M. Gor'kij-Kolonie (1923)	15	94
Erfahrungen mit der Bildungsarbeit in der Poltavaer M. Gor'kij-Arbeitskolonie (1923) . .	17	94
Willkommen, Pioniere! (1928)	28	98
An der gigantischen Front (1930)	29	98
Die Kinderverwahrlosung und ihre Bekämpfung (1931)	65	101
Kommentar	91	
Daten zu Leben und Werk A. Makarenkos	103	
Register	137	
Namenregister	139	
Topographisches Register	142	
Register der Werke Makarenkos	145	

HINWEISE FÜR DEN BENUTZER

Diese Studienausgabe enthält den deutschen Text der zweisprachigen Werkausgabe. Auf die Wiedergabe der in den Originalveröffentlichungen enthaltenen Abbildungen und der dazugehörigen Legenden wurde jedoch verzichtet.

Für die Studienausgabe wurde der Text neu umbrochen. Nicht ausgehende Zeilen, die durch die parallele deutsche Übersetzung der zweisprachigen Ausgabe bedingt sind, wurden in der Regel jedoch beibehalten. Die Paginierung der zweisprachigen Ausgabe wird am Textrand mitgeführt.

Die Seitenangaben im Kommentar und im Register beziehen sich auf die Paginierung der zweisprachigen Ausgabe.

Es werden folgende Abkürzungen verwendet:

CDAŽR	Central'nyj deržavnyj archiv Žovtnevoj revoljucii URSR (Kiev)
CGALI	Central'nyj gosudarstvennyj archiv literatury i isskustva (Moskva)
Soč. 1 (etc.)	A. S. Makarenko, Sočinenija. 2-e izd., Moskva 1957–58.
Soč. (1950) 1 (etc.)	A. S. Makarenko, Sočinenija, Moskva 1950–52.
Werke 1 (etc.)	A. S. Makarenko, Werke, Berlin, Bd 1: 1959, Bd 2: 1960, Bd 3: 1958, Bd 4: 1958, Bd 5: 1964, Bd 6: 1960, Bd 7: 1963.
Werke (1956) 5 (etc.)	A. S. Makarenko, Werke, Berlin, Bd 5: 1956, Bd 7: 1957.

VORWORT ZUR MARBURGER AUSGABE

Das Makarenko-Referat der Forschungsstelle für Vergleichende Erziehungswissenschaft der Philipps-Universität Marburg legt hiermit den ersten Band einer neuen Edition der Schriften A. Makarenkos vor. Die MARBURGER AUSGABE, die das Werk des bekannten sowjetischen Pädagogen und Schriftstellers in einer möglichst authentischen Textform und in größerer Breite als bisher zugänglich macht, stellt das Ergebnis langjähriger Bemühungen des Referats um einen zuverlässigen Makarenko-Text dar. Damit soll eine bessere Grundlage für die Erforschung, Rezeption und Einschätzung des Gesamtwerks geschaffen werden.

Anton Semenovič Makarenko (1888–1939) entwickelte seine pädagogische Konzeption in langjähriger Tätigkeit als Leiter von Einrichtungen zur Resozialisierung minderjähriger Rechtsbrecher und Verwahrloster in der Sowjetukraine, fand aber zunächst nur lokale Beachtung. Nach Erscheinen seines „Pädagogischen Poems" (Moskau 1934–36), dem die Erfahrungen dieser Tätigkeit zugrunde liegen, wurde Makarenko einer breiteren Öffentlichkeit vor allem als Schriftsteller bekannt. Die von ihm nur in Ansätzen umrissene Kollektiverziehungstheorie wurde erst nach seinem Tode aufgegriffen und – zunächst in der Russischen und der Ukrainischen und dann auch in den anderen Unionsrepubliken – breit diskutiert. Makarenkos Konzeption erfuhr dabei allerdings aufgrund der politischen Zeitumstände eine dogmatische Verkürzung; in dieser Form wurde sie nun als *die* Sowjetpädagogik propagiert – nach 1945 auch in den entstehenden Volksdemokratien. Die zunehmende Beschäftigung mit Makarenko im Westen war zunächst eher eine Reaktion auf diese Propagierung, entwickelte sich dann jedoch, besonders in der Bundesrepublik Deutschland, zu einem beachtlichen Beitrag zur inzwischen internationalen Makarenko-Forschung.

Erste Pläne für eine Sammlung der verstreut publizierten Arbeiten und des Nachlasses A. Makarenkos gingen von einem kleinen Kreis naher Freunde und Anhänger aus, dem neben seiner Frau G. S. Makarenko u. a. der Schriftsteller V. G. Fink, die Literaturwissenschaftler und -kritiker N. I. Četunova, V. V. Ermilov und Ju. B. Lukin, der Psychologe V. N. Kolbanovskij und der ehemalige Makarenko-Zögling S. A. Kalabalin angehörten. Diese „Kommission zur Pflege des Andenkens an A. S. Makarenko", die vom Präsidium des sowjetischen Schriftstellerverbandes unmittelbar nach Makarenkos Tod eingesetzt worden war, plante bereits Anfang 1941 eine Edition seiner Werke – zunächst eine Gesamtausgabe im Literaturverlag (Goslitizdat), dann eine Auswahlausgabe im

Schulbuchverlag (Učpedgiz). Diese Projekte wurden offenbar durch den Ausbruch des Krieges vereitelt. Vor 1945 erschienen in Buchform lediglich drei Ausgaben der erstmals 1940 in den Zeitungen „Izvestija" und „Učitel'skaja gazeta" publizierten Rundfunkvorträge (Moskau 1940, Machačkala bzw. Stalingrad 1941) und eine Sammlung der zuvor in der „Učitel'skaja gazeta" veröffentlichten Vortragsstenogramme (Čkalov 1941).

Eine erste breitere Auswahl aus Makarenkos Werk stellen die von E. N. Medynskij und I. F. Svadkovskij, Mitgliedern der Akademie der Pädagogischen Wissenschaften der RSFSR, editorisch betreuten und von I. F. Kozlov zusammengestellten „Izbrannye pedagogičeskie proizvedenija" (Ausgewählte pädagogische Schriften, Moskau 1946; dt. Übers.: „Ausgewählte pädagogische Werke", Bukarest 1951) dar. Diese einbändige Ausgabe enthält fast ausschließlich schon zuvor veröffentlichte Texte, zudem teilweise in gekürzter Form. Neue Materialien wurden in dem von E. N. Medynskij herausgegebenen und von A. G. Ter-Gevondjan zusammengestellten Band „Pedagogičeskie sočinenija" (Pädagogische Werke, Moskau 1948) publiziert, der jedoch – trotz des Untertitels „Unveröffentlichte Schriften, Artikel und Vortragsstenogramme" – auch bereits zuvor Veröffentlichtes bringt. Überwiegend Nachdrucke enthält die 1949 als Supplement zur Zeitschrift „Sovetskaja pedagogika" publizierte vierbändige Ausgabe „Izbrannye pedagogičeskie sočinenija" (Ausgewählte pädagogische Werke; zusammengestellt von I. S. Petruchin, herausgegeben von I. A. Kairov und G. S. Makarenko. Band 4 erschien auch in dt. Übers.: „Ausgewählte pädagogische Schriften", Berlin 1952).

Die von der Akademie der Pädagogischen Wissenschaften der RSFSR aus Anlaß des zehnten Todestages A. Makarenkos herausgegebene siebenbändige Ausgabe „Sočinenija" (Werke, Moskau 1950–52) wurde von I. A. Kairov, G. S. Makarenko und E. N. Medynskij editorisch betreut. Für die Textgestaltung zeichnete in erster Linie V. E. Gmurman, Mitarbeiter des Akademie-Instituts für Theorie und Geschichte der Pädagogik, verantwortlich. Die Ausgabe, die thematisch und innerhalb der einzelnen Untergruppen chronologisch geordnet ist, sollte – laut redaktioneller Vorbemerkung zu Band 1 – „alle bisher veröffentlichten literarischen und pädagogischen Schriften, Erzählungen, Skizzen, Aufsätze sowie eine Reihe von Schriften und Materialien, die bisher nicht veröffentlicht wurden", enthalten. Bei den erstmals in eine Sammlung aufgenommenen Arbeiten handelt es sich um bereits zu Lebzeiten Makarenkos in Zeitungen und Zeitschriften erschienene publizistische und literarische Beiträge (in Bd. 6 und 7) sowie um zuvor nicht publizierte Filmszenarien (in Bd. 6), Vorarbeiten und Varianten zu den veröffentlichten belletristischen Werken (in Bd. 1, 3 und 4) und Briefe (in Bd. 7).

Von dieser Ausgabe, die auch ins Tschechische (Praha 1952–55), Ukrainische (Kyjiv 1953–56), Polnische (Warszawa 1955–57), Ungarische (Budapest 1955–56) und teilweise auch ins Deutsche (Bd. 5 und 7, Berlin 1956–58), Grusinische (Bd. 1, Tbilisi 1957), Slowakische (Bd. 6 und 7, Bratislava 1957–58) und Rumänische (Bd. 6 und 7, București 1958–59) übersetzt wurde, erschien 1957–58 eine zweite, veränderte Auflage, die wiederum Übersetzungen ins Deutsche (Berlin 1961–64), Japanische (Tôkyô 1964–65) und Grusinische (bisher 4 Bände, Tbilisi 1959–73) zugrunde gelegt wurde. Neu aufgenommen wurden (in Bd. 5 und 7) zwischenzeitlich aufgefundene Arbeiten, von Makarenko verfaßte Dokumente aus der Gor'kij-Kolonie und der Dzeržinskij-Kommune, Vortragsstenogramme und Briefe; nicht wieder aufgenommen bzw. gekürzt wurden (in Bd. 5 und 7) die publizistischen Arbeiten mit aktuellem politischen Bezug aus den Jahren 1936–38.

Die siebenbändige Akademie-Ausgabe ist die bisher breiteste Sammlung von Makarenkos Werk. Sie erschien in hoher Auflage und wurde allen späteren Einzel- und Sammelausgaben wie auch den in und außerhalb der Sowjetunion veröffentlichten Übersetzungen zugrunde gelegt. Es war nicht zuletzt diese Edition, die das Bild des Pädagogen Makarenko entscheidend und nachhaltig geprägt hat.

Quellen- und textkritischen Ansprüchen vermag die Akademie-Ausgabe jedoch nicht gerecht zu werden. Durch eine vom Makarenko-Referat der Marburger Forschungsstelle vorgenommene Textüberprüfung unter Heranziehung der Erstdrucke sowie der späteren Abdrucke wurden zahlreiche Abweichungen gegenüber früheren Publikationen festgestellt, die nicht durch den Rückgriff auf das Autorenmanuskript gerechtfertigt sind. Es zeigte sich, daß wiederholt redaktionell überarbeitete Texte früherer Ausgaben, vor allem der 1946 von I. F. Kozlov besorgten Auswahl, zugrunde gelegt wurden. Dabei handelt es sich zum Teil um Abweichungen von erheblicher inhaltlicher Relevanz. Hinzu kommt, daß keineswegs (wie angekündigt) alle bereits anderweitig veröffentlichten Arbeiten aufgenommen wurden, sei es, weil sie in weniger bekannten Periodika oder unter einem anderen Namen veröffentlicht wurden, sei es, weil ihr Inhalt nun inopportun erschien. Außerdem wurden einige im ursprünglichen Redaktionsplan der Ausgabe angekündigte Texte aus dem Nachlaß nicht aufgenommen: der Roman „Puti pokolenija" (Wege einer Generation), die Theaterstücke „Njutonovy kol'ca" (Newtonsche Ringe) und „Zabota o čeloveke" (Die Sorge um den Menschen) sowie die Erzählung „Rasčet svobodno nesuščich kryl'ev" (Berechnung von Tragflächen). All das gilt natürlich auch für die der Akademie-Ausgabe folgenden fremdsprachigen Editionen, die zudem noch übersetzungs- und z. T. auch redaktionsbedingte Veränderungen enthalten.

Seit 1958 ist in der Sowjetunion eine Reihe bisher unbekannter Materialien erschienen, die die Akademie-Ausgabe ergänzen. Dabei handelt es sich um literarische und pädagogische Fragmente, Kolonie- und Kommunedokumente, Vortragsstenogramme, Briefe und Auszüge aus den Tagebüchern, die verstreut in pädagogischen und literarischen Periodika bzw. in Sammelbänden veröffentlicht wurden.

Angesichts dieser Textsituation sowie der Tatsache, daß von der sowjetischen Forschung bisher keine historisch-kritische Gesamtausgabe in Aussicht gestellt wurde, entstand der Plan einer wissenschaftlichen Kriterien entsprechenden und möglichst vollständigen „Interimsedition" der Werke A. Makarenkos. Durch die Aufnahme aller zugänglichen Arbeiten in einer authentischen Textform versucht die auf 20 Bände geplante MARBURGER AUSGABE diesem Anspruch zu genügen. Die Gliederung der Edition in zwei nacheinander erscheinende Abteilungen (I. Veröffentlichungen zu Lebzeiten – 13 Bände, II. Nachlaß – 7 Bände) ist die Konsequenz aus der derzeitigen Quellenlage.

Die MARBURGER AUSGABE bringt den originalen Makarenko-Text mit paralleler deutscher Übersetzung und einem ausführlichen Kommentar. In der 1. Abteilung, die die von Makarenko selbst veröffentlichten Arbeiten umfaßt, wird auf den (russisch-, ukrainisch-, französisch- bzw. englischsprachigen) Erstdruck zurückgegriffen, der in faksimilierter Form wiedergegeben wird. Dabei werden erstmals mehrere bisher nicht bekannte Arbeiten aufgenommen, die durch eine systematische Auswertung der internationalen Makarenko-Literatur sowie relevanter Bibliographien und Periodika aufgefunden werden konnten. Die Texte werden in chronologischer Ordnung abgedruckt.

Der Kommentar enthält zu jedem Text Angaben zur Entstehungs- und Publikationsgeschichte (soweit bekannt bzw. erschließbar), zu den Abdrucken zu Makarenkos Lebzeiten sowie zur Wiedergabe in der Akademie-Ausgabe. In Form von Anmerkungen werden darüber hinaus nach Möglichkeit aufgenommen: ergänzende Passagen aus den Manuskripten oder aus späteren Abdrucken und wissenschaftlich relevante Varianten sowie zum Verständnis der Besonderheiten des Textes erforderliche Erläuterungen. Der Kommentar wird durch ein Register ergänzt.

Die 1. Abteilung umfaßt 13 Einzelbände. Die Bände 1, 7, 9 und 12 stellen Sammlungen der kleineren Veröffentlichungen aus den Zeitabschnitten 1923–31, 1932–36, 1937 und 1938–39 dar. Die übrigen Bände enthalten: ,,Der Marsch des Jahres dreißig" (Bd. 2), ,,Ein pädagogisches Poem" (Bde. 3–5), ,,Methodik der Organisierung des Erziehungsprozesses" (Bd. 6), ,,Ein Buch für Eltern" (Bd. 8), ,,Ehre" (Bd. 10) und ,,Flaggen auf den Türmen" (Bd. 11). Als Band 13 erscheint eine Gesamtbibliographie der Makarenko-Drucke 1923–39.

Für die 2. Abteilung sind, neben dem pädagogischen und literarischen Nachlaß, die von Makarenko verfaßten Dokumente aus Kolonie und Kommune, die Vortragsstenogramme, Tagebuchaufzeichnungen und Briefe vorgesehen, darüber hinaus eine Biographie A. Makarenkos, eine kritische Würdigung seines Werks sowie ein Gesamtregister.

Parallel zur zweisprachigen Ausgabe erscheint eine deutschsprachige Studienausgabe. Bei dem deutschen Text handelt es sich um eine Erst- bzw. Neuübersetzung.

Die Übersetzung ist von der Grundtendenz bestimmt, sich sowohl in bezug auf die syntaktische Struktur als auch auf den Sinngehalt möglichst nahe an das Original zu halten. Das gilt vor allem für die pädagogischen Schriften, wo an schwierigen bzw. inhaltlich relevanten Stellen gegebenenfalls auf eine stilistische Glättung verzichtet wird. Ebenso werden alle zeitgebundenen Ausdrücke möglichst getreu wiedergegeben und, wenn nötig, im Kommentar erläutert; Abkürzungen werden im allgemeinen aufgelöst. Bei allen zur Belletristik zählenden Texten wird angestrebt, ihrer literarischen Qualität gerecht zu werden. Dabei wird jedoch eine adäquate Nachahmung der stilistischen Besonderheiten des Schriftstellers Makarenko – wie Verwendung von Verwahrlosten-Argot, Ukrainismen, Regionalismen, Vulgarismen und individuellen Redensarten, die zur Charakteristik der Personen dienen – nicht um jeden Preis versucht.

Das Makarenko-Referat ist der Deutschen Forschungsgemeinschaft, die das Editionsprojekt seit 1969 finanziell fördert, zu besonderem Dank verpflichtet. Unser Dank gilt auch allen in- und ausländischen Fachkollegen, die uns in vielfältiger Weise unterstützt haben, des weiteren den Bibliotheken, die bei der Beschaffung der Texte behilflich waren: Staatliche Lenin-Bibliothek der UdSSR, Moskau; Slavische Bibliothek, Prag; Universitätsbibliothek Helsinki; Kongreß-Bibliothek, Washington; Bayerische Staatsbibliothek, München; Bibliothek für Weltwirtschaft an der Universität Kiel; Staatsbibliothek Preußischer Kulturbesitz, Marburg.

Marburg, im Mai 1975　　　　　　　　　　　　　　　　　　　Die Herausgeber

Nachtrag: Nach Redaktionsschluß wurde bekannt, daß die Akademie der pädagogischen Wissenschaften der UdSSR eine neun- bis zehnbändige „Gesamtausgabe der Werke A. S. Makarenkos" vorbereitet (Sovetskaja pedagogika, 1975, Nr. 5, S. 158).

VORWORT ZU BAND 1

Der vorliegende Band vereinigt die Beiträge Makarenkos, die in den Jahren 1923–1931 erschienen sind, einem Zeitraum, der sich in etwa mit seiner Leitertätigkeit in der Gor'kij-Kolonie und der Dzeržinskij-Kommune deckt.

Die schwierige Arbeit in den beiden Einrichtungen ließ Makarenko zum Schreiben kaum Zeit. Die wenigen, meist aus konkretem Anlaß entstandenen Beiträge sind überdies nur zum Teil bekannt geworden. So weiß man von Makarenkos lebhaft diskutierten Referaten auf verschiedenen Fachkonferenzen in Char'kov (Oktober 1924), Poltava (Januar 1926) und Odessa (Oktober 1926) so gut wie ausschließlich nur durch Zeugnisse Dritter. Seine dienstlichen Berichte an das Volksbildungsamt und den Vorstand der Dzeržinskij-Kommune sowie seine Korrespondenz liegen nur fragmentarisch vor.

Die im ersten Teil dieses Bandes abgedruckten Artikel „Die M. Gor'kij-Kolonie" (1923) und „Erfahrungen mit der Bildungsarbeit in der Poltavaer M. Gor'kij-Arbeitskolonie" (1923) stellen die frühesten bisher bekannt gewordenen Veröffentlichungen Makarenkos dar. Mit den wenigen, in die Akademie-Ausgabe aufgenommenen Nachlaß-Beiträgen – namentlich „Über die Erziehung" (1922), „Der Begriff der Disziplin im Gesamtsystem der Erziehung" (1922) und „Überblick über die Arbeit der Poltavaer M. Gor'kij-Kolonie" (1925) – vermitteln sie ein Bild von der Entfaltung seiner pädagogischen Konzeption auf dem Hintergrund der realgeschichtlichen Entwicklung der Kolonie.

Die beiden umfangreichsten Texte des Bandes, die Schriften „An der gigantischen Front" (1930) und „Die Kinderverwahrlosung und ihre Bekämpfung" (1931), wurden bisher nicht in die Makarenko-Diskussion einbezogen. Es handelt sich dabei um eine literarische Skizze von einem der großen Getreide-Versuchsgüter im nördlichen Kaukasus sowie um einen engagierten pädagogischen Beitrag in Zusammenhang mit der Diskussion über die endgültige Lösung des Verwahrlosungsproblems.

Die hier nachgedruckten Beiträge – mit Ausnahme des Textes „Willkommen, Pioniere" (1928) – werden in vorliegender Fassung erstmals in eine Makarenko-Sammlung aufgenommen und ins Deutsche übertragen.

Der Band enthält darüber hinaus eine ausführliche Zeittafel zu Leben und Werk Makarenkos, die eine genauere Einschätzung und Einordnung des bedeutenden sowjetischen Pädagogen und Schriftstellers in seine Zeit möglich macht als bisher.

BEITRÄGE
ÜBER DIE GOR'KIJ-KOLONIE

DIE M. GOR'KIJ-KOLONIE

Die Arbeitskolonie für minderjährige Rechtsbrecher liegt acht Werst von der Stadt entfernt an der Char'kover Landstraße, in einem Kiefernwald. Sie ist von Ansiedlungen weit abgelegen – in der Nähe gibt es nur zwei, drei Gehöfte. Gegenwärtig befinden sich in der Kolonie 80 Zöglinge. Im Jahr 1921 hat die Kolonie das von den Bauern völlig zerstörte Trepkesche Gut bekommen, das zwei Werst vom Hauptsitz entfernt ist, und führt nun eine gründliche Instandsetzung einiger Gebäude durch. Wegen Geldmangel ziehen sich diese Instandsetzungsarbeiten, die von der Kolonie überhaupt eine überaus große Kraftanstrengung erfordert haben, sehr lange hin. Nichtsdestoweniger wird das einst gepflegte Gut nach und nach wieder aufgebaut, und in seinem Umkreis werden 40 Desjatinen unter Bewirtschaftung genommen. An ihrem Hauptsitz hat die Kolonie auch noch 12 Desjatinen Land, doch ist der Boden hier sandig und wird vor allem für Gemüseanbau genutzt. Die entscheidende Arbeit in dieser sog. Ersten Kolonie wird jedoch in den Werkstätten verrichtet – Schmiede, Tischlerei, Schuhmacherei und Korbflechterei. Überhaupt muß gesagt werden, daß das völlige Fehlen eines Grundkapitals sowie das gleichgültige, ja manchmal sogar feindliche Verhalten der Organe der Bodenverwaltung gegenüber der Kolonie ihr Vorankommen in wirtschaftlicher Hinsicht unglaublich erschweren. Die Kolonie kommt nur durch einen gewaltigen Einsatz seitens der Kolonisten und der Erzieher voran: Um den Anforderungen einer in Entwicklung begriffenen Wirtschaft gerecht zu werden, einer Wirtschaft, die von Anfang an durch keinerlei Kapitalinvestitionen unterstützt wird (vom ökonomischen Standpunkt eine völlig absurde Situation), sind die Kolonisten gezwungen, auf vieles zu verzichten, und oft schnürt die Not unserer Gemeinschaft[1] die Kehle zu. So konnten die Kolonisten im Sommer nicht einmal die tägliche Brotration erhöhen, obwohl auf dem Feld von Sonnenaufgang bis Sonnenuntergang gearbeitet werden mußte. Erst etwa Anfang August hat uns das Arbeiterkomitee[2] mit Grütze geholfen. Im Winter machen die Kolonisten, oft ohne richtige Kleidung und ohne Schuhwerk, im Wald selber Brennholz, für fast zehn Gebäude. Diese übermäßige Selbstbedienung[3], die Formen eines angespannten Existenzkampfes angenommen hat, bringt uns natürlich oft an den Rand der Verzweiflung, und vor allem, sie zwingt uns, die nützlichere Arbeit in den Werkstätten einzuschränken.

Man muß jedoch zugeben, daß dieser angespannte Kampf auch seine guten Seiten hat. Der erzieherische Wert dieses kollektiven Kampfes ist gewaltig. Vielleicht ist es der Kolonie auch nur deshalb gelungen, eine eng und kameradschaftlich verbundene Familie zu werden und interessante und originelle Formen der inneren Organisation zu entdecken. Die inneren Bande in der Kolonie sind so stark, daß deren mechanische Zerstörung[4] beinahe unmöglich ist. Deshalb wird der Weggang eines Zöglings oder eines Erziehers von allen als sehr schmerzlicher Verlust empfunden.

Aus diesem Grunde vollzieht sich die Umerziehung der Kinder, deren wesentliches Merkmal darin besteht, daß sie keine gesunde soziale Erfahrung gemacht haben, mehr oder weniger normal. Jetzt erlauben wir uns schon den Luxus, auf die Anstellung von Lagerverwaltern zu verzichten. Fast der gesamte Besitz der Kolonie befindet sich in den Händen der Zöglinge, ebenso die Schlüssel zu den Vorratskammern und den Speichern. Die Kolonisten sind es auch, die im Wirtschaftsrat die Mehrheit stellen.

Der Unterricht wird nach dem System der komplexen Themen[5] durchgeführt, die von einzelnen, aus Erziehern und Zöglingen bestehenden Gruppen ausgearbeitet werden.

Die Kolonie kommt zweifellos voran, das ist jedoch mit einer zu großen Arbeitsbelastung der Erzieher verbunden, und die Gefahr ihrer Überforderung wird immer deutlicher empfunden.

Am dringendsten benötigen wir Arbeitsvieh. Wir besitzen nur drei Pferde, von denen eins 30 Jahre alt ist und ein anderes eine Sehnenzerrung hat. Für die 52 Desjatinen in zwei Gütern, bei nahezu täglichen Fahrten in die Stadt, ist das gleich Null.

A. Makarenko

ERFAHRUNGEN MIT DER BILDUNGSARBEIT IN DER POLTAVAER M. GOR'KIJ-ARBEITSKOLONIE

I.

Das Erzieherkollektiv der M. Gor'kij-Kolonie wurde schon durch die Umstände und die Arbeitsbedingungen der Kolonie vor die Notwendigkeit einer tiefgreifenden Reformierung der Bildungsarbeit mit den Zöglingen gestellt. Die Kolonie nimmt die schwierigsten und am meisten vernachlässigten Kinder fast aus dem ganzen Gouvernement auf, vernachlässigt gleichermaßen in erzieherischer Hinsicht wie in bezug auf ihr Wissen. Es wäre übrigens ein großer Irrtum anzunehmen, daß diese Vernachlässigung gleichbedeutend ist mit moralischer oder geistiger Defektivität.[1] Die zweijährige Erfahrung mit der Arbeit in der Kolonie zwingt dazu, das Problem der moralischen Defektivität als solches mit einigem Zweifel zu betrachten. Einstweilen können wir nur die Existenz einer im höchsten Grade ungesunden, im höchsten Grade „defektiven" sozialen und moralischen Erfahrung im Leben der meisten Kinder in der Kolonie konstatieren. Doch in dem Maße, wie diese Erfahrung einerseits die in sozialer Hinsicht ungesunde Motivation des Verhaltens erklärt, verbindet sie sich andererseits gewöhnlich mit einer besonders ausgeprägten Feinfühligkeit gerade im Bereich der sittlichen Beziehungen. Diese Feinfühligkeit äußert sich manchmal als sehr eigenwilliges, doch auf seine Art festes System logischer Konstruktionen, das einem damit nicht vertrauten Menschen stets ganz einfach als Frechheit erscheint.

Durch eine derartige Mannigfaltigkeit und Besonderheit der Struktur zeichnet sich auch die Entwicklung eines jeden neuen Kolonisten aus. In der Mehrzahl der Fälle sind die Kinder, die in die Kolonie aufgenommen werden, Analphabeten oder Halbalphabeten, sie können kaum rechnen, und selbst jene, die Schwarzhandel getrieben haben, lehnen das Lernen prinzipiell ab und wissen deshalb weniger als er allerschlechteste Schüler, wenn man unter Wissen nur das versteht, was gewöhnlich in der Schule erworben wird. Hat man sie jedoch kennengelernt, überraschen sie durch ihre enormen Kenntnisse, denn sie haben *halb Rußland* gesehen, sind sowohl mit Zügen als auch auf Dampfern gefahren, haben in allen Armeen und an allen Fronten gekämpft, waren mal in einer Fabrik, mal in einer Druckerei, mal in einer Konditorei, mal, wie es heißt, „bei einem Mann" als Arbeiter oder als Dienstbote beschäftigt, was sie im übrigen größtenteils nicht hindert, zutiefst davon überzeugt zu sein, daß die Arbeit die Dummen liebt und daß es heutzutage schon genug Dumme gibt.

Diesen in der Kolonie seßhaft gewordenen Kindern ein systematisches Programm für die Arbeit in der Klasse anzubieten, wäre auch dann, wenn man die verschiedensten Elemente der Klubarbeit[2] einbeziehen würde, ein vergebliches Unterfangen. Die durchschnittliche Aufenthaltsdauer in der Kolonie beträgt anderthalb bis zwei Jahre: in dieser Zeit hat die Kolonie dem Zögling nicht nur Lesen und Schreiben beizubringen – sie muß den ganzen Reichtum seiner praktischen Erfahrung, den gewaltigen Vorrat an Kräften, die bereits im Lebenskampf gestählt wurden, in ein System klarer Vorstellungen von der Welt und von den Möglichkeiten in dieser Welt umsetzen. Nur so kann die Bildungsarbeit in der Kolonie mit den disziplinierenden Anforderungen der Kolonieorganisation Schritt halten.

Diese rein didaktischen Forderungen sind jedoch nicht ausschlaggebend bei der Bestimmung der Formen des Bildungsprozesses. Denn trotz all dem bleibt die Überwindung der in der Vergangenheit gemachten schädlichen sozialen und sittlichen Erfahrungen die vorrangige Aufgabe der Kolonie. Das wird auf die einfachste Weise erreicht: durch die Organisierung einer sich entfaltenden Gemeinschaft[3] mit genau umrissenen und unverhohlenen Forderungen an den einzelnen, mit genau umrissener und klarer Verantwortlichkeit. Doch ungeachtet aller Einfachheit dieses Prinzips hängt seine erfolgreiche Durchführung von sehr vielen Umständen ab.

Das Leben in der Kolonie ist nun schon zwei Jahre lang ein ununterbrochener, angespannter Kampf um eine bessere Existenz. So sollte unseres Erachtens das Leben in jeder Einrichtung für Kinder aussehen. Nur in einem derartigen Kampf wird die Arbeitsdisziplin gestählt und der Stolz des arbeitenden Menschen geschmiedet. Doch parallel zu diesem Kampf muß stets auch ein weiterer geführt werden: der Kampf gegen die ungenügende Entwicklung des Bewußtseins, gegen die Unklarheit in den Vorstellungen von der eigenen Arbeit. Ohne dies kann sich der Kampf von Anfang an in ein Magenknurren, in eine Gier nach der nächstliegenden Befriedigung verwandeln.

Der Inhalt der Bildungsarbeit wird durch die Forderung nach Parallelismus von Arbeit und Wissen bestimmt; äußerlich kann dieser Parallelismus nur in der Entsprechung von Arbeit und Interesse der Kinder seinen Ausdruck finden. Das, was nicht im Interesse des Kindes seinen Ausdruck findet, hat offensichtlich keine Parallele in seinem Leben, in seiner Arbeit. Und wenn wir es dem Kinde auch noch so schmackhaft machen würden, so würde dieser Genuß doch nur im Bewußtsein des Lehrers, in seiner Befriedigung über die „erfolgreich" durchgeführte Unterrichtsstunde bestehen.

Indem wir dem Interesse des Kindes entgegenkommen und die Logik seines Lebens vor und in der Kolonie berücksichtigen, bewegen wir uns genau auf den Pfaden der neuesten Pädagogik.

Letzterer Umstand versetzte die Kolonie in die Lage, sich ruhigen Gewissens entschieden von all dem zu trennen, was wir von der alten Schule noch mitschleppten. Verzichtet haben wir auf ein festes Programm, die sogenannten Lehrpläne, auf die Einteilung in Unterrichtsfächer, auf den Stundenplan, auf Lehrbücher und Aufgabensammlungen[4]. Verzichtet haben wir auch auf das Hauptübel unserer Schule – die Bemessung der Arbeit des Lehrers nach Stunden und Minuten.

Nicht verzichtet haben wir jedoch auf Disziplin, auf strenge Ordnung bei der Arbeit, auf die Achtung vor dem Buch, und – was das Wichtigste ist – wir haben nicht verzichtet auf die ständige konzentrierte Aufmerksamkeit gegenüber dem, was wir tun, und gegenüber dem, was uns in der Zukunft erwartet.

II.

Bei uns gibt es keine Trimester. Jetzt haben wir Anfang März. Wir arbeiten noch emsig an den Tischen, doch das zeitige Frühjahr reißt schon bald die eine, bald die andere Gruppe von ihnen los: Wir müssen uns mit der Reinigung des Saatguts beeilen, müssen Mist und Erde zu den Frühbeeten fahren. Wir wissen bereits, daß eines schönen Tages der Instrukteur alle Schmiede für die Pflüge, die Sämaschine[5] und die Eggen anfordern und am nächsten Tag der Gärtner erklären wird, wenn er an diesem Tag nicht ein Dutzend Jungen für die Arbeit an den Frühbeeten bekommt, dann werde er den Dienst verweigern und für nichts mehr garantieren.

Eine solche Argumentation wirkt selbst auf die überzeugtesten Anhänger eines starr vorgeplanten Unterrichts ernüchternd. So mancher Bücherwurm wird eine Weile murren, aber schon eine Stunde später läuft er barfuß, um die Stiefel nicht kaputt zu machen, über die kühlen Erdschollen des frisch gepflügten Feldes. Das erste Frühjahrsfieber klingt ab, und wir sitzen, wenn auch nicht alle zugleich, wieder an den Tischen oder vermessen irgend etwas im Freien.

Der Inhalt der Bildungsarbeit wird vom Interesse der Kinder bestimmt. Eigentlich hätte man bei dem engen Zusammenleben der Koloniefamilie gar keine künstlichen Methoden gebraucht, um dieses Interesse zutage zu fördern. Erzieher und Kolonisten sind immer zusammen, und außerdem kommt es selten vor, daß wir einen Fremden zu Gesicht bekommen. Deshalb ist das Interesse stets offensichtlich und, wenn man so will, auch „registriert". Im Diensttagebuch werden täglich das „Ereignis des Tages" und die Themen interessanter Gespräche festgehalten. Es gibt bei uns aber auch verschlossene Naturen, die ungern verraten, was sie interessiert, und es gibt auch solche, die den ganzen Tag über Belangloses ihre Späßchen machen, in ihrem Inneren jedoch einen unstillbaren Wissensdurst verbergen. Deshalb legen wir von Zeit zu Zeit allen Zöglingen einen Fragebogen vor, der nur eine einzige Frage enthält: „Worüber möchte ich in nächster Zeit etwas erfahren?"

Die Kolonisten antworten sehr gern und ohne Hemmungen auf diese Frage des Fragebogens:

„Ich möchte wissen, wie der Elefant lebt."

„Über die Politik der RSFSR."

„Wie führt man ein richtiges Leben?"

„Über die Landwirtschaft."

Der Erzieherrat richtet sich selbstverständlich nicht blindlings nach dem Fragebogen, vorrangige Bedeutung mißt er jedoch, eindeutig für alle Anwesenden, den Tagesereignissen zu.

Die Angaben des Fragebogens und der Tagesdienstberichte werden allwöchentlich im Erzieherrat beraten, und je nach Überwiegen des einen oder anderen Interessengebietes werden die zur Ausarbeitung bestimmten Themen für die Bildungsarbeit[6] festgelegt. In der folgenden Sitzung des Rates werden die vorgelegten Konspekte[7] der Arbeiten zu den Themen[8] durchgesehen und die besten akzeptiert, und zu ihrer Realisierung werden Gruppen aus Erziehern und Zöglingen bestimmt.

Jedes Thema stellt die Erschließung des Inhalts eines mehr oder minder begrenzten Problems dar. Dabei geht es uns gar nicht so sehr um eine strenge Zuordnung dieses Problems zu einem bestimmten Wissensgebiet. So umfaßte das Thema „Schrift und Buch" sowohl das Signalsystem der Primitiven und die ägyptischen Hieroglyphen als auch das Leben Gutenbergs und Fedorovs[9], die Arbeit einer Druckerei und die Druckkosten einer Zeitung.

Unabhängig davon wird jedes Thema während der Bearbeitung in zwei Teile aufgegliedert: einen (dem logischen Herangehen nach) passiven und einen aktiven. Im ersten Teil wird der Inhalt des Problems an Hand von Referaten, Unterrichtsgesprächen, Exkursionen und Lektüre erschlossen. Der zweite Teil hat die Aufgabe, jene Gedanken und Gefühle zum Ausdruck zu bringen, die während der Arbeit aufgekommen sind, und verfolgt das pädagogische Ziel, zur Ausdrucksfähigkeit in ihren drei Hauptformen zu erziehen: in Zahlen, in Worten und in künstlerischer (im allgemeinen graphischer) Darstellung[10].

Zur Illustration führen wir den Konspekt des Themas „Der Stallmist" an, der zur Zeit – am 7. März – neben der umfangreichen Arbeit des Mistausfahrens aufs Feld und zu den Frühbeeten ausgearbeitet wird.

Der Stallmist

1. Referat eines Zöglings: Warum der Stallmist Dünger ist.
   Was ist im Stallmist und in der Pflanze enthalten?
   Womit kann man das Feld außerdem düngen?
   Volldüngung und Teildüngung.
   Direkte und indirekte Düngung.
   Die Zusammensetzung des Stallmists.
   Die Bedeutung der harten Ausscheidungen und des Harns.
   Die Bedeutung der Streu.
   Die Qualität des Stallmists in Abhängigkeit vom Futter.
   Trockener und nasser Stallmist.
   (Lektüre: Kostyčev „Ob udobrenii zemli navozom" [Die Düngung des Bodens mit Stallmist], S. 9–22)[11]
2. Referat eines Zöglings: Die Verwendung des Stallmists.
   Das Sammeln des Stallmists.
   Die Aufbewahrung.
   Das Ausfahren und Streuen.
   Das Unterpflügen.
   (Lektüre: Matisen. „Besedy po polevodstvu" [Vorträge über Feldwirtschaft], S. 42–47)

Anmerkung: Die Ausarbeitung dieser Referate soll in Form von Thesen erfolgen, im Stile der empfohlenen Literatur.

3. Kritischer Teil. Referate und Aussprachen über stritige und unklare Fragen.
   Einzelne Fragen sind besser einzelnen Zöglingen zu übertragen. Wenn es der Erzieher für nötig hält, kann man bei manchen Fragen Ausführungen eines Erziehers zulassen.
a) Benötigen alle Böden in gleicher Weise Dünger? Referat über die Ergebnisse der Poltavaer Versuchsstation bei Versuchen mit Mineraldünger.
   (Lektüre: Trudy [Abhandlungen]. Bd. 35, S. 32–34)

b) Welche Menge Stallmist ist für das Ausfahren aufs Feld am günstigsten? (Lektüre: Trudy, S. 34–36)
c) Die Bedeutung des Grundwassers bei der Düngung mit Stallmist. Kurze Erläuterung der Tabelle auf S. 9 der Broschüre von Zajkov und Smirnov „Navoznoe udobrenie" [Die Düngung mit Stallmist].
4. Praktischer Teil. Referat des Wirtschaftsleiters der Kolonie: Die aktuelle Planung für die Düngung mit Stallmist in der Kolonie. Auf welche Felder wird man Stallmist fahren? Warum? Wieviel Desjatinen wird man mit Stallmist düngen? Auf welche Felder müßte Stallmist gefahren werden, wenn es der Viehbestand erlauben würde? Die praktische Arbeit des Ausfahrens.
5. Mathematische Darstellung.

Aufgabe I. Wieviel Desjatinen können aufgrund des Viehbestandes der Kolonie gedüngt werden, wenn man pro Desjatine 1200 Pud ansetzt und einen Zeitraum von 180 Tage für das Mistsammeln im Winter annimmt. (Vgl. die Angaben bei Kostyčev, S. 41–43. Über die Menge des von dem Vieh benötigten Futters sind vorher Informationen beim Ersten Pferdeknecht, dem Zögling Bratkevič[12] einzuholen.)

Aufgabe II. Wieviel Schafe müßte man halten, um den Mist der 4 Koloniepferde mengenmäßig zu ersetzen, angenommen, es handelt sich um Schwarzerde.

Aufgabe III. Die gleiche Aufgabe bei Sandboden.*)
(Vgl. die Angaben bei Zajkov und Smirnov, S. 4–8)

6. Graphische Darstellung.
a) Diagramm: Der Ertragsanstieg beim Düngen mit 1200 und 2400 Pud Stallmist auf verschiedenen Böden.
b) Kurve: Die Veränderung der entstandenen Salpetersäuremenge bei unterschiedlicher Feuchtigkeit, ohne Stallmist und mit Stallmist.
c) Diagramm: Der Gehalt an Stickstoff, Kalium und Phosphor im Dung verschiedener Tiere.
7. Sprachliche Darstellung.
Wie Stallmist aufbewahrt werden muß.
Wie man mit dem Stallmist auf dem Feld verfährt.
Wie wir Stallmist ausfahren und aufbewahren.
Wie die Menschen gelernt haben, den Boden zu düngen. (Mit einleitender Lektüre der Broschüre von Prišvin.)
Welcher Dünger besser ist und weshalb.
Indirekte Düngung.

III.

Jede Gruppe (in der Regel ein bis zwei Erzieher und zehn bis zwanzig Zöglinge) bekommt zwei bis drei Tage Zeit für die Vorbereitung der Referate. Leider läßt die ungeheure Arbeitsbelastung[13] der Erzieher die Beteiligung eines zweiten Erziehers oft nicht zu, außer demjenigen, der für das Thema verant-

---

*) Der wesentliche Unterschied der Bedingungen der letzten Aufgaben besteht darin, daß bei Schwarzerde Phosphor, bei Sand aber Stickstoff nötig ist.

wörtlich ist; überhaupt macht die Beteiligung eines Assistenten, wie die Erfahrung gezeigt hat, die Bearbeitung eines Problems im Vorbereitungsstadium weit erfolgreicher und interessanter. An freiwilligen Assistenten fehlt es freilich nie, denn die Vorarbeit für die Referate[14] findet, weil es dafür keine Räume gibt, in den Wohnungen der Erzieher statt.

Das Stadium der Vorarbeit, das frei ist von der durch die feierliche Atmosphäre der Klasse bedingten Befangenheit, ist am interessantesten. Das Studieren der Bücher und Broschüren, das Einholen von Informationen bei der Wirtschaftsabteilung und beim Schriftführer[15], manchmal auch bei den Nachbarn, ergreift weite Kreise der Kolonie und weckt bereits vor der Bearbeitung das Interesse, führt zu Kontroversen und bringt die Wirtschaftsabteilung manchmal bis zur Weißglut[16].

Das angeführte Thema „Der Stallmist" wird gegenwärtig von einer aus 16 Kolonisten bestehenden Gruppe unter Anleitung einer Erzieherin bearbeitet. Die noch nicht lange zurückliegende Arbeit an den Themen „Die Luft" und „Die Nahrung der Pflanzen" ermöglicht es den Zöglingen, sich in Dingen wie Stickstoff oder Phosphor leicht zurechtzufinden. Deshalb nimmt das ganze Thema nicht mehr als vier Tage in Anspruch. Die Leiterin hat die Reihenfolge des Konspektes leicht verändert, und wir können den (etwas skeptischen) Aufsatz des Zöglings L. anführen:

„Zuerst schichten wir den Mist in Haufen auf. Der Mist liegt bei uns in Haufen bis zum März. Jetzt haben wir angefangen, ihn aufs Feld zu fahren. Der Mist lag bei uns in Haufen im Freien, die ganze Jauche ist daraus in den Boden gesickert. Der Mist wird uns keinen Nutzen bringen, und von ihm wird es keinen Ertrag geben."

Andere Aufsätze sind nicht so kurz und skeptisch, doch der Wirtschaftsleiter bekam bei seinen Ausführungen von den frisch gebackenen Düngungstheoretikern ordentlich eins ab. Peinlich berührt war auch der Erste Pferdeknecht; er war immer gewissenhaft mit Schaufel und Besen hinter den Pferden hergewesen, es stellte sich jedoch heraus, daß man den Mist möglichst lange unter dem Vieh liegen lassen muß.

Über die Durchführung der Bearbeitung wird vom Leiter [der Gruppe] im Erzieherrat Bericht erstattet, wobei alle Arbeiten vorgelegt und geprüft werden. Diese Rechenschaftstätigkeit[17] ist von sehr großer Bedeutung, da nur[18] sie die Möglichkeit bietet, die Entwicklung der mathematischen und sprachlichen Fertigkeiten zu verfolgen.

IV.

Das Erzieherkollektiv der Gor'kij-Kolonie hält es für verfrüht, ein Fazit aus seinem Versuch zu ziehen, da es ihn erst seit vier Monaten durchführt. Logisch und wissenschaftlich ist er für uns völlig gerechtfertigt. Wir zweifeln nicht an dem gewaltigen Gewinn, der in einer übersichtlichen Fächerung des Wissens auch bei der Herausbildung praktischer Fertigkeiten beim Forschen und Darstellen liegt, wir zweifeln auch nicht an der außerordentlichen entwicklungsfördernden Bedeutung einer derartigen Arbeit.

Aber auch das steht außer Zweifel: Bei einem solchen Unterricht haben wir fast keine Möglichkeit, abstrakte Größen zu behandeln. Wir sind gezwungen, ohne eine Theorie der Grammatik, der Algebra, der Brüche usw. auszukommen.

Die Hauptarbeit des Rates besteht zur Zeit in der Suche nach Wegen zur Überwindung dieser Unzulänglichkeiten, und wir sind überzeugt, daß wir solche Wege finden werden. Das lehrt uns die Geschichte des Wissens. Die Menschheit hat Algebra nicht nach Kiselev[19] gelernt, und dennoch ist sie zur Erkenntnis ihrer Gesetze gelangt. Auf einem ebenso natürlichen Weg muß auch bei unseren Zöglingen sozusagen ein algebraisches Interesse entstehen.

Eine weitaus größere Schwierigkeit bedeuten die übermäßigen Anforderungen, die die hier geschilderte Methode an unseren Erzieher stellt. Einerseits muß er eine enorme Vorbereitungsarbeit leisten, muß er fast von Grund auf neu lernen, andererseits muß er sich jederzeit nicht nur der Kritik der Kollegen, sondern auch der Kritik der Zöglinge stellen, die als Referenten ebenfalls Bücher zur Hand haben. Letztlich ist das eine wie das andere etwas ganz Ausgezeichnetes, doch fürs erste kostet das ungeheuer viel Nerven, die in der von der Welt abgeschnittenen Kolonie ohnehin schon aufs Äußerste strapaziert sind.

Daß ein Mangel an Büchern sowie an Geräten und Materialien für Laborarbeiten herrscht, braucht nicht eigens erwähnt zu werden.

Einstweilen aber lassen wir uns nicht entmutigen.[20]

Für Interessierte gebe ich die Konspekte unserer Themen an, die bis zum Ende des Winters durchgearbeitet wurden.[21]

Thema 1

Heizmaterial

1 Tag
1. Unterrichtsgespräch:
   Wofür Heizmaterial benötigt wird. Warum im Sommer nicht geheizt wird. Wie man Wärme mißt. Temperaturen: normale Temperatur, Zimmertemperatur, Durchschnittstemperatur im Juli, im Januar, die Temperatur beim Tauen, beim Sieden und beim Schmelzen, die Temperatur des gesunden, des kranken und des toten menschlichen Körpers, die Temperatur der Flamme. (Vgl. Cinger. „Nač.fizika" [Elementarphysik], S. 238, 246)
2. Als experimentelle Beobachtungen sind nur einfache Temperaturmessungen angebracht. Es empfiehlt sich, wenigstens einige Tage lang die Lufttemperatur am Morgen, Mittag und Abend zu messen.
3. Womit die Menschen heizen. Brennholz. Der Brennholzverbrauch in der Kolonie: für einen Ofen, täglich, jährlich. Ein Klafter. Unser „Stapel" – ein halber Klafter. Wieviel Pud enthält ein Klafter.
4. Der Einkauf von Brennholz durch die Kolonie. Der Preis eines halben Klafters. Die Auktion. Die Heizkosten.
5. Aufsatz:[22]
   a) Wie wir im Wald arbeiten.
   b) Mündliches Referat über die Steinkohle. (Vgl. „Novaja narodnaja škola II" [Die neue Volksschule II], S. 178).
   c) Mündliches Referat: „Wie die Tiere sich vor der Kälte schützen". „Novaja narodnaja škola", S. 189.
   d) Gedicht. „Moroz voevoda" [Der strenge Herr Frost].

e) Wie bei uns die Öfen geheizt werden.
　　f) Zahirnja, „Zahadky" [Rätsel]. Nr. 1 und 10.
6. Zeichnungen: Das Thermometer. Wie Holz abtransportiert wird. Waldarbeit und dergleichen.
7. Die Brennstoffvorräte der Welt. Das Zurückgehen der Bewaldung. Die Bedeutung einer vernünftigen Waldwirtschaft. Die Kohlebergwerke im Donbas.

Thema 2
Der Wald im Winter
2 Tage
1. Was mit dem Baum im Winter geschieht – Referat eines Zöglings. Der Unterschied zwischen Nadel- und Laubwald. Wie man die Laubbaumarten im Winter bestimmt. (Vgl. Poletaeva, S. 150–151)
    Für die Bearbeitung dieses Themas ist unbedingt eine Exkursion in einen Laubwald erforderlich, vor allem zur Beobachtung und anschließenden Zeichnung der Knospen an den Bäumen.
2. Unterrichtsgespräch über den Zustand des Waldes im Winter.
    a) Schläft der Baum oder ist er tot?
    b) Die Nährstoffvorräte im Inneren der Pflanze.
    c) Die Stärke. Die Kartoffelknollen. Es empfiehlt sich, einen Versuch zur Gewinnung von Stärke zu machen und diese mit Jodtinktur nachzuweisen.
    d) Wo die Pflanze die Stärke speichert und wozu sie gebraucht wird.
    Lektüre: Vagner [Wagner], „Rasskazy o tom, kak ustroeny i kak živut rastenija" [Erzählungen über den Aufbau und das Leben der Pflanzen], S. 18–20 und S. 56–58.
    Besser – Kajgorodov. „Derevo" [Der Baum], S. 31–33. Bogdanov. „Besedy o žizni rastenij" [Plaudereien über das Leben der Pflanzen], S. 57–63.
3. Das Leben im Wald während des Winters.
    a) Welche Vögel und anderen Tiere.
    b) Wie sie sich vor der Kälte schützen.
    c) Wovon sie sich ernähren.
    d) Spuren im Wald.
4. Arbeiten im Wald.
5. Erinnerungen: Wann die Bäume die Blätter abwerfen. Wann sie wieder ausschlagen. Wieviel Tage im Jahr der Baum ohne Blätter ist.
    Bei der Berechnung ist die Aufmerksamkeit auf die unterschiedliche Länge der Monate zu lenken. Wieviel Wochen ohne Blätter und wieviel Wochen mit Blättern. (Wieviel Wochen das Jahr hat.) Wieviel Monate (in Brüchen ausgedrückt).
    Diagrammartige Darstellung der unterschiedlichen Länge der Sommer- und Winterperiode in Gestalt eines Baumes verschiedener Höhe mit und ohne Blätter.
6. Aufsätze über ein frei zu wählendes Thema im Rahmen der angesprochenen Fragen.

7. Zeichnungen: Der Wald im Winter.
   Die Elster.
   Arbeiten im Wald.
8. Auswendiglernen: „Les" [Der Wald] von Kol'cov. „Vachterov II", S. 139.
   Hlibov. „Didok u lisi" [Der Alte im Wald], S. 63.
   „Biločka" [Das Eichhörnchen], S. 77.
   „Snihur ta synyčka" [Der Dompfaff und die Meise], S. 93.
   Zahirnja. „Zahadky" [Rätsel]. Nr. 18.

Thema 3
Hase und Fuchs

2 Tage
1. Referat eines Zöglings über den Hasen. Pimenova, S. 155.
2. Unterrichtsgespräch:
   a) Der Unterschied im Aussehen von Hase und Fuchs.
   b) Wie Hase und Fuchs ihren Bau anlegen.
   c) Wie sie für ihre Jungen sorgen.
   d) Wovon sie sich ernähren, wie sie fressen, wie sie sich ihre Nahrung beschaffen, die Struktur des Gebisses.
   e) Nagetiere und Raubtiere. Wodurch sich das Kaninchen vom Hasen unterscheidet.
   f) Wie sie sich in Sicherheit bringen und verteidigen.
3. Referat eines Jägers.
   a) Wie eine Jagd organisiert wird.
   b) Die Jagdzeit.
   c) Die Verwendung der Felle und des Fleisches.
   d) Der Preis für ein Hasen- und für ein Fuchsfell.
   Dieses Referat wird entweder von einem eingeladenen Jäger oder von einem Zögling aufgrund eigener Eindrücke gehalten, die unbedingt durch vorher von einem Jäger eingeholte Information abzusichern sind.
4. Mathematische Aufgaben.
   a) Wieviel Hasen leben ungefähr in unserem Wald (nach eigenen Beobachtungen). Wieviel Junge wirft ein Hase im Jahr. Wieviel Hasen würde es nach fünf (zehn) Jahren geben, wenn sie nicht umkommen würden. Gebt eine anschauliche Darstellung des Ergebnisses als Säulendiagramm oder in Form einer kleinen und einer großen Gruppe von Hasen.
5.   Wieviel Hasen muß ein Jäger im Laufe einer Saison schießen, um davon ein Jahr lang mit seiner Familie leben zu können. Vorausgehen muß das Sammeln von Daten über den Preis der Felle und den Preis erlegter Hasen und auch über das durchschnittliche Jahresbudget einer Familie (in ganzen Millionen[23]). Das durchschnittliche Familienbudget läßt sich aus dem Gehalt der Kolonieangestellten bestimmen.
6.   Freier Aufsatz zu einem beliebigen Thema über Hase und Fuchs nach dem Muster:
   „Wie wir junge Füchse gefangen haben".

„Wie wir die jungen Füchse freigelassen haben".
„Wie der Fuchs Hühner stiehlt".
„Der Hase bei der Jagd".
„Die Jagd auf den Fuchs" usw.
7. Auswendiglernen von Fabeln.
Hlibov, S. 43, 92, 107, 7, 9.[12]
Vachterov II, S. 63. „Vorona i lisica" [Der Rabe und der Fuchs].
Pokrovskij, S. 159. „Lisica i vinograd" [Der Fuchs und die Weintrauben], „Lev i lisica" [Der Löwe und der Fuchs].
8. Erzählungen und Märchen. Siehe Pokrovskij, S. 123.
9. Zeichnungen. Der Hase. Der Fuchs. Eine Jagd. Hasenfährten und Fuchsfährten.

Thema 4

Glas

1 Tag
1. Unterrichtsgespräch über das Thema „Wofür man Glas braucht".
   (Fenster, Lampe, Geschirr, Spiegel, Brille, Laborgefäße, fotografische Platte, Füllfederhalter, Thermometer u. a.)
2. Eigenschaften des Glases: Durchsichtigkeit, Härte, Sprödigkeit. Der Begriff der Weichheit und der fehlenden Sprödigkeit als entgegengesetzte Eigenschaften (Blei).
   Das Fehlen der Elastizität bei Glas und Blei. Was ist elastischer? Welches Material ist am elastischsten, am sprödesten, am härtesten?
   Der Unterschied der Glasarten: a) in bezug auf Festigkeit, b) in bezug auf Haltbarkeit.
   Die Vorzüge von Lampenzylindern.
   Wodurch der Zylinder zerspringt.
3. Wie die Menschen ohne Glas gelebt haben und heute noch leben.
   a) Zelte.
   b) Hütten ohne Rauchfang.
   c) Glimmer, Eis, Papier.
   d) Sperrholz.
   e) Wie hat man früher die Geschäfte gesichert und wie geschieht das heute?
4. Die Herstellung von Glas. Referat eines Zöglings. „Kniga dlja [!] vzroslych" [Buch der Erwachsenen] von Alčevskaja, S. 379.
5. Zeichnen zu den Themen der Fragen von §§ 1 und 3.
6. Aufsätze zu den Themen:
   a) Wofür man Glas braucht.
   b) Woraus Glas besteht.
   c) Wie Fenster verglast werden.
   d) Wie die Menschen ohne Glas gelebt haben.

7. Mathematische Aufgaben.
   a) Wie hoch werden die Kosten sein, um die Doppelfenster der Schlafräume I und II zu verglasen. Dafür muß man einen Zögling vorher beauftragen, sich zu erkundigen, wo und zu welchem Preis Glas verkauft wird. Bei der Lösung dieser Aufgabe ist zu beachten, daß ihr Hauptzweck in der Klärung der Frage nach den Flächenmaßen besteht. Zur Lösung der Aufgabe muß man die Fensterscheibe ausmessen und den Abfall berücksichtigen. Die Arbeit und das Verkitten werden als kostenlos angenommen.
   b) Wieviel Zylinder hat die Kolonie seit dem 1. September verbraucht, wieviel Tage kommen dabei auf einen Zylinder und wieviel Rubel auf einen Tag (Lampenzylinder). Mit der Beschaffung der notwendigen Angaben wird ebenso ein Schüler beauftragt.

WILLKOMMEN, PIONIERE!

Pioniere, die Faszination, die von eurem Marsch ausgeht, läßt sich nur schwer in Worte fassen. Wir Gor'kijer, entschiedene Verfechter der Disziplin und eines exakten Schritts, waren gestern höchst erfreut, als ihr in wohlgeordneten Reihen fröhlich durch unser Tor hereinströmtet. Genau das schätzen wir: den k o l l e k t i v e n Marsch, die klar umrissene Disziplin, und zugleich den freudigen Ton, den fröhlichen, begeisterten A u f b r u c h . Das ist unsere sowjetische und das ist auch unsere Gor'kijsche Disziplin. Für uns steht fest, daß das sowohl in der Arbeit als auch im Kampf von ungeheurer Bedeutung für unsere Zukunft ist. Schluß mit dem Gelatsche und Gedöse! Es lebe der f r ö h l i c h e und disziplinierte P i o n i e r m a r s c h !

Der Leiter der Gor'kij-Kolonie
A. MAKARENKO

N. F. und A. M.

AN DER GIGANTISCHEN FRONT

DIE ERFAHRUNGEN DES SOVCHOZ NR. 3

STAATSVERLAG DER UKRAINE
Char'kov 1930

MIT SOWJETISCHEM SCHWUNG

Unser „Versuchs- und Mustersovchoz Nr. 2 des Getreidetrustes"[1] liegt im nördlichen Kaukasus in der Nähe des berühmten „Giganten"[2]. Vom „Giganten" trennen uns etwas mehr als zehn Kilometer. Neben dem „Giganten" erscheint der Versuchs- und Mustersovchoz Nr. 2 wie ein kleines Vorwerk. Natürlich, im Vergleich mit dem Nachbarn sind unsere 40 000 ha nur ein kleiner Fleck. Aber selbst unser Vorwerk „Versuchs- und Mustersovchoz Nr. 2" kann jeden Chamberlain[3] zur Hysterie bringen. In Europa hat man so etwas noch nie gesehen, es war auch gar nicht möglich, so etwas zu sehen; und selbst in Amerika gibt es nur einen so außergewöhnlichen Mann namens Campbell, dem es gelungen ist, 38 000 ha zusammenzubringen. Den zweitgrößten Besitz hat Schnitzler – nur 2800 ha.[4]

So also hat unsere Existenz in der Donsteppe begonnen, an denselben Stellen, wo Attila auch heute noch wunderbare Übungsplätze für seine Horden finden würde.

Gerade durch diese Steppe zogen all die Hunnen, Polowzer[5], Petschenegen[6], Tataren und andere Völker. Noch vor kurzem stand hier die Wiege der Freiwilligenarmee[7], auch für sie war dieses Gebiet „gut". In der Nähe der Bahnstation Egorlykskaja hat Budennyj[8] sie restlos zerschlagen.

Offenbar gibt es folgendes Gesetz: Was einen so wunderbaren Schauplatz für freiwillige und unfreiwillige asiatische Heldentaten bietet, ist sehr schlecht zum Bewirtschaften geeignet. Ideal ist die weite Steppe für Reiterscharen, für die wilde Horde, für den verachteten höfischen Heroismus, doch ein richtiger Bauer kann sich hier nicht ansiedeln.

Weit und breit gibt es weder ein Flüßchen, noch einen Tümpel, noch ein Wäldchen, woran sich sein Auge erfreuen könnte. Die ganze Poesie des Landlebens – der vielbesungene Weiher, die Mühle, das Kirschgärtchen – läßt sich in der Donsteppe nur mit großen Schwierigkeiten herbeizaubern.

Wir haben uns zwischen den Bahnstationen Egorlykskaja und Kagal'nickaja niedergelassen. Sie sind etwa 70 Werst voneinander entfernt. In dieser Gegend sind in den Schluchten kleine Vorwerke verstreut, die an kleinen, vom Frühjahr übriggebliebenen Teichen liegen. Ständige Vorwerkbewohner gibt es jedoch nicht viele: Die Mehrzahl der Kosaken kam nur im Sommer von ihren Siedlungen hierher – Sie wissen selbst, daß das Leute waren, die sehr wenig mit armen Bauern gemeinsam hatten. Andere, ärmere Leute wohnten hier ständig und legten in den Schluchten sogar Obstgärten an. Ungeachtet dessen, daß hier Leute lebten, war der Großteil des Landes nicht genutzt.

Bis zur Revolution gehörte das Land größtenteils zum sogenannten Kosakenfonds, aus dem die Zarenregierung den Kosakensöhnen, gleich nach ihrer Geburt, je 30 bis 40 Desjatinen zuteilte.

Dieser Fonds wurde sehr wenig genutzt. Von den 40 000 ha, die unser Sovchoz Nr. 2 erhielt, waren ungefähr 20 000 ha unberührtes Neuland, der Rest war fast ausschließlich Brachland. Irgendwann wurde es gepflügt, dann wieder verlassen, und man pflügte irgendwo anders.

Das Gebiet des Sovchoz wird von der Bahnlinie Rostov-Sal'sk-Stalingrad durchschnitten – bis Rostov sind es 100 Werst –, und auf unserem Territorium befindet sich auch die Abzweigung Verbljud.

Die Übernahme des Kosakenfonds erfolgte undramatisch, ohne überflüssiges Gerede, an eine Entschädigung dachten wir nicht einmal; es gab auch niemanden, den man entschädigen mußte, da sich keiner fand, der Ansprüche geltend machte. Die ständigen Bewohner, die uns im Wege waren, wurden völlig zufriedengestellt.

Dennoch ist es uns nicht gelungen, das Land in einem zusammenhängenden Stück zu bekommen. Die Gesamtfläche des Sovchoz Nr. 2 zerfällt in drei Teile: In der Nähe der Siedlung Egorlykskaja, weiter im Nordwesten, 20 Kilometer entfernt – 7000 ha, noch weiter in derselben Richtung die Hauptfläche – 22 000 ha; wiederum trennen 20 Werst unsere Fläche, und da ist schließlich die dritte Parzelle – 12 000 ha –, die nicht ganz an die Siedlung Chomutovskaja heranreicht. Das ist natürlich sehr unpraktisch, und in letzter Zeit hat man schon erwogen, die Egorlykskaja-Parzelle aufzugeben. Bis zum Beginn der Feldarbeiten wurde lediglich die Hauptfläche in zwei Parzellen aufgeteilt, und zwar in eine nördliche und eine südliche.

Und so besteht unser Sovchoz nun aus vier Parzellen: „Egorlykskaja", „Južnyj Verbljud" (Südliches Kamel), „Severnyj Verbljud" (Nördliches Kamel) und die sogenannte Räuber-Parzelle („Zlodejskaja") – diese Bezeichnung ist alt und hat mit unserem durchaus friedlichen Charakter nichts gemeinsam.

Sobald die Unterstützung durch den Getreidetrust einsetzte, begannen im Herbst 1928 im Sovchoz Nr. 2 die Arbeiten. Sie wurden vom „Giganten" bewältigt. 7000 ha für den „Giganten", das ist fast das gleiche, wie wenn ein Bauer aus Mittelrußland oder der Ukraine an einem Ruhetag nach dem Mittagessen am Haus Sonnenblumen setzt. Deshalb werden wir hier nicht genau beschreiben, wie das gemacht wurde – der „Gigant" fuhr einfach hinaus und pflügte die 7000 ha. Den nicht in die Geheimnisse der Agrarwissenschaft Eingeweihten wollen wir erklären, daß eine Parzelle von 7000 ha ein Viereck von 10 Kilometer Länge und 7 Kilometer Breite ist. Gegen Ende des Winters 1928/29 trafen wir zur Arbeit ein. Da wir eine ruhige Unterkunft suchten, interessierte uns vor allem die Siedlung Egorlykskaja, sie lag näher zum „Giganten" und zu der Parzelle, die von ihm gepflügt wurde. Wir errichteten bei der Siedlung kleine Hütten, doch die meisten Arbeiter bezogen in gemieteten Wohnungen Quartier – die Kosaken nahmen von uns 15 bis 20 Rubel pro Zimmer. Schon bis zum Frühjahr stellte es sich heraus, daß die Siedlung Egorlykskaja als Zentrum nicht geeignet war, da sie von der Hauptfläche zu weit entfernt lag.

Deshalb begannen wir im Frühjahr, ein Zentrum in der Nähe der Abzweigung Verbljud zu bauen, die Abzweigung wurde dadurch zur Station aufgewertet. Im Laufe des Sommers 1929 wurden zehn zweistöckige Gebäude, einige kleine Wohnhäuser, Werkstätten für die Reparatur der Geräte und der Traktoren, zwei Garagen und eine Elektrostation gebaut; es wurde eine Wasserleitung gelegt, eine gute Kantine, eine Küche und andere Wirtschaftsgebäude errichtet. Und so wird es in Verbljud ein schönes Zentrum für unseren Sovchoz Nr. 2 geben: Wir bauen eine Siebenklassenschule mit einem Klub, der Getreidetrust baut hier zwei Kornspeicher und ein Treibstofflager, die Straßen werden gepflastert und die Station wird vergrößert. 250 Hektar in der Umgebung von Verbljud wurden zum Siedlungsgebiet erklärt.

Von nicht geringerer Bedeutung für die Organisation des Sovchoz ist das Wegenetz. Die gesamte Arbeit des Sovchoz hängt vom Zustand der Fahrwege ab. Da wir über mehr als zehn Werst auseinanderlagen, mußten wir uns entscheiden: entweder für mehrere Zentren mit Unterkünften, Lagern und Garagen oder für ein Netz mehr oder weniger guter Fahrwege. Um die Verpflegung an die einzelnen Arbeitsstellen heranzufahren, den Schichtwechsel der Traktoristen, Mechaniker und Agronomen durchzuführen, das Saatgut anzuliefern und schließlich das Getreide während der Ernte abzufahren, war das nach unseren Maßstäben höchstmögliche Tempo nötig und dazu natürlich ein Automobil. Den Transport mit Pferden zu bewältigen, hätte bedeutet, alle Vorteile einer Großwirtschaft zunichtezumachen. Unsere „russischen" Fahrwege sind dafür absolut unbrauchbar, denn bei uns bezeichnet man solche Teile der Erdoberfläche als Straßen, die sich am wenigsten dazu eignen, um auf ihnen zu fahren.

Zum Glück oder Unglück gab es auf dem Territorium des Sovchoz Nr. 2 nicht viele solche „russischen" Straßen. Deshalb ergab es sich ganz von selbst, daß wir vom ersten Tag an gezwungen waren, mit dem Bau von Fahrwegen zu beginnen.

Wir begnügten uns mit einer sogenannten „amerikanischen" Straße. Das ist bekanntlich keine befestigte Straße, und nach jedem Regen ist sie ziemlich aufgeweicht, aber trotzdem ist sie um vieles besser als der gewachsene Boden, denn der Schlamm trocknet hier schneller aus und erreicht niemals die uns gewohnten Ausmaße, wenn die Pferde darin versinken und die sogenannten „Reisenden" mit den Galoschen in der Hand oder ganz ohne Galoschen nach Hause zurückkehren.

Die amerikanischen Straßen bauten wir mit Hilfe von drei Maschinen: einem Bodenhobel (Grader), einer Straßenwalze (Utjug) und einer Stampfmaschine (Katok). Die erste hebt die Seitengräben aus und wirft die Erde auf den Fahrdamm. Die „Utjug" verteilt sie gleichmäßig, und die „Katok" stampft alles fest. Nach dem Regen läßt man die „Utjug" noch einmal drüberfahren, damit keine Unebenheiten entstehen.

Von dieser Art Straßen bauten wir ca. 100 Werst. Alle wurden geradlinig angelegt, was unseren Maschinen erlaubte, die größtmögliche Geschwindigkeit zu entwickeln, und das ohne weiteres, denn bei uns gab es keine Straßenpolizei... Erst die amerikanischen Straßen ermöglichten uns, die Verpflegung ohne Verspätung auf die Parzellen zu bringen und den Schichtwechsel bei Entfernungen von 10 bis 20 Werst innerhalb einer halben Stunde durchzuführen. Es war auch leichter, die Arbeit zu beaufsichtigen. Allerdings benutzten die Traktoren nicht immer diese Straßen, sie durften beiderseits der Straße fahren. Die organisatorischen Arbeiten hatten wir im großen und ganzen schon im Frühjahr 1929 abgeschlossen. Der „Verbrauchs- und Mustersovchoz Nr. 2" konnte die Aufgaben in Angriff nehmen, die ihm vom Getreidetrust übertragen wurden. Der Name des Sovchoz selbst charakterisiert diese Aufgaben. Man muß den Leser allerdings darauf hinweisen, daß man den Terminus „Versuchs- und Muster-" nicht so verstehen darf, wie das manchmal bei uns geschieht. Es gibt nichts zu verschweigen: Bei uns werden häufig solche Einrichtungen als Versuchs- und Mustereinrichtungen bezeichnet, in denen alle Arbeiten musterhaft ausgeführt werden und von denen alle, mehr oder weniger neidvoll, zu lernen haben. Dabei befinden sich alle übrigen Einrichtungen in einem solchen materiellen und moralischen Zustand, daß sie – entgegen dem größten Wunsch und ungeachtet ihres großen Neides – gerade nicht in der Lage sind, von einer Versuchs- und Mustereinrichtung zu lernen: Sie haben schlechtere Gebäude, das Personal wird schlechter bezahlt, und überhaupt ist bei ihnen alles viel schlechter. Unter diesen Bedingungen ist es nicht verwunderlich, daß die Versuchs- und Mustereinrichtungen nur eines zur Folge haben: den machtlosen Neid der übrigen. Stets sind sie etwas Unerreichbares für gewöhnliche Sterbliche.[9]

Der Getreidetrust hatte bei weitem realere und nicht so schwer erreichbare Ziele. Der Getreidetrust erhob nie den Anspruch, alle Gesetze und Geheimnisse der Arbeit zu kennen, er konnte aber auch niemals den Versuch unternehmen, eine ideale Organisation zu schaffen. Im Gegenteil, im Getreidetrust hat man stets ganz klar erkannt, daß wir mit einer bei uns völlig neuen Sache begonnen hatten und daß wir noch sehr viel lernen mußten, sei es von den „Burschuis"[10], sei es auch von den Amerikanern. Zugleich stand fest, daß man die Erfahrungen der ausländischen Landwirtschaft auch nicht einfach kopieren kann – und das aus vielen Gründen. Außerdem kamen im großen Rahmen der Entwicklung der landwirtschaftlichen Arbeit in letzter Zeit derartige Unstimmigkeiten und Widersprüche zum Vorschein, daß es sogar rein potentiell unvernünftig war, an ein Ideal zu denken.

Aus diesem Grund ist die Aufgabe eines Versuchssovchoz außerordentlich kompliziert. Sie auf gut Glück zu lösen, wie das bei uns häufig geschieht, sich also an den grünen Tisch zu setzen, einige unverantwortliche Seiten zu schreiben und allen, allen, allen zu empfehlen, sie zur Kenntnis zu nehmen und sich danach zu richten, konnte der Getreidetrust natürlich nicht, denn er mußte unter allen Umständen dem Lande so und so viele Millionen Pud Getreide liefern. Statt Korn konnte der Getreidetrust nicht Unkraut liefern und so tun, als ob es Getreide wäre und sogar behaupten, daß dies das beste Getreide sei; denn jedermann, selbst der in der Landwirtschaft Unqualifizierte, kann sehr wohl zwischen Getreide und Melde unterscheiden.

Auf dem Hintergrund all dieser Überlegungen mußte die Arbeit eines Versuchssovchoz nicht die Schaffung eines einzigen idealen Projektes zum Ziel haben, sondern vieler Versuchsprojekte. Ein nicht geringer Teil dieser Versuchsvorhaben sollte darüber hinaus aufzeigen, welche Maßnahmen für uns nicht geeignet sind, also nicht positive, sondern negative Ergebnisse bringen. Wenn wir alle Einzelheiten richtig erfassen und alle Unstimmigkeiten ausräumen, wird ein Versuchssovchoz mit der Zeit vielleicht einen Idealzustand erreichen. Doch wird erstens diese Zeit noch nicht so bald kommen, sei es auch nur deshalb, weil eine jede Erfindung und Verbesserung nicht so schnell angewendet werden kann. Zweitens, sobald in unserem Sovchoz bessere Methoden und Formen entwickelt sein werden, wird man diese unverzüglich auch in anderen Sovchozbetrieben übernehmen. Deshalb werden wir niemals ein idealer Sovchoz sein.

Ganz klar werden unsere Aufgaben bei der folgenden kleinen Exkursion in die landwirtschaftliche Praxis.

Richtunggebend für den Fortschritt in der Landwirtschaft ist das Bestreben, die Quantität der landwirtschaftlichen Erzeugnisse zu erhöhen, insbesondere solcher Erzeugnisse, die sich durch einen höheren Nährwert auszeichnen. In Westeuropa wird dieser Wunsch nach Erhöhung der landwirtschaftlichen Produktion seit langem durch die Intensivierung der Landwirtschaft befriedigt, und zwar durch Einführung eines effektiven Fruchtwechsels und einer stärkeren und ökonomischeren Düngung. Es ist allen bekannt, daß sich die Ernten in Deutschland, Dänemark und Belgien beispielsweise für Weizen pro Hektar auf 150 bis 220 Pud belaufen. Ein komplizierter Fruchtwechsel ermöglicht es, neben Brotgetreide große Flächen mit Gartenfrüchten zu bestellen, die Grasflächen zu vergrößern und so die Bedingungen für die Fortentwicklung der Viehzucht und der Milchwirtschaft zu schaffen. Die Intensivierung trägt zu einer großen Erhöhung der Produktivität der landwirtschaftlichen Arbeit bei und läßt auch bei einer hohen Bevölkerungsdichte keinen Mangel an landwirtschaftlichen Erzeugnissen spüren.

Einen solchen Typus der Landwirtschaft kann man als europäisch bezeichnen.

In unserem Land begann man mit der Intensivierung bereits vor der Revolution, doch durch das Analphabetentum, die ungenügende Industrialisierung und den Mangel an ausgebildeten Agronomen konnte die Intensivierung nicht zu einer, wenigstens in einem gewissen Maße allgemein spürbaren Erscheinung werden. Erst nach 1917 begann bei uns ein ernster Kampf mit der Dreifelderwirtschaft, überall begann man, einen geregelten Fruchtwechsel einzuführen. Gegenwärtig wird die Entwicklung der Intensivwirtschaft in der UdSSR durch den Mangel an chemischen Düngemitteln, durch die Rückständigkeit der kleinen Betriebe und die Schwerfälligkeit der Technik selbst gehemmt.

Amerika, das ständig über einen Vorrat an ungenutztem Land verfügt, war nicht gezwungen, die Hektarerträge zu erhöhen. Zugleich aber ermöglichte die gewaltige Entwicklung der Industrie und insbesondere des Maschinenbaus in den USA eine allgemeine Erhöhung der landwirtschaftlichen Produktion, indem man die landwirtschaftlich genutzte Fläche vergrößerte und Maschinen einsetzte. Die Maschine ermöglichte es dem Farmer in den USA, mit der gleichen Arbeitskraft, manchmal sogar mit einer geringeren, große Flächen zu pflügen und große Bruttoerträge an Getreide zu erzielen, ohne dabei die Hektarerträge zu erhöhen. Die Maschinisierung[11] der Landwirtschaft begünstigt also den Übergang zur Großraumwirtschaft und nicht die Intensivierung. Während in Europa der Agronom oder der Chemiker die entscheidende Rolle in der Landwirtschaft spielt, ist in den USA der Ingenieur bzw. der Konstrukteur landwirtschaftlicher Maschinen ausschlaggebend.

Die Umgestaltung der Landwirtschaft in der UdSSR müßte natürlich folgende Frage aufwerfen: Welcher Landwirtschaftstyp ist für uns angemessener – der europäische oder der amerikanische? Es ist gar nicht so leicht, diese Frage zu beantworten, denn in unserem Land sind wir vor den Zufällen der Privatwirtschaft sicher, außerdem steht uns die Möglichkeit offen, die Vorteile des einen und des anderen Systems nach einem bestimmten Plan miteinander zu verbinden. Welche Möglichkeit gibt es da, und welchen Nutzen bringt eine solche Verbindung und in welcher Kombination? Das eben soll die Versuchsarbeit von Sovchozbetrieben wie unser „Nr. 2" lösen.

Wenn wir neben anderen Fragen auch diese lösen wollen, so müssen wir nicht nur unsere eigene Praxis auswerten, sondern auch die ausländische Praxis, insbesondere die in Amerika gemachten Erfahrungen; zugleich müssen wir stets bedenken, daß die ausländischen Erfahrungen unter den Bedingungen der privaten Bewirtschaftung gewonnen wurden, und das ist von außerordentlicher Bedeutung.

So ist z. B. eine der wichtigsten Fragen, und zwar die Frage der Rentabilität des Traktors im Vergleich zur Rentabilität des Pferdes, heute in den USA ziemlich verwickelt. Der Traktor, der immer mehr an Raum gewinnt, wird in allen neuen Arbeitsbereichen eingesetzt; zugleich gilt aber als mehr oder weniger erwiesen, daß der Traktor die Arbeit nicht verbilligt. Nach Angaben des Landwirtschaftsministeriums der USA betrugen die Kosten für Zugkraft pro Acre für das Jahr 1920:[12]

	Pferde	Traktoren
	(in Dollar)	
Pflügen im Frühjahr	2,89	2,07
Pflügen im Herbst	3,04	2,13
Eggen	0,64	0,67
Ernten (mit der Garbenbindemaschine)	0,59	0,67

Ganz überraschend waren die Zahlen im Jahre 1921:

	Pferde	Traktoren
	(in Dollar)	
Pflügen im Frühjahr	1,53	1,70
Pflügen im Herbst	1,62	1,70
Eggen	0,34	0,55
Ernten (mit der Garbenbindemaschine)	0,31	0,55

In der zweiten Tabelle sind alle Arbeiten, die mit dem Traktor ausgeführt wurden, durchweg teurer als die Arbeiten mit Pferden. 1921 begann eine Krise, begleitet von großen Preissenkungen. Wie wir sehen, haben sich diese Preissenkungen nicht zugunsten des Traktors ausgewirkt. Aber auch vor der Krise war das Eggen und Ernten mit Pferden günstiger. Die relative Unrentabilität des Traktors wird zwangsläufig noch dadurch erhöht, daß der Traktor unter amerikanischen Bedingungen das Pferd nicht in einem solchen Maß verdrängen kann, wie es seiner Kraft äquivalent wäre. Und wenn der Farmer sich noch so viele Traktoren anschaffen würde, so wäre er doch gezwungen, eine bestimmte Anzahl Arbeitspferde zu behalten. Manche Arbeiten können bis heute nur von Pferden ausgeführt werden.

Um die Ausgaben zu decken, die dem Farmer in seiner Wirtschaft entstehen, bleibt ihm nur eine Möglichkeit – der Einsatz des Traktors irgendwo außerhalb seiner Wirtschaft oder stationär in der eigenen Wirtschaft. In Dakota beispielsweise setzen 50 Prozent aller Farmer ihre Traktoren außerhalb der eigenen Wirtschaft ein.

Würden wir nun die Erfahrungen der USA blind übernehmen, so würden wir unweigerlich mit der Frage der Unrentabilität des Traktors und vielleicht sogar mit den Vorteilen, die der Einsatz der Pferdekraft mit sich bringt, konfrontiert.

Zweifellos ist die Verworrenheit in der Frage der Rentabilität des Traktors die Folge von Ursachen, die nicht so sehr in der Landwirtschaft der USA selbst, als vielmehr in den allgemeinen ökonomischen Bedingungen dieses Landes begründet sind. Traktoren werden jetzt von einigen Firmen hergestellt, ein idealer Typ wurde bis heute jedoch noch nicht gefunden, die Standardisierung in der Produktion der Landmaschinen ist noch lange nicht abgeschlossen, und außerdem stellen die Traktorenfabriken auch andere Maschinen her. Ungeachtet des hohen Entwicklungsstandes der Industrie in den USA, darunter auch der Produktion landwirtschaftlicher Maschinen, kann man behaupten, daß eine weitere Vergrößerung der Traktorenfabriken und ihre Spezialisierung zu einer Verbilligung des Traktors und zur Erhöhung seiner Rentabilität führen würden.

Zugleich wird die Motorisierung der Landwirtschaft solange nicht zum Abschluß gebracht werden können, bis nicht auch für jene Arbeiten Maschinen verwendet werden, für die man bis heute Pferde einsetzt. Das betrifft besonders die Arbeiten in den Hackkulturen. Es ist sehr wohl möglich, daß die Intensivierung der Landwirtschaft in den USA deshalb so langsam fortschreitet, weil es keine Maschinen für die Bearbeitung intensiver Kulturen gibt, und wenn es sie gibt, dann sind sie bei weitem noch nicht zufriedenstellend.

Wir haben damit nur ein Beispiel aus der Reihe komplizierter Fragen herausgegriffen, die unser Versuchssovchoz lösen soll. Man muß zugeben, daß die große sowjetische Versuchsarbeit gerade erst beginnt, und daß sie auch die Erfahrungen anderer Länder und anderer landwirtschaftlicher Einrichtungen aufmerksam verfolgen wird. Doch am wichtigsten ist, daß sie vor allem anhand der eigenen Erfahrung nach Lösungen suchen wird. Für uns ist es jetzt schon klar, daß unsere Erfahrung sich nicht nur auf einen einzigen Sovchoz beschränken kann, ja nicht einmal auf alle Versuchsbetriebe, und bedingt durch den Charakter unserer Wirtschaft selbst kann diese Erfahrung nur auf Staatsebene unter Berücksichtigung aller mit der Landwirtschaft verbundener Bereiche, speziell des Landmaschinenbaus, gewonnen werden.

Besonders interessant sind die Möglichkeiten der Intensivierung der Wirtschaft unter unseren Bedingungen. Wir können schon voraussehen, daß die Großraumwirtschaft uns dazu verhilft, ganz auf die Arbeit mit Pferden zu verzichten, was zugleich die Aufgabe der beträchtlichen Anbauflächen für Pferdefutter bedeutet. Eine völlige Motorisierung der Landwirtschaft wird jedoch den Verlust des Naturdüngers mit sich bringen.

Eine möglichst baldige Inangriffnahme der Kunstdüngerproduktion ist also eine der unumgänglichen Folgen der Motorisierung. Überhaupt sind auf diesem Gebiet sehr viele Fragen der allgemeinen wirtschaftlichen Entwicklung unserer Republiken sehr eng miteinander verbunden und manchmal sogar eng miteinander verflochten.

All diese Fragen zu klären und zu lösen – gerade das ist die Aufgabe unseres Sovchoz Nr. 2.

Doch außer diesen Fragen von allgemeiner Bedeutung gibt es sehr viele durch die Großraumwirtschaft bedingte Einzelprobleme, die unbedingt in nächster Zeit geklärt werden müssen. An konkreten Fragen verlangen zunächst der Fruchtwechsel, die Wahl des Saatgutes, die Wahl des Traktorensystems und der anderen Geräte sowie die der Großraumwirtschaft angemessene Arbeitstechnik nach einer Antwort, denn davon hängt die Höhe des Getreideertrages in unserem Lande in den nächsten Jahren ab.

OCHSEN UND „CATERPILLARS"

Zur Frühjahrsaussaat in der Siedlung Egorlykskaja hatte sich das gesamte Stammpersonal des zukünftigen Sovchoz Nr. 2 eingefunden: Mechaniker, Agronomen und Traktoristen. Man muß gestehen, daß wir uns etwas verspätet hatten, und wenn es nicht ein spätes Frühjahr gegeben hätte, wäre das sehr schlecht gewesen. Die Traktoren waren zwar rechtzeitig einsatzbereit, doch die Sämaschinen trafen buchstäblich erst in letzter Minute ein. Das Saatgut war schon im Winter ausgefahren und unter Zeltplanen auf dem Feld gelagert worden. Neben den Lagern waren in besonderen Wohnwagen die Wächter untergebracht. Auf diese Wohnwagen setzten wir große Hoffnungen, wir betrachteten sie mit Freude; doch sie haben sich in keiner Weise bewährt. Sie wurden in unseren Werkstätten aus feuchtem Holz angefertigt, und obwohl in ihnen Öfen standen, entwich durch die Ritzen in den Wänden die ganze Wärme. Die Zelte waren bei weitem wärmer.

Bis zum 9. April hatten wir alle für die Aussaatkampagne zur Verfügung stehenden Arbeitskräfte beisammen –

und sie bezogen in den Wohnwagen bzw. in den Zelten Quartier. Am 12. April begann die Aussaat.

Eine Woche lang ging alles gut. Auf den Feldern arbeiteten 68 Traktoren: 20 „Cletracs", 28 große „Internationals" und 20 kleine „Internationals". Die „Cletrac"-Raupenschlepper waren mit je drei Sämaschinen, die „Internationals" mit je einer ausgerüstet. Außerdem arbeiteten noch einige 40 PS starke „Oil Pools", die zum Frühjahrspflügen eingesetzt werden sollten.[13]

Die gesamte Egorlykskaja-Parzelle war in fünf Teile aufgeteilt worden. Es gab viel Streit um die Größe der Grundparzelle des Sovchoz, d. h. der Arbeits- und Operationseinheit. Natürlich war es unmöglich, 7000 ha auf einmal unter praktisch-wirtschaftlichem und agrarwissenschaftlichem Aspekt zu erfassen. Und die 7000 ha große Fläche selbst erschien uns, die wir nur mit Ochsengespannen betriebene Kleinwirtschaften kannten, als etwas, das nicht zu erfassen ist. Die Ansichten gingen auseinander: Die einen waren für sehr große, die anderen für sehr kleine Parzellen. Wir entschieden die Frage sozusagen auf christliche Weise – niemand wurde gekränkt, die Größe der Parzellen wurde auf jeweils anderthalbtausend Hektar festgelegt. Hier hatte übrigens nicht unser organisatorischer Weitblick die größte Bedeutung, sondern die Lage der Schluchten und Abhänge, die für den Verlauf unserer Furchen und für das Wenden natürliche Hindernisse darstellten.

Jede der durch die Teilung entstandenen Parzellen bekam eine bestimmte Sorte Saatgut und einen eigenen Leiter. Jeder Parzelle wurde auch eine Gruppe von Traktoren und Sämaschinen zugeteilt. Schon sehr bald zeigte sich, wie leicht es für uns war, uns von dem magischen Einfluß der amerikanischen Praxis und der amerikanischen Wirtschaftsweise freizumachen. Die Frühjahrsaussaat war bei uns vollkommen mechanisiert; lediglich für Inspektionsritte wurden jeder Parzelle drei Pferde zugeteilt, die in keiner Weise beansprucht konnten, dem landwirtschaftlichen Inventar anzugehören.

Wir müssen nur noch ein kleines, schnelles Kettenfahrzeug erfinden, und dann wird der alte Freund des Menschen sogar für die Aufsicht nicht mehr nötig sein.

Auf den fünf Parzellen wurden Gerste und die Weizensorten „Al'bidum", „Meljanopus" und „Garnovka" eingesät.

Außerdem gab es noch eine sechste Parzelle auf dem Gebiet des Kolchoz „Jahrestag der Oktoberrevolution", die von unseren Traktoren bearbeitet wurde.

Die Aussaat dauerte schon fünf Tage, als am 17. April ein Schneesturm mit 10 Grad Kälte hereinbrach. Er kam
völlig unerwartet und nahm unsere ganze Organisation in eine echt winterliche Umarmung. Der Schneefall war so stark, daß die Traktoren völlig eingeschneit wurden. Die Leute verbargen sich in den Wohnwagen, doch der Schneesturm dachte nicht im geringsten daran, sich darauf zu beschränken, nur diese Unannehmlichkeiten zu bereiten. Auf den schneeverwehten Wegen war nicht einmal daran zu denken, die auf dem Feld arbeitenden Leute mit Verpflegung zu versorgen. Nachdem die Traktoristen, Mechaniker und Agronomen eine Zeitlang gehungert hatten, traten sie den Rückzug an. Viele mußten fast 15 Werst laufen. Erst am Abend des nächsten Tages waren alle wieder in Egorlykskaja.

Der Schneesturm wütete etwa zwei Tage, doch mit der Aussaat konnten wir erst wieder am 23. April beginnen.

Diese unsinnige Laune der mächtigen Natur war für uns eine große Beleidigung. Wir hatten uns ohnehin schon mit der Aussaat verspätet, und da halten uns auch noch Schneestürme auf! Auch der Vegetation konnte dieser Schnee keinen Nutzen bringen: Ein bißchen warme Frühlingssonne – und schon verschwand er unter ihren Strahlen. Dieselbe warme Frühlingssonne gab uns unzweideutig zu verstehen, daß wir so entschlossen wie nur möglich vorgehen mußten, um die Aussaat schnellstens zu beenden. Wir verstanden das Zeichen und gingen daran, Tag und Nacht zu arbeiten, und machten nur Pausen, um Treibstoff nachzufüllen und die Traktoren und Geräte zu ölen.

In der Donsteppe begannen nachts die fast unsichtbaren Traktoren zu dröhnen. Eine Woche lang legten sich die Lichter der Scheinwerfer vor die dunklen

Silhouetten der Traktoren auf dem Feld von Egorlykskaja, das sich bis weit über den Horizont hinaus erstreckte. Am 1. Mai war die Aussaat beendet.

Für den ersten Nachtarbeitsversuch hatten wir Karbidlampen genommen. Das Ergebnis war nicht sehr positiv – das Licht war ziemlich schwach. Für die weitere Arbeit beschlossen wir, die Karbidlampen durch elektrische zu ersetzen. Der Scheinwerfer ermöglicht dem Traktoristen, das zu sehen, was nötig ist, in weiter Ferne oder ganz in der Nähe. Mit solchen Lampen wird die Arbeit in der Nacht nicht schwieriger sein als am Tage.

Die Parzelle, die wir an den Kolchoz abgegeben hatten (1700 ha)[14], haben wir nur eingesät; geeggt worden war sie schon von den Kolchozbauern, und zwar mit Ochsen, Pferden, Kamelen und überhaupt mit Vieh. Vereinbarungsgemäß gab uns der Kolchoz für unsere Arbeit und für die Unterweisung der Traktoristen ein Drittel der Ernte ab – wie Sie sehen, war das keine Wohltätigkeit.

Unsere zwölf kleinen „Internationals" – jeder mit einer Sämaschine – zogen über das Territorium des Kolchoz.

Um das Feld rechtzeitig auf diesen Ansturm vorzubereiten, mußte der Kolchoz vor unserer Kolonne hundert Paar Ochsen und anderes Getier einsetzen. Bei jedem Paar ein oder zwei Treiber. Das Bild war großartig-spektakulär und sogar symbolisch. Unsere nach altem Brauch von Patriarchenhand gesegneten Ochsen zogen in einer gewaltigen Demonstration unter inspirierten[15] Rufen über das Feld:

„Hüh, los, daß dich! ..."

„Wohin drehst du dich! ..."

Es gab natürlich auch noch deutlichere, sozusagen noch inspiriertere Rufe.

Und weit hinter dieser Demonstration, um die sanften Tiere nicht durch unnötigen Lärm zu ängstigen, setzt sich die Brigade der „Internationals" langsam in Bewegung.

Besonders interessant war es, wenn die Nacht hereinbrach. Am Wegesrand werden zwei Lager aufgeschlagen. Auf der einen Seite ein großes Lager, voll lebendiger Wesen, Futtertröge, wo es nach Heu und frischem Dung riecht, wo menschliche Stimmen, das Gebrumm der Ochsen und andere Laute aufsteigen. Auf der anderen Seite verstummten die wenigen „Internationals" und „Oil Pools", hier und da sitzt ein schweigender Mensch, ein Mechaniker oder ein Traktorist. Hier riecht es ein bißchen nach Gas – all das ist so einfach, zuversichtlich und gewaltig.

Die Kolchozbauern und die Bewohner der Kosakensiedlung betrachteten unsere Maschinen sehr skeptisch und versicherten uns, daß der Traktor für die Aussaat nicht geeignet sei: er würde den Boden zu sehr festdrücken. Daß der Traktor den Boden mit den Rädern zu sehr festdrückt, kann man natürlich nicht leugnen; das Ausmaß des dabei entstehenden Schadens haben die Kolchozbauern jedoch zu sehr übertrieben. Um die Leute zu beruhigen, haben unsere Mechaniker an den Hinterrädern der Traktoren kleine Eggen befestigt, die gleich hinter den Rädern den Boden wieder auflockerten, und alle waren zufrieden.

Und diese Streitigkeiten und Zweifel, aber auch diese „Zufriedenheit", die Demonstration der Hunderte von Ochsenpaaren und der spektakuläre Gegensatz zwischen dem Ochsenlager und der Kolonne der „Internationals" – all das hat es in der Welt noch nicht gegeben, all das ist schon ein großer Schritt auf dem Weg zur neuen Gesellschaftsordnung. Noch viele Zweifel und Gegensätze wird man in der Zukunft erleben, vielleicht nicht nur einmal wird „Asien" – sowohl auf unseren Feldern als auch woanders – mit „Amerika" widernatürlich zusammentreffen. Doch der Hauptsinn dieser Konfrontation ist schon jetzt klar. Es geht nicht darum, daß die Ochsen nicht mit den Traktoren harmonieren, und auch nicht darum, daß der Traktor dem klassischen „krummhörnigen" Zugtier stolz den Wert abspricht. Es geht darum, daß bei uns die Ochsen planmäßig und freudig abgeschafft werden. Die hundert Kolchozbauern, die bei der Frühjahrsbestellung im Jahre 1929 Hunderte von Ochsen neben den „Internationals" und „Oil Pools" führten, sie alle sind die zukünftigen Traktoristen auf den neuen Traktoren der Kolchozwirtschaft. Und diese Treiber-Traktoristen, die der Lage bewußt und fröhlich ihre Ochsen antreiben, wissen schon heute, daß sie morgen Traktoren antreiben werden. Hier gibt es nicht dieses verfluchte langsame Zugrundegehen einzelner kleiner Ochsenbesitzer, hier gibt es keine Verzweiflung und keine Ratlosigkeit gegenüber dem wohlhabenden Farmer, der auf Schleichwegen vorrückt. Das war auf unseren Feldern ganz offensichtlich und anschaulich. Als die Kolonne der zwanzig mächtigen Traktoren sich gegenüber dem Lager des im Aussterben begriffenen Ochsenreiches niederließ, war es für uns klar und verständlich: Hier kam die neue Maschinengesellschaft den mit Ochsen arbeitenden Bauern zu Hilfe, damit auch sie schneller Mitglieder dieser Maschinengesellschaft werden. Die großen Flächen wie auch die Dutzende an einer Stelle konzentrierter Maschinen und die Hunderte an der gleichen Stelle zusammengetriebener Ochsen – all das ist nichts anderes als das Bild eines vernünftigen, von Menschen organisierten Vorstoßes in großem Maßstab.

Das Gegenbild dazu: Der kleine Maschinenhändler im amerikanischen „Dorf", der in ständiger Verbindung mit dem Fabrikanten, mit der „Company" steht, der sich mit ersterem dahingehend abspricht, die „Cooperation" aus dem Geschäft zu drängen, um die Preise für die Maschinen zu erhöhen, der die Maschinen an die „kreditwürdigsten" Farmer verkauft, die ihren landwirtschaftlichen Betrieb uneingeschränkt vergrößern können; der ganze Prozeß der „Traktorisierung" der Landwirtschaft, dessen Nutzen schließlich sogar für die „kreditwürdigen" Landwirte zweifelhaft wurde, diese übertriebene Aufmerksamkeit des Unternehmers gegenüber dem Landwirt, die damit beginnt, daß der Unternehmer Instrukteure, Ersatzteile und sogar Agronomen schickt, und der damit endet, daß ihm das Schicksal des Farmers und des gelieferten Traktors völlig gleichgültig wird, sobald der Kampf mit der Konkurrenz Erfolg zeigt und den Sieg für die Firma bringt; die massenhafte, unvorstellbare Reklame, die den Traktorenpreis um einige Prozent erhöht, immer wieder neue Fabrikate und neue verführerische Versprechungen – das alles ist das Gegenbild, das jetzt in Amerika mit anderen Worten „Farmerproblem" genannt wird. Für jeden, der lesen und schreiben kann, ist jedoch ganz klar: Das „Farmerproblem" besteht in der Frage, ob der Farmer diese ganze geniale Maschinisierung aushalten wird oder nicht. Hält er sie aus, dann ist es gut, d. h. die Traktoren-„Companies" werden sich weiterhin bereichern. Hält er sie nicht aus, muß man ebensolche Farmer in Argentinien, in Mexiko oder in Kanada suchen.

An der gigantischen Front

Doch in Wirklichkeit gibt es eigentlich gar kein Problem: Der Farmer ist dazu verurteilt, sich ständig auf einer äußerst unsicheren Linie zu bewegen – zwischen „Aushalten" und „Nichtaushalten", zwischen Verzweiflung und Hoffnung, zwischen Reichtum und Armut oder völliger Verarmung. In den kleinen, ja selbst den mittleren Farmen trägt der Traktor nicht zu einer allgemeinen Anhebung des Wohlstandes der Bauern bei: Es wird eine Garage für den Traktor gebaut, doch der Pferdestall wird nicht abgerissen, und die Pferde werden nicht verkauft. Alle Einkünfte und Dividenden haben schon ihre Bestimmung – die Taschen der Landmaschinenmagnaten.

Unseren eisernen amerikanischen Kollegen, all diesen „Oil Pools", „Internationals", „Cletracs" und „Caterpillars"[16], haben wir große Sympathie entgegengebracht. Kameradschaftlich haben wir sehr genau ihre Mängel und ihre guten Seiten studiert: die geringe Leistungsfähigkeit des „Oil Pool", die Anfälligkeit der „Cletracs" und die Unhandlichkeit des „Caterpillar" beim Lenken.

Vor allem der „Oil Pool" gefiel unseren Mechanikern nicht. Bei der Aussaat dreht er auf der Stelle, beim Frühjahrspflügen zieht er, ungeachtet seiner 40 PS, nur einen Pflug. „Oj-pljuj" – anders nannten sie ihn auch nicht.

Dabei ist das aber eine gute und wirtschaftliche Maschine für die stationäre Arbeit, hier wird wohl kaum ein anderer Traktor im sozialistischen Wettbewerb[17] mit dem „Oil Pool" mithalten können. Die „Internationals" (ein Erzeugnis der reichsten amerikanischen Firma „International Company") waren, so schien es, ganz gut, aber das wollte man bei uns einfach nicht sehen: so sehr waren alle von den Kettentraktoren eingenommen. Schon nach einem kurzen Regen oder aber auf feuchtem Grund dreht selbst der schönste Rädertraktor unweigerlich auf der Stelle, hält die Arbeit auf, verdirbt das Feld und dem Mechaniker die Laune.

Außerdem fährt er doch den Boden fest; beim Frühjahrspflügen waren die Radspuren des „Oil Pool" sogar auf der anderen Seite der Scholle sichtbar, und es ist fast unmöglich, sie mit der Egge auszugleichen.

Der behutsame Raupenschlepper „Cletrac" berührt den Boden, ungeachtet seines Gewichts, mit einem derart feingegliederten Profil, daß der Boden die Last der Maschine fast gar nicht spürt. Auf jeden Quadratzentimeter kommt ein ganz geringes Gewicht, und die Raupe berührt die Erdoberfläche derart sanft und zärtlich, als sei es kein Traktor, sondern eine Ballerina. Unsere Begeisterung über die „Cletracs" ließ etwas nach, als wir die noch besseren „Caterpillars" bekamen. Die sind nicht launisch, das sind sehr angenehme, starke und überhaupt wunderbare Maschinen. Die neuen Traktorenwerke in Char'kov und Čeljabinsk werden nur „Caterpillars" herstellen.

Übrigens gibt es bei uns im Sovchoz keinen einzigen jener berühmten „Fordsons".[18] Ihre geringe Leistungsfähigkeit und die hoffnungslose Konstruktion zwangen den Getreidetrust, von dieser Traktorenmarke Abstand zu nehmen, und zwar endgültig.

Sicher ist der Leser verwundert:

„Auf den Fordson verzichten?"

Ja, es lohnt sich nicht einmal, über den Fordson zu sprechen, über sein leichtes blechernes Wesen, das nach der kleinsten Anstrengung Baldriantropfen und ärztliche Behandlung nötig hat.

VON SCHAFEN UND NOCHMALS VON AMERIKANERN

Mitte Mai begannen wir auf der Hauptfläche, in der Nähe der Station Verbljud, die Brache zu pflügen, und zwar die Parzellen Južnyj Verbljud, Severnyj Verbljud und Zlodejskaja. Für diese Arbeit wurden Traktoren eingesetzt, vor allem „Internationals" und „Cletracs".

In der Gegend von Verbljud bot sich uns ein Bild des 6. Jahrhunderts nach Christi Geburt. Die ganze Steppe haben die Schäfer in Besitz genommen. Irgendwann, vor langer Zeit, kamen Umsiedler aus Moldavien hierher, so erzählen wenigstens die alten Leute. Aus irgendeinem Grunde hatten die Moldauer eine Rückwärtsentwicklung erfahren und waren zu richtigen Nomaden geworden. Das ganze Jahr ziehen sie mit ihren Schafen durch die Steppe, und Schafe haben sie nicht wenig: Die kleinste Herde zählt 200 Stück, und nicht jeder Schäfer wird dem Sohn des Besitzers einer solchen Herde seine Tochter zur Frau geben. Wer weiß, nach welchem Recht sie früher mit ihren Herden herumzogen. Jetzt pachteten sie beim Gebietssowjet 100 bis 200 ha große, an kleinen Schluchten gelegene Ödlandparzellen; dort gruben sie ein Loch und deckten es mit Stroh ab – das war ihre Behausung. In einem weiten Bogen wurde sie mit einem primitiven Flechtwerk eingezäunt – und die Operationsbasis war fertig. In der Steppe schaut niemand nach Grenzen. Deshalb beherrschten sie, obwohl sie nur 100 bis 200 ha gepachtet hatten, die ganze Steppe. Das ganze Jahr über irrten die Schafe in der Steppe herum – im Winter ist hier der Schnee nicht tief, und das Schaf ist ein genügsames Geschöpf, es gräbt sich altes Gras aus, und das Nahrungsproblem ist gelöst.

Den Herden folgten die Hirten, ein Volk von erstaunlicher Gesundheit und merkwürdigerweise alle, einer wie der andere, rothaarig und in kaukasischen Pelzmützen. Es gelang uns nicht zu unterscheiden, wer von ihnen Herdenbesitzer und wer Knecht war.

Als mit der Organisierung des Sovchoz begonnen wurde, hat der Gebietssowjet gleich alle Pachtverträge über das Weideland in der Steppe gekündigt. Aber die Rothaarigen dachten nicht im geringsten daran, mit ihren Herden woanders hinzuziehen.

Als unsere Maschinen das Feld an der einen Seite zu pflügen begannen, haben wir uns höflich an die Rotschöpfe mit einer Warnung gewandt. Es war nicht ganz ungefährlich, sich ihnen zu nähern: Bissige Hunde bewachten die Herden, und es waren so viele, daß man Gespräche nur aus weiter Ferne beginnen konnte und dazu noch folgendermaßen:

„He, Chef, jag mal deine Hunde weg!"

„Was gibt's denn?"

„Es gibt was zu besprechen..."

„Warte mal!"

Es begann die Demobilisierung des vordersten Abschnittes der Hundefront, und inzwischen konnten sie überlegen, was weiter zu tun ist.

Schließlich ist es so weit, daß man sich der Herde einigermaßen gefahrlos nähern kann.

„Wir pflügen hier, geht weg!"

Der Rothaarige mit der Pelzmütze verleiht seinem Gesicht einen diplomatischen Ausdruck und zeigt Ihnen durch seine ganze Haltung, daß er, auch wenn er die Hunde weggejagt und mit Ihnen ein Gespräch begonnen hat, doch sehr wohl weiß, daß alle Ihre Forderungen durch nichts begründet sind, daß Sie sich einfach nur ein wenig unterhalten wollten, daß in Wirklichkeit niemand wegzugehen braucht und daß es überhaupt nichts Eiliges gibt.

„Wir werden schon gehen, was soll's."

„Aber wann werdet ihr gehen? Wir pflügen schon heute..."

Der Rothaarige schiebt die Mütze ins Genick und grinst; mit listigen Augen schaut er über die menschenleere Steppe und klopft Ihnen freundschaftlich auf die Schulter:

„Wann werdet ihr denn bis hierher kommen? Vielleicht im Herbst. Bis dahin haben wir noch genug Zeit zum Wegziehen..."

„Nun, dann schaut doch zu."

Geirrt hat sich der Rothaarige: Gegen Abend bebt und zittert die ganze Steppe um seine Herde und seine Wohnstätte herum; die grüne Brust der Steppe ist aufgerissen, verletzt. Verschwunden ist all das üppige, so ästhetische Steppengras, die wilde Pflanzenwelt und das andere Zubehör des 6. Jahrhunderts. Neue, frisch aufgeworfene Erde bedeckte die Steppe bis zum Horizont und weit darüber hinaus.

Die diplomatischen Mienen sind verschwunden. Jetzt lächelt der Rothaarige nicht mehr, mit düsterem Blick ist er emsig bemüht, sein Lager abzubrechen, und zusammen mit seinen Schafen und seinen Hunden beeilt er sich, über einen schmalen grünen Streifen nach Nordosten zu entkommen. Bald werden ihn auch dort die „Internationals" einholen.

Man muß gestehen, daß sogar wir selbst, sowjetische Agronomen und Mechaniker, dieselben, die wir noch gestern mit dem Bleistift in der Hand auf dem Millimeterpapier genau bestimmt hatten, welche Flächen unsere Maschinen heute pflügen werden, einfach physisch nicht mit dem Schwung unserer eigenen Arbeit Schritt halten konnten. Von der nicht allzu fernen Zukunft hatten wir eine ganz falsche Vorstellung. Unsere Augen, unser Sinn für Entfernungen hatten einfach noch nie mit dieser Art Größen zu tun gehabt. Deshalb wunderten wir uns anfangs, wenn wir unseren Maschinen an Stellen begegneten, die wir nur auf dem Papier bestimmt hatten, die jedoch in gar keiner Weise unseren Vorstellungen entsprachen.

Das Pflügen des Brachlandes dauerte bis zur Ernte. Während dieser Zeit stellte jede Parzelle eine selbständige Einheit dar. Auf der Parzelle schlug man ein Wohnwagen- und ein Zeltlager auf. Das Personal einer Parzelle setzte sich wie folgt zusammen:

Leiter	1
Vertreter des Leiters	2
Wirtschaftsleiter	1
Leitender Mechaniker	1
Diensthabender Mechaniker	2
Abrechner	2
Schlosser	1
Buchhalter	1
Schmied	1
Fahrer	60
Köchinnen	3
Putzfrauen	2
Wächter	1
Pferdeknecht	1
Insgesamt	79

Jeder Parzelle wurde ein Lastauto zugeteilt. Bis zur Beendigung des Pflügens blieb die ganze Belegschaft zusammen mit den Maschinen im Lager. Zwei-, dreimal mußte das Lager den Platz wechseln, entsprechend dem Gang der Arbeit.

Bei all dem versuchten wir, in unser Leben in der fernen Steppe mehr Freude und mehr Kultur zu bringen: Einmal pro Woche kam ein mobiles Kino ins Lager, es wurden auch Unterrichtsstunden für die Traktorfahrer organisiert, denn die meisten von ihnen waren zu wenig vorbereitet und kannten sich mit den neuen Maschinen nicht gut genug aus. Es gab bei uns auch Klubarbeit[19], es war jedoch nicht leicht, in diesem kleinen Kollektiv, das dazu noch mit Arbeit überlastet war, mitten in der menschenleeren Steppe den nötigen Schwung in die Sache zu bringen. Am lustigsten war es bei uns, wenn wir Besuch bekamen – die Bauern aus den Vorwerken. Wir holten sie immer gern mit einem Traktor mit Anhänger ab. Manchmal fuhren wir auch zu ihnen zu Besuch – in den Klub.

Anfangs schien es uns sehr kompliziert, die Ablösung der Fahrer zu organisieren. Die Aufgabe bestand darin, in kürzester Zeit bei 15 bis 20 Maschinen, die acht bis zehn Werst voneinander entfernt waren, die eine Fahrerbrigade durch eine andere abzulösen. Um bei den verschiedenen An- und Abfahrten nicht unnötig Energie zu verbrauchen, organisierten wir das Pflügen so, daß jeder Streifen ungefähr sieben Werst lang war. Morgens fuhren die Traktoren gewöhnlich in einer Kolonne hinaus, doch im Laufe des Tages gingen sie auseinander, die einen blieben zurück, die anderen rückten vor. Bis zum Zeitpunkt des Schichtwechsels waren die Traktoren über die ganze Parzelle verstreut – in Richtung der letzten Furche.

Damit es für die Fahrer leichter war, ihre Traktoren zu erkennen und um den Wechsel nicht zu verzögern, hatte jeder Traktor ein Fähnchen mit einer bestimmten, nur ihm eigenen Farbe. Während des Wechsels fuhr das Lastauto mit voller Geschwindigkeit an der Traktorenlinie entlang, und die Fahrer sprangen herab, sobald sie das Fähnchen ihrer im Einsatz befindlichen Maschine erkannten.

Mit dem Pflügen des Brachlandes ging bei uns alles gut.

Doch Ende Mai setzte der Trockenwind ein. Das ist ein ganz gewöhnlicher Nordostwind von mittlerer Stärke, aber sehr trocken. Alles, was er auf seinem Weg vorfindet, trocknet er überaus gründlich aus, vor allem aber den Boden. Es stellte sich heraus, daß der Trockenwind eine viel unangenehmere Sache ist, als wir dachten und als es unseren Vorstellungen aufgrund der Schilderung durch die Einheimischen entsprach. Der Wind ist nicht nur sehr trocken, sondern auch kalt. Morgens war es so kalt, daß es nicht wenig Mühe kostete, die Traktoren anzulassen. Der vom Traktor aufgepflügte Boden trocknete sofort aus und verwandelte sich in Staub, der sofort, vom Wind aufgewirbelt, in die Luft stieg und die Arbeit der Fahrer in eine regelrechte Strafarbeit verwandelte. Nach etwa drei Tagen hatten wir alle, besonders aber die Fahrer, entzündete Augen, und die Lippen waren blutig aufgesprungen. Alles war von einer dicken Staubschicht bedeckt, und die einzige Rettung war – den Staub abzuschütteln. Auch ohne diesen Trockenwind litten unsere Brigaden an Wassermangel. Für die Traktoren und für den allgemeinen Bedarf wurde das Wasser von einem einige Werst entfernten Vorwerk herangefahren. Es war unmöglich, irgendwo zu baden oder sich wenigstens etwas zu waschen. Etwa drei Werst entfernt befand sich ein Vorwerk mit einem kleinen Teich, aber ihn haben die Schafe in Besitz genommen, und dort zu baden kommt einem nicht einmal in den Sinn. Ganz in der Nähe unseres Lagers gab es ein Bächlein, das war jedoch etwas derart Kümmerliches – wenn man dort etwa zehn Minuten lang die Hand hineinhält, sammelt sich darin nicht mehr als ein halbes Glas Wasser, womit man sich höchstens die Nase waschen kann.

Erst am achten Tag ließ der Wind nach, von Westen her tauchten Wolken auf. Bis zum Morgen waren sie wieder verschwunden. Den ganzen Tag taten wir nichts anderes, als nur auf diesen Rettung bringenden Westen zu schauen. Die Wolken ärgerten uns fünf Tage lang, und endlich brach ein Sturzregen los, und was für einer! Überhaupt hat unser „Petschenegien" mit der Sahara etwas gemeinsam.

Zusammen mit dem Regen bekamen wir aus dem Westen noch ein lang erwartetes und angenehmes Geschöpf: den „Caterpillar".

Aus Amerika traf ein ganzer Transport ein: Mähdrescher, andere Maschinen und zwanzig 50 PS starke „Caterpillars". Unsere Fahrer freuten sich unglaublich, als sie diese schöne, starke, wunderbar gebaute Maschine sahen. Die Mähdrescher schickte man nach Egorlykskaja für die bevorstehende Ernte, doch die „Caterpillars" arbeiteten auf der Hauptfläche in Verbljud.

Zusammen mit den Mähdreschern und den „Caterpillars" kamen Vertreter verschiedener Firmen – Amerikaner. In den nächsten Tagen veranstalteten wir einen eigenartigen Kampf, so eine Art Hahnenkampf. Einem „Caterpillar" und einem „Cletrac", beides Raupenschlepper von ungefähr gleicher Stärke, wurde eine Aufgabe gestellt. Daneben – die Firmenvertreter: Ingenieure, Mechaniker. Beide Maschinen sollten auf einen sanft ansteigenden, aber ziemlich langen Hügel hinauffahren. Jeden Traktor hatte man mit zwei viescharigen Pflügen belastet. Wie wir es auch erwartet hatten, kletterte der „Caterpillar" ganz, ganz ruhig den Hügel hinauf, der „Cletrac" aber zeigte seine Launen, bis er schließlich schändlich stecken blieb. Der Sowjetbürger ist, wie allgemein bekannt, nicht gerade ein Super-Gentleman. Witzige Bemerkungen, Sarkasmen, Vergleiche und ironische Scherze – obwohl in einer den Amerikanern unverständlichen Sprache ausgedrückt – sind offensichtlich doch bis in die Tiefen der amerikanischen Seele vorgedrungen und haben das ihrige getan. Der „Cletrac"-Vertreter regte sich auf, ärgerte sich – offenbar schimpfte er und behauptete wohl, das Übel komme nicht vom Traktor, sondern von den Barbaren auf dem Traktor, und zu guter Letzt floh er vom Feld und ließ seinen Traktor in einem hilflosen Zustand zurück.

Ab Juni tauchten im Sovchoz überhaupt sehr viele Amerikaner auf: Ingenieure, Mechaniker, Verkaufsvertreter der Firmen und sogar Professor Wilson[20], eine bekannte Autorität auf dem Gebiet der Agrarökonomie.

Die Instruktion durch die Amerikaner war nötig, um mit derartigen neuen Maschinen wie Mähdreschern arbeiten zu können. Von dieser Instruktion hatte man im Getreidetrust sehr viel erwartet, jetzt aber muß man gestehen, daß diese Erwartung nicht ganz erfüllt wurde. Die gesamte Arbeit auf den Mähdreschern während der Ernte haben die amerikanischen Mechaniker geleitet, aber wir hatten das Gefühl, daß sie unseren Leitern die Geheimnisse der neuen Arbeitsweise nicht gerne verrieten. Unsere Mechaniker waren mit den Ausländern meistens unzufrieden und versicherten, daß es ohne sie besser wäre.

Mag sein, daß bei dem Verständigungsversuch mit den Amerikanern sie oder wir etwas nicht verstanden, daß wir keine gemeinsame Sprache gefunden haben, und das um so mehr, als unsere Sprachen im buchstäblichen Sinne des Wortes verschieden waren. Dennoch darf man nicht unerwähnt lassen, daß die Amerikaner uns die ganze Zeit mit großer Zurückhaltung und sogar mit etwas Verachtung begegneten.

Die Amerikaner lebten von uns getrennt, sie hatten ihre eigenen Autos, im Privatleben versuchten sie, uns aus dem Weg zu gehen, und bei der Arbeit, sich auf die unbedingt notwendigen Worte zu beschränken. Sogar gegenüber dem leitenden Personal war ihr Verhalten ziemlich kühl, und man sah, daß sie dessen Autorität nicht anerkannten.

Es ist gut möglich, daß sich in ihren amerikanischen Herzen etwas zusammenzog und aufschrie, wenn sie unserer Arbeit, der es an Erfahrung mangelte, zusahen – vielleicht auch aufgrund unserer allgemeinen Kulturlosigkeit und unserer Unfähigkeit, mit den Maschinen umzugehen; oder war für sie vielleicht allein die Art unseres Benehmens physisch abstoßend, die Art unserer Logik, unseres Glaubens an Werte, die mit Maßstäben gemessen werden, die ihnen unverständlich und widerlich sind, wie Gemeinnutz, bewußte Disziplin[21] und die sogenannten höheren Rücksichten. Vielleicht waren ihre „Dollarherzen" einfach unfähig, ohne Krämpfe einer Aktivität zuzusehen, die nicht von persönlichem Interesse bestimmt ist.

Vielleicht waren wir aber in unserer Arbeit wirklich abstoßend und faul, allzu geschwätzig und zu selbstsicher. Jedenfalls konnte die Benutzung schmutziger Eimer für Benzin das amerikanische Herz ganz naturgemäß empören, denn mit diesen Eimern, das läßt sich nicht verschweigen, wurde bei uns auch gesündigt: Wissen Sie, so nach alter russischer Gewohnheit – der Mechaniker war zu faul, gab den Auftrag an einen ungelernten Arbeiter weiter, dieser hatte auch keine Lust, usw.

Es ist jedoch nicht zu bestreiten, daß den Amerikanern manches bei uns grundsätzlich unverständlich bleibt. Allein unsere Lebensweise scheint ihnen im Vergleich damit, wie ihr eigenes Leben verläuft, elementar anders zu sein. So hat Professor Wilson in den Gesprächen mit unseren Agronomen mehrmals geäußert, daß die Russen, wie er sagte, sehr viele unnütze und überflüssige Theorien, allerlei gelehrtes Zeug, wissenschaftliche Experimente, Kommissionen und Laboratorien haben, aber sehr wenig wirkliche praktische Erfahrung, wirtschaftliche Überwachung und Fertigkeiten.

Zu einem großen Teil mag der Professor recht haben. Zweifellos bekommen wir vor lauter Theorie oft keine Luft. Allein in unserem Sovchoz waren immer einige gelehrte Gestalten anwesend, Vertreter verschiedenster Einrichtungen und Institute. Es steht außer Zweifel, daß überflüssiges Theoretisieren – besonders dann, wenn davon die Arbeit der zentralen Leitung bestimmt wird, und sei es auch nur zum Teil – die örtliche Initiative an eine richtige Organisation und die Berücksichtigung der Erfahrung im großen Maße unterbindet, die nur dann wirklich effektiv werden kann, wenn sie vielfältig ist und wenn sie beim kleinsten Detail beachtet wird.

Die schädliche Wirkung des Vorherrschens der Theorie kennen wir alle sehr gut, deshalb lassen wir in unserem Versuchssovchoz die verschiedensten Maschinen und ihre Kombinationen zu. Und obwohl wir uns die Meinungen der Theoretiker mit der ihnen gebührenden Beachtung anhören, räumen wir doch das letzte Wort dem Versuch und der Erfahrung ein. Letztlich ist unser ganzes Leben und insbesondere die Organisation der Wirtschaft wie auch die Organisation des einzelnen Betriebes eher auf den Gewohnheiten und auf dem Scharfblick des Praktikers begründet als auf der Buchweisheit irgendeines Autors.

Selbst dann, wenn die amerikanischen Doktoren uneingeschränkt recht hätten, wäre dennoch kein Grund zum Verzweifeln. Es ist unbestritten, eine solche grundlegende Umwandlung, wie sie sich bei uns jetzt vollzieht, kann auch gar nicht anders durchgeführt werden als nur nach einem deduktiven, genauen Plan. Unsere Gegebenheiten bleiben bestehen, und wir werden uns mit der eigenen Erfahrung auseinandersetzen müssen. Jahr für Jahr werden wir unseren Plan aufgrund der gewonnenen Erfahrung verändern. Anders kann es auch gar nicht sein – es gibt keinen anderen Weg. Wir können nicht von den amerikanischen Erfahrungen ausgehen.

Das Wichtigste ist jedoch: Wir sind überzeugt, daß die Lösung des Problems überhaupt nicht von der Relation zwischen Theorie und Praxis abhängt, sondern nur von der Qualität sowohl der Praxis als auch der Theorie.

Wir streiten nicht ab, daß die USA das Recht haben, auf ihre technischen Errungenschaften und auf ihre Praxis stolz zu sein. Aufgrund dieser Praxis haben die Amerikaner auch schon eine Theorie entwickelt. Es ist jedenfalls eine Theorie, wenn Professor Wilson sagt: So wenig wie möglich gelehrtes Zeug und Gerede, mehr wirtschaftliche Überwachung im Betrieb und mehr Erfahrung. Wir sind ebenfalls der Meinung, daß diese Theorie sehr gut zur amerikanischen Praxis paßt; dort, jenseits des Ozeans, wurden nämlich der an der Wirtschaftlichkeit orientierten Überwachung weitreichende Möglichkeiten eingeräumt.

Vor kurzem erschien ein Buch von Roze und Sutulov („Der Landmaschinenbau und die Mechanisierung der Landwirtschaft Amerikas", Staatlicher Landwirtschaftlicher Verlag, 1930), die in Amerika waren und sich sowohl mit der Praxis als auch mit der dortigen Theorie gut vertraut machten. Das Buch krankt nicht an überflüssigem Sowjetpatriotismus und versucht, die große neue Arbeit gebührend zu würdigen.

In diesem Buch finden wir viel Lehrreiches.

Das Interesse des Besitzers und die wirtschaftliche Erfahrung haben sich jenseits des Ozeans wirklich sehr breit entfaltet. Und das Interesse des Besitzers, besonders wenn es um seinen Geldbeutel geht, erfordert in erster Linie eine Verbilligung der Produktion. Auf der Jagd nach dieser Verbilligung führen sie Mähdrescher ein; die Scheibenegge, der Weizenpflug, der den Boden pflügt, aber nicht umwendet, treten die Herrschaft an; auf riesigen Flächen wird Jahr für Jahr dieselbe Kultur angebaut, es gibt fast gar kein Brachland, fast keinen Dünger.

Immer mehr entwickelt sich in Amerika eine reine Unternehmerwirtschaft auf gepachtetem Land. In diesem Fall erreicht die Maschinisierung die Grenze. Der Unternehmer selbst lebt nicht mal auf dem bewirtschafteten Land, sondern kommt im Frühjahr mit Arbeitern und Maschinen an, führt die Aussaat durch und fährt bis zur Ernte wieder fort. Und während der Ernte kehrt er für kurze Zeit zurück. Das Interesse und die Erfahrung dieses unleugbaren Praktikers sind ausschlaggebend dafür, daß man, um den größtmöglichen Nutzen zu erzielen, auf hunderten und tausenden Hektar nur Weizen säen muß.

Die Scheibenegge trägt ebenfalls erheblich zur Verbilligung der Produktion bei, aber sie vernichtet das Unkraut nicht. Die in kleine Stückchen zerschnittene Quecke z. B. vermehrt sich derart, daß man auf vielen Feldern jede weitere Arbeit einfach einstellen muß. Zu fast gleichen Ergebnissen führt die Arbeit mit dem Weizenpflug. Mit dem Mähdrescher ist die Getreideernte am billigsten, aber das Feld wird dadurch auch am meisten verunreinigt, denn die große Menge Stroh, die zurückbleibt, vermindert die Fruchtbarkeit des Bodens.

Diese Praxis bereichert zwar immer noch einzelne Unternehmer, aber sie führt zur Verarmung vieler Farmer. Die Zahl der bankrottgegangenen Farmwirtschaften stieg im Laufe von fünf Jahren (1922–1926) um das Zweieinhalbfache. Aber nicht nur die Farmer wurden ruiniert, sondern der amerikanische Boden selbst. Nach Berechnungen amerikanischer Fachleute beläuft sich das jährliche Defizit an Nährstoffen im Boden auf 2 900 000 to. Die ständige Zunahme der Pachtwirtschaft, und dazu noch fast ausschließlich in Form der Einjahrespacht, kann natürlich nicht zu einer Verringerung dieses Defizites beitragen.

„Alles in allem muß man das Wirtschaftssystem der USA nicht nur als extensiv bezeichnen", sagen Roze und Sutulov, „sondern teilweise muß man sogar von Raubbau sprechen".

Und Professor Wilson sagte dazu an anderer Stelle:[22]

„Wer weiß, vielleicht wird sich unsere Technologie soweit entwickelt haben, daß man den Stickstoff aus der Luft gewinnen wird. Mit einem Wort, sie (die Landwirte) kümmern sich nicht sehr darum, die Fruchtbarkeit des Bodens zu erhalten."

Die Sache ist klar, wie wir sehen. Die ganze Theorie des Professor Wilson ist in dem Wort „vielleicht" enthalten. Nehmen wir an, das ist so etwas Ähnliches wie unser nationales „Es könnte sein, daß...". Doch bei uns wurde dieses „Es könnte sein, daß..." vorwiegend in bezug auf einzelne Erscheinungen gebraucht. Im Westen ist es, das wird aus allem sichtbar, das Fundament der kapitalistischen Wirtschaft: »Es könnte sein, daß da die Gelehrten irgend etwas ausdenken werden, doch für uns wird es noch reichen". Darauf beruht sowohl die Theorie als auch die Praxis.

Alle hier angeführten Überlegungen bedeuten natürlich nicht, daß wir von den Amerikanern nichts lernen können. Gerade diese wirtschaftliche Betrachtungsweise und die vom Geldbeutel bestimmte Finanzführung könnten in vielen Fällen unsere Lehrmeister sein. Beispielsweise drückt sich das Streben nach größtmöglicher Verbilligung der Produktion keineswegs nur in der Verschwendung von Naturschätzen und der Ruinierung der bodenständigen Farmer aus, sondern auch in der äußerst sorgfältigen Behandlung und dem ökonomischen Einsatz der Maschinen und überhaupt in der Einstellung zum Besitz. Bei Campbell sind heute noch Traktoren in vollem Einsatz, die 1918 gebaut wurden. Das ist schon etwas, worauf man unsere zahlreichen „Es könnte sein, daß..."– und „Macht nichts"-Sager, unsere Maulaufreißer und Taugenichtse aufmerksam machen sollte.

DER MÄHDRESCHER

Für die Ernte hatten wir Mähdrescher folgender Firmen:

McCormick–	16 Fuß	3 Stück
Rumeli–	20 Fuß	2 Stück
Holt–	12 Fuß	1 Stück
Holt–	15 Fuß	1 Stück
Holt–	20 Fuß	1 Stück
Shephard–	16 Fuß	2 Stück
M. Harris–	15 Fuß	1 Stück
	Insgesamt	11 Maschinen.

Fast alle Firmen hatten ihre Mechaniker geschickt, aber die beschränkten sich nur auf Ratschläge – gearbeitet haben unsere Leute.

Abgesehen von seiner ganzen Schwerfälligkeit und der Kompliziertheit seiner zweckmäßigen Konstruktion ist der Mähdrescher eigentlich keine sehr komplizierte Maschine. Auf jeden Fall wird es für uns viel leichter sein, Mähdrescher herzustellen als Traktoren. Es ist wohl jedem bekannt, daß ein Mähdrescher eine Kombination aus Mäh-, Dresch- und Sortiermaschine ist. Da die letzten beiden Funktionen schon in der von Pferden gezogenen Dreschmaschine vereinigt sind, kann man den Mähdrescher auch als eine Kombination von Mähmaschine und Dreschmaschine ansehen.

Die Mäh- und die Dreschvorrichtung des Mähdreschers sind nach dem gleichen Prinzip gebaut wie die Mähmaschine bzw. die Dreschmaschine. Das Getreide wird mit dem gleichen Messer geschnitten, und in der Dreschmaschine sind die gleiche Trommel und die gleichen Schüttelsiebe. Zusätzlich ist am Mähdrescher nur eine Vorrichtung angebracht, die das Stroh etwas anders als früher herauswirft, sowie ein Motor, und die Konstruktion der Dreschmaschine ist auf die ständige Vorwärtsbewegung des Mähdreschers auf dem Feld eingestellt. Der Mähdrescher arbeitet mit Traktorenzugkraft, die innere Maschinerie wird dagegen mit einem eigenen Motor angetrieben.

In der letzten Saison mißlang uns die ganze Arbeit mit dem Mähdrescher. Dafür kann man aber weder unsere Organisatoren noch unsere Agronomen und auch nicht unsere Mechaniker verantwortlich machen. Bis jetzt ist der Mähdrescher längst noch keine ideale Maschine, und sowohl von der technischen Seite als auch in bezug auf seinen Einsatz gibt es einen ganzen Knäuel ungelöster Probleme, Widersprüche und offener Fragen. Wenn sich der Mähdrescher in Amerika durchgesetzt hat und wenn bei uns nun doch beschlossen wurde, die Getreideverarbeitungsbetriebe auf die Mähdrescher einzustellen, dann kann das nur bedeuten, daß der Mähdrescher trotz all seiner Mängel und Unzulänglichkeiten eine brauchbare und rentable Maschine ist. Seine weitere Vervollkommnung ist Sache der Zukunft und vor allem unserer Zukunft. Dennoch ist es nicht so sehr nötig, den Mähdrescher selbst zu vervollkommnen, als zu lernen, mit ihm umzugehen: Die Arbeit mit dem Mähdrescher erfordert vom Mechaniker und vom Agronomen bei weitem mehr Übung, Anpassungsfähigkeit an wechselnde Bedingungen und Gesamtkenntnis der rein biologischen Faktoren in der Landwirtschaft als die Arbeit mit jeder anderen landwirtschaftlichen Maschine.

Vor allem ist die Arbeit des Mähdrescherführers selbst so kompliziert und verantwortungsvoll, daß eine kurze Ausbildungszeit dazu nicht ausreicht. Wir hatten keinen einzigen Mähdrescherführer, der die Maschine wirklich gekannt hätte, keiner hat es ganz verstanden, richtig mit ihr umzugehen. Es geht darum, daß der Mähdrescherführer die Siebe richtig einstellen muß – je nach Kultur und Qualität des Getreides –, er muß die Ventilation richtig regulieren, da sonst zusammen mit dem Stroh auch das Korn herausfliegt, er muß ständig darauf achten, daß der Motor richtig arbeitet, und er muß die Schneidevorrichtung so einstellen, daß die Halme nicht zu hoch und nicht zu niedrig abgeschnitten werden. Außerdem muß er fortwährend konzentriert auf die Dichte des Getreides achten, ob sich nicht irgendwo ein gefährliches Loch befindet, ob nicht irgendwo ein Pflock oder ein Grenzpfahl stehengeblieben ist – das Symbol der Privatwirtschaft.

Die ganze Zeit hört er auf das monotone rhythmische Geräusch der arbeitenden Maschinenteile: ob nicht in dieser regelmäßigen Monotonie irgendein neues, verdächtiges Klappern oder Knarren zu vernehmen ist, um sein Steppenschiff schnell und rechtzeitig zum Stehen zu bringen und es dadurch vor der Verstümmelung und anderen Unannehmlichkeiten zu bewahren.

Noch schwerer hat es der Agronom. Als man uns die Mähdrescher brachte, wurden wir beinahe kopflos. Auf uns lag eine große Verantwortung, die Verantwortung für hunderttausend Pud Getreide, und wir hatten keine Ahnung, wie man mit diesen Mähdreschern umgehen soll.

Alle Schwierigkeiten kreisen um ein Problem. Mit der gewöhnlichen Schneidemaschine beginnt man mit der Ernte immer dann, wenn das Getreide genügend ausgereift, jedoch noch nicht so reif ist, daß die Körner aus den Ähren fallen. Wird ein Garbenbinder aufs Feld geschickt, so weiß jeder Agronom, daß

es noch kein großes Unglück ist, wenn das Getreide auf dem Feld noch ein wenig unreif ist: Es reift in den Hocken nach. Das ist weniger gefährlich, als wenn es überreif ist. Besonders vorsichtig muß man
bei großen Flächen sein; man beginnt an einem schönen sonnigen Tag mit der Ernte, und es geht alles gut, doch am Abend kann es passieren, daß man auf dem Halm dreschen muß und das Korn dabei über das Feld verstreut wird. Jene „unqualifizierten" und „unmaschinisierten" Hocken halfen einem da immer noch aus der Klemme. Im schlimmsten Fall steht Ihnen noch das Dreschen bevor, und dann haben Sie die Möglichkeit, das Korn zu werfeln und nachzutrocknen. Überhaupt, wenn man es so macht, „wie es unsere Väter machten", dann mag das sehr umständlich, sehr verwickelt und sehr teuer sein, dafür aber bringt man das Getreide fast immer ohne Schaden ein.

Und hier der Mähdrescher, eine Maschine, die sich nicht um Ihr Inneres kümmert, das vor Sorge erstarrt. Eine Maschine, die weder Argumente anerkennt noch Perspektiven sieht, aber vor Ihren Augen pro Stunde zwei bis drei Hektar herrlichen Weizen verschlingt und ihn – jetzt schon Ihren Blicken entzogen – irgendwo im Innern drischt, ihn in Behälter schüttet und dabei immer weiter vorwärtsdrängt. Ohne Rücksicht auf all Ihre Sorgen springen Sie um diese unverschämte Maschine herum und geraten außer Atem, um den Behälter möglichst schnell zu leeren, um die Ernte nicht aufzuhalten und um das Korn nicht über das ganze Feld zu verstreuen. Sie setzten alles daran, die Lastwagen, einen nach dem anderen, an den Mähdrescher heranfahren, das Korn aufnehmen und schnell wieder wegfahren zu lassen, um Platz für den nächsten zu machen. Für einen kurzen Augenblick empfinden Sie sogar Befriedigung: Es geht alles gut. Bis Ihnen plötzlich einfällt: Die Lastwagen bringen doch das Getreide direkt zum Silo bei der Bahnstation „Ataman", und schon morgen wird es in die Waggons verladen. Ihnen wird unerträglich heiß. Und wenn nun das Korn nicht trocken genug ist? Hat es überhaupt eine Bedeutung, daß man gestern im Labor eine Probe gemacht hat? Dabei wurden die notwendigen 14 bis 15 Prozent Feuchtigkeit festgestellt, also der ideale Feuchtigkeitsgrad. Aber wer weiß, wie genau die Laboranten und ihre Instrumente sind, und ob schließlich nicht der Teufel (überhaupt möchte man in diesem Augenblick nicht einen oder zwei Teufel, sondern am liebsten die ganze Hölle, alle Teufel unter 60 mobilisieren) seine Hände im Spiel hatte: In der Probe können es auch 15 Prozent gewesen sein, und 1 km weiter von der Stelle, wo man die Probe entnommen hat, irgendwo in der Schlucht, tiefer gelegen, werden es 20 Prozent sein, irgendwo ist das Korn später aufgegangen, oder es war sonst etwas los.

Irgendein Mensch, der überhaupt nichts versteht, wird Sie vielleicht überzeugen wollen:

„Was regen Sie sich so auf? Was ist denn das schon für ein Unglück, wenn hier und da einige feuchte Körner mit hineinkommen. Das ist doch egal, es wird gemahlen, und alles wird miteinander vermischt."

Blicken Sie auf so einen Banausen mit Verachtung, mit Wut, mit dem brennenden Wunsch, ihm eins auf den Deckel zu geben, wenden Sie sich wortlos ab und gehen Sie, gehen Sie der Versuchung zur Sünde aus dem Weg. Irgendwann später, wenn die Ernte vorbei ist, wenn Ihr Getreide in der ganzen UdSSR verteilt ist, wenn es zu Mehl gemahlen ist und in keiner Zeitung Ihr Portrait mit der

Unterschrift erscheint: „Ein Agronom, der Tausende Tonnen Getreide verfaulen ließ. Wir werden unsere Reihen von Faulenzern und Schwachköpfen säubern" – erst dann können Sie diesem Freund mehr oder weniger höflich erklären:

„Begreifen Sie bitte, wenn feuchtes Korn, Weizen oder eine andere Getreideart in einer bestimmten Menge mit trockenem Korn zusammen in einen Sack kommt, dann beginnt nach einer gewissen Zeit unweigerlich jener Prozeß, den man bekanntlich Fäulnis nennt. Es ist auch allgemein bekannt, daß in diesem Falle nicht nur das feuchte Getreide fault, sondern auch all das, was so oder anders mit ihm in Berührung kommt. Und womit das endet, ist auch bekannt: Der ganze Sack wird faul. Verstehen Sie das? Und hier handelt es sich nicht um Säcke, sondern um Waggons, verstehen Sie's nun oder nicht?"

Hier haben wir ein mehr oder weniger allgemeines Schema der Leiden eines Agronomen aufgezeichnet. In Wirklichkeit kann sich dieses Schema manchmal bis zur Unerträglichkeit komplizieren. Gestern haben Sie eine Probe gemacht – alles war in Ordnung. Als Sie dann aber nach Hause gingen, merkten Sie: die Sterne sind plötzlich verschwunden; da weiß man, das sind die gleichen Wölkchen, über die man sich nach der Aussaat so gefreut hatte, diese ewigen Wanderer, die weder Gesetz noch Vernunft noch Gebote kennen – ausgerechnet am Tag der Ernte werden sie Ihnen Regen bringen.

Sie schlafen lange, am Morgen werden Sie wach und fragen einen Kameraden:
„Nun, wie ist's, wird es Regen geben?"
Man antwortet Ihnen in verdächtig ruhigem Ton:
„Jetzt nicht, aber in der Nacht hat es ein bißchen getröpfelt. So ganz leicht."
Sie laufen hinaus. Die Sonne hat die Regenspuren schon weggewischt – unter Ihren Füßen ist der Boden ganz trocken, aber der Staub klebt fest, und die Wege auf dem Hof sind mit winzigen, kaum sichtbaren Ringen erstarrter Regentropfen bedeckt.

Sie sehen, daß man im Begriff ist, die Mähdrescher fertig zu machen, und schreien:
„Wo wollt ihr denn hin? Nachts hat es doch geregnet!"
Der Mechaniker mit dem Eimer in der Hand sieht Sie wie einen Kranken an und sagt:
„War das etwa Regen? Alles ist schon längst wieder trocken. Das macht doch nichts."

Sie sind kein Mechaniker, Sie sind Agronom. Sie wissen sehr gut, daß dem Mechaniker durchaus das Gehirn austrocknen kann, doch das Getreide wird auch nach dem kleinsten Regen noch feucht sein. Und schon stellt sich Ihnen messerscharf die Frage: fahren oder nicht fahren? Fährst du, dann stopfst du den Getreidespeicher mit feuchtem Korn voll, fährst du nicht, kann es schon morgen zum Mähen zu spät sein.

Versuchen Sie, all das zu entscheiden, wenn Sie ein ganz junger Agronom sind, wenn der Mähdrescher nicht von klein auf Ihr Kamerad war, sondern erst vor einem Monat aus Amerika gekommen ist und Sie erst vorgestern in der Übersetzung aus dem Amerikanischen gelesen haben:

„...am besten ist es, die Arbeit mit dem Mähdrescher nicht vor elf Uhr zu beginnen, wenn der Tau verschwunden und das Getreide schon etwas trocken geworden ist."

Hier ist vom Tau die Rede. Vom Tau, aber nicht vom Regen. Wer weiß, wie der Tau in Amerika aussieht. Vielleicht ist es beim russischen Tau so, daß man nicht um elf, sondern um halb vier hinausfahren muß.

Auf der Szene erscheint der uns schon bekannte Banause. Er blickt vorsichtig zur Sonne, freut sich über das Wetter und über die ganze Natur und sagt: „Ach, wie schön ist es nach dem Regen... Warum machen Sie sich wieder Sorgen? Ist es wieder der Mähdrescher?"

Sie beherrschen sich, denn inzwischen sind Sie schon ein bißchen amerikanisiert, vielleicht auch schon zu sehr amerikanisiert.

„Ich kann es gar nicht verstehen", sagt der Banause, „weshalb Sie wegen dieser Mähdrescher solche Ängste ausstehen? Es ist wirklich so, wer keine Sorgen hat, macht sich welche. In Amerika arbeiten Tausende von Mähdreschern – und es ist nichts dabei, niemand hängt sich deswegen auf, und niemand nimmt deswegen Zyankali. Ach, diese Russen...!"

Ein Banause bleibt eben ein Banause. Er weiß überhaupt nichts, er weiß nicht, daß es auch in Amerika dasselbe schreckliche Problem gibt: Einerseits möchte man, und andererseits möchte man wieder nicht. Das verfluchte Feuchtigkeitsproblem läßt auch in Amerika den Landwirt nicht schlafen, es beunruhigt ihn so, daß man dort, um das Ausfallen des Korns zu verhindern, mit der Getreideernte früher beginnt, als man es mit dem Mähdrescher machen kann; man beginnt fünf bis sieben Tage früher, und zwar mit Hilfe spezieller Geräte: einem, das das Getreide ablegt (Windrower), und einem, das es aufliest (Picker).

Der Windrower ist eine ganz gewöhnliche Mähmaschine, er unterscheidet sich von den uns bekannten Mähern dadurch, daß er das abgeschnittene Getreide schön ordentlich in langen, gleichmäßigen Reihen auf dem Feld ablegt. Damit das Getreide besser trocknen kann, wird es am Halm sehr hoch abgeschnitten. Die abgeschnittenen Ähren werden nun auf die hohen Stoppeln gelegt, und so hängen sie gleichsam im Wind. Das gemähte Korn sieht dann wie Leinentücher aus, die zum Trocknen ausgebreitet wurden. In ein, zwei Tagen, wenn die Ähren richtig durchlüftet sind, rückt der Mähdrescher an, er durchschreitet die Reihen, doch anstelle der Schneidevorrichtung hat er jetzt ein spezielles Gerät zum Aufnehmen – den Picker, der die Ähren von den Stoppeln aufliest und sie an die Dreschmaschine des Mähdreschers weiterreicht.

Nicht wahr, das klingt alles sehr schön und einfach, aber vor allem ist es ein Beweis dafür, daß auch die berühmten amerikanischen Nerven manchmal versagen.

Zusammen mit den Mähdreschern bekamen wir auch Windrower und Picker. Selbstverständlich hatten auch wir unsere Nerven vor Erntebeginn zu spüren bekommen.

Es bildeten sich zwei Lager. Die einen behaupteten, daß der Mähdrescher eine neue und wenig erprobte Maschine sei, daß wir keine richtigen Mechaniker hätten und daß es für uns vor allem darauf ankäme, gutes Getreide zu bekommen. Deshalb sollte man den Mähdreschern nur kleine Versuchsflächen überlassen, für alles andere müsse man Garbenbinder einsetzen.

Andere, die mehr mit der amerikanischen Maschinisierung vertraut waren, forderten, daß man den Mähdreschern eine größere Fläche zuweisen sollte.

Der zweite Vorschlag setzte sich durch; um jedoch nicht zu viel zu riskieren, wurde beschlossen, nach der letzten Mode zu verfahren: bei einem Teil des Getreides Windrower und danach Mähdrescher zusammen mit Pickern einzusetzen, bei dem anderen Teil jedoch nur mit Mähdreschern zu arbeiten. Darüber wurde lange gestritten, und um ein Haar hätte man sich ganz zerstritten. Vielleicht gerade deshalb wurde unser erster Versuch ein totaler Mißerfolg.

Die Windrower haben das Getreide wunderbar abgeschnitten. Als jedoch die Picker die Arbeit begannen, kam es zu einem regelrechten Skandal. Vielleicht erinnert sich der Leser an die Anekdote, welchen Erfolg im russisch-japanischen Krieg die für russische Soldaten nach japanischem Muster geschneiderten Hosen hatten?

Etwas Ähnliches ist auch bei uns passiert. Wir hatten nicht berücksichtigt, daß wir verschiedene Mähdreschersysteme haben und damit auch verschiedene Windrowersysteme. Sie erfassen unterschiedlich breite Flächen, außerdem legen die einen das Korn auf die Seite, die anderen aber unter die Maschine. Wenn also verschiedene Fabrikate auf einer Parzelle arbeiten, fällt die Mahd unterschiedlich aus, und außerdem kommen manchmal beide Mahdarten in einer Reihe zusammen.

Dadurch konnten die Picker das Getreide nicht gut erfassen. Während der Arbeit mit dem Picker verstopften häufig die Siebe in der Dreschvorrichtung der Mähdrescher, denn die Dreschmaschine konnte nicht die doppelte Menge gemähtes Getreide bewältigen.

Ca. 15% des Korns blieben auf dem Feld, dieser Rest mußte in althergebrachter Weise eingefahren werden – mit Hilfe der Bauern.

Obendrein waren die Picker nicht sehr brauchbar: Ist das Fördergerät zu niedrig angebracht, dann greift es Erdklumpen vom Boden auf und wirft sie in die Maschine; ist es zu hoch angebracht, dann preßt es das gemähte Getreide zusammen und verstopft die Trommel der Dreschmaschine. Auch die Erwartung, daß der Windrower die abgeschnittenen Ähren gleichmäßig seitlich ablegt, erfüllte sich nicht ganz – viele Ähren fallen auf den Boden, und von dort kann man sie ohne Harke nicht mehr aufnehmen.

Zu unserer Entlastung müssen wir sagen, daß diese betrübliche Geschichte nur 300 ha Gerste betraf.

Nach russischem Brauch begannen wir, Schuldige zu suchen. Und weil an dieser Sache alle beteiligt waren, hat man auch sehr viele Schuldige gefunden – alle wurden für schuldig erklärt.

Diese unglückliche Erfahrung hatte jedoch auch ihr Gutes. Wir waren ganz verzweifelt, aber manchmal hilft Verzweiflung auch. Das Getreide stand auf dem Feld und hatte vor, so lange zu warten, bis die berittene Polizei kommt und die wirklich Schuldigen findet. Unsere Leute benahmen sich ganz sowjetisch und waren alle mit ziemlichem Eifer dabei. Das Getreide mußte um jeden Preis eingebracht werden. Alle 20 Garbenbinder und alle Mähdrescher wurden eingesetzt. Natürlich ließen die Garbenbinder ihre alten „Kameraden" nicht im Stich, und auch die Mähdrescher waren nicht mehr so schrecklich, jedenfalls erschien bis jetzt noch kein Portrait in der Zeitung. Dennoch haben wir genug Schlimmes ausgestanden, obwohl sich das nicht auf die Menge der eingebrachten Ernte auswirkte.

An den Mähdreschern zeigten sich alle unsere organisatorischen Fehler und unsere Unfähigkeit, in so großem Maßstab zu arbeiten. Nach einer Berechnung, die das Ukrainische Institut für Arbeit im Sovchoz Nr. 2 durchführte, beträgt die Nichtnutzung der Mähdrescher 47 %. Weshalb?

Stillstand	5,8 %
Defekte am Mähdrescher	12,2 %
Montieren und Abschmieren	16,6 %
Entladen	4,4 %
Fehlen von Treibstoff	0,3 %
Warten auf den Abtransport	1,4 %
Defekte an der Zugmaschine	1,8 %
Organisationsmängel verschiedener Art	3,1 %
Anderes	2,0 %

Wie Sie sehen, machte sich die schlechte Organisation bei uns an allen Ecken und Enden bemerkbar. Die allergewöhnlichste „russische" Unfähigkeit zum Disponieren, das Unvermögen, zahllose Kleinigkeiten und Details zu überblikken, die fehlende Übung, zur gleichen Zeit kombinierte Aufgaben zu lösen, die Unfähigkeit, die Folgen von Entscheidungen vorauszusehen, die zunächst harmlos erscheinen – all diese Todsünden führten zu den üblichen Ergebnissen: Hast, unnötige Arbeit, Durcheinander, Streit, Klatsch und spektakuläre Situationen. Es kam vor, daß niemand auf der Parzelle wußte, wo die Mähdrescher arbeiten werden, denn die Anordnung, die Mähdrescher auf die eine oder andere Parzelle zu schicken, wurde zu spät gegeben. Es kommt vor, daß man eine Maschine 7 oder 8 Werst weit fahren läßt, und dann stellt es sich heraus, daß sie dort überhaupt nicht hin soll. Einmal ist es vorgekommen, daß auf einer Parzelle von 70 ha elf Maschinen zugleich eintrafen.

All das ist sehr betrüblich. Weitgehend ist das darauf zurückzuführen, daß wir völlig unvorbereitet waren, in so großen Maßstäben und mit den neuen Maschinen zu arbeiten. Trotzdem bin ich so kühn zu behaupten, daß die Arbeiter unseres Sovchoz mit wirklicher Begeisterung dabei waren. Jeder unserer Mißerfolge wirkte sich sehr schmerzhaft auf unser Selbstbewußtsein aus, und wir eilten alle zu Hilfe, wenn es irgendwo gefährlich wurde. Wir lernten täglich viel dazu, und von Tag zu Tag gab es weniger Mißerfolge. Gegen Ende der Ernte fuhren wir schon viel sicherer und erfolgreicher zur Arbeit hinaus. So sind wir doch nicht in Verzweiflung geraten. Nun, das hat zwar bewiesen, daß wir auf die organisatorische Arbeit nicht vorbereitet waren, aber auf keinen Fall, daß wir dazu nicht fähig sind.

Die Hauptursachen unserer partiellen Mißerfolge waren:

1. Der Aussaatplan selbst war nicht auf die Arbeit mit den Mähdreschern eingestellt. Man hätte viel größere Flächen mit ein- und derselben Kultur bebauen müssen. Die Saatkulturen hätte man so miteinander verbinden müssen, daß die

Mähdrescher keine sinnlosen, verlustbringenden Wettrennen zu veranstalten brauchten.

2. Wir hätten unsere Felder besser kennen müssen: Große Bedeutung haben die abfallenden Flächen und die Senken, aber auch der Stand der jeweiligen Kultur während der ganzen Zeit bis zur Ernte.

3. Vor der Aussaat muß man das Feld so bearbeiten, daß keine tiefen Furchen und keine großen Löcher zurückbleiben, sonst wird die Arbeit der Mähdrescher aufgehalten und ihr unnötiger Stillstand verursacht.

4. Die Bereitstellung des Treibstoffs und das Auftanken muß sehr sorgfältig vorgenommen werden, damit dafür bei der Arbeit auf dem Feld möglichst wenig Zeit benötigt wird. Außerdem zeigte sich ganz deutlich, daß diese Arbeit von erfahrenen Leuten durchgeführt werden muß und nicht von Gelegenheitsarbeitern, wie es bei uns häufig vorkam.

5. Besonders ernst genommen werden muß die Ausbildung der Mähdrescherführer und der Mechaniker.

6. Sehr große Bedeutung kommt der Organisation des Entleerens der Mähdrescher zu. Dieses Problem blieb nahezu ungelöst. Wir versuchten das Entleeren sowohl mit dem Lastauto als auch mit dem Traktor, an den einige Wagen angehängt sind. Für das Entleeren selbst braucht man drei bis vier Minuten, aber das Manövrieren, das Heranfahren, das Warten und die Verspätungen – all das nimmt sehr viel mehr Zeit in Anspruch. Ein Versuch, das Entleeren auf ein Auto während der Fahrt zu erledigen, endete erfolglos. Nicht alle Mähdrescherfabrikate sind dazu geeignet, daß man bequem mit dem Auto an sie heranfährt und den Getreidebehälter während der Fahrt entleert. Dazu kommt, daß all das nicht auf der Straße, sondern auf dem Feld durchgeführt wird.

Man muß jedoch sagen, daß ein Lastauto besser zu handhaben ist als ein Traktor mit einer Reihe von Anhängern. Letzterer ist zu kompliziert und zu schwerfällig.

Bis zum Ende der Ernte hatten wir schon viel von diesem Durcheinander beseitigt, und im nächsten Jahr werden wir die Getreideernte schon mit einer großen und sicheren Erfahrung beginnen. Zweifellos wird nicht nur bei uns, sondern auch in Amerika noch lange sowohl an der Organisation als auch an der Struktur gearbeitet werden müssen, um vom Mähdrescher den größtmöglichen Nutzen und Effektivität zu haben.

Übrigens stellte sich uns unerwartet, neben anderen organisatorischen Problemen, die Frage nach dem Verhältnis zwischen den leitenden Personen.

Bisher hatten bei uns, wie das schon bei der Organisierung des Sovchoz vorgesehen worden war, die Agronomen die führende Stellung inne. Nachdem man jedoch die Garbenbinder und Mähdrescher in Arbeiterbrigaden organisiert hatte, und diese von Parzelle zu Parzelle fuhren, wurde klar, daß die Agronomen fast nichts mehr zu tun hatten. An der Spitze der Brigade steht jetzt ein Mechaniker. Der gesamte Arbeitsprozeß nahm solche Formen an, daß sich die Rolle des Agronomen auf eng begrenzte Hilfsdienste bei den Brigaden reduzierte, auf das Aufspüren von Löchern auf dem Wege des Mähdreschers und auf andere zufällige Arbeiten. Diese Machtusurpierung in der Landwirtschaft war offenbar eine ganz natürliche Folge der Maschinisierung. Während der Arbeit treten in den

Maschinenbrigaden fast immer nur technische Probleme auf; die erfolgreiche Getreideernte und die Effektivität sind allein von dieser oder jener Lösung der Probleme abhängig. Es ist ganz natürlich, daß in diesem Fall die Verantwortung und das Kommando auf den Mechaniker übergeht.

Und obwohl das ganz natürlich war, bereitete uns der Prozeß des Machtwechsels große Qualen. Er nahm Formen der Feindschaft zwischen beiden Arbeitergruppen an.

Es gibt noch eine sehr wichtige und interessante Frage. Es steht außer Zweifel, daß damit die wichtigsten Theoreme des landwirtschaftlichen Fortschritts berührt werden. Möglicherweise wirkte sich diese Feindschaft, die es bei uns gab, auch positiv aus. Auf jeden Fall muß man annehmen, daß die Entwicklung unserer Landwirtschaft im allgemeinen einen mittleren Weg zwischen dem amerikanischen und dem europäischen System einschlagen muß. Schon aus dem hier Dargelegten wird deutlich, daß die Hoffnung, man könne alles mit der Maschine ausführen, unweigerlich zu einer unheilvollen Krise in der Landwirtschaft führen muß. Die Verunreinigung der Äcker und die Auslaugung des Bodens wären dann auch bei uns nicht mehr vermeidbar.

Diese außerordentlich wichtige Frage muß vor allem von unserer Wissenschaft und unserem Forscherdrang gelöst werden, was Professor Wilson jedoch mit amerikanischer Selbstsicherheit verneint.

EINIGES ÜBER UNSERE TRÜMPFE

Wie wir sehen, haben auch wir in unserem kleinen Streit mit den Amerikanern etwas vorzuweisen, und wir haben noch Trümpfe wie die wissenschaftliche Forschung, die jedoch zum Nutzen aller betrieben wird. Das kann man von der amerikanischen Wissenschaft nicht sagen. Auf unsere immer wieder gestellte Frage, welche Mähdrescher- und Traktorenfabrikate er für besser halte, antwortete Prof. Wilson unklar und immer gleich, daß, wie er sagte, noch keine wissenschaftlich fundierten Ergebnisse vorlägen, daß jedes Fabrikat seine Vor- und Nachteile habe. Vergessen wir nicht, daß die sogenannte „Theorie" jenseits des Ozeans sich einen solchen – wie es scheinen möchte – notwendigen Luxus wie eine wissenschaftliche und nicht von der Reklame bestimmte Bewertung dieser oder jener Maschine nicht erlaubt. Wir haben es hier zweifellos mit einem rein kapitalistischen Schreckgespenst zu tun: Wir wissen nicht genau wie, aber eine gewisse Loyalität der „Theorie" gegenüber der „Praxis" wird dort dennoch erreicht.

Vielleicht verhalten sich die Amerikaner der Wissenschaft gegenüber gerade deshalb so mißtrauisch. Es ist zu hoffen, daß man sich gegenüber unserer Wissenschaft anders verhalten kann, und sei es nur darum, weil die Frage nach der Loyalität bei uns völlig sinnlos ist.

Darum bleibt die Forschung auch unser Trumpf. Das ist aber längst nicht alles, was wir vorzuweisen haben.

Unsere verehrten Lehrer, die amerikanischen Mechaniker, Ingenieure und Professoren, wohnten leider zu weit entfernt von uns. Sobald die Arbeit auf dem Feld beendet war, fuhren sie in ihren funkelnagelneuen Fords nach Egorlykskaja, wir aber blieben in unseren Zelten und Wohnwagen, in unserem Arbeiterkollektiv. Diese Absonderung gab den Amerikanern keine Möglichkeit unser Leben und unsere Organisationsformen näher kennenzulernen. Und gerade hier liegen unsere Trümpfe.

Sogar ohne irgendwelche besonderen Organisationsformen, ohne Sitzungen und Protokolle wäre die ganze Art und Weise unseres Alltagslebens und unserer gegenseitigen Beziehungen im Lager, im Büro, im Labor und in der Verwaltung für die Amerikaner ein sehr interessantes und ganz ungewöhnliches Objekt für Beobachtungen und Überlegungen gewesen.

Das erste und grundlegende Phänomen – recht eindrucksvoll für einen fremden Beobachter – ist, daß es bei uns keine Aufteilung in Herren und Knechte gibt, kein Verlangen nach Wucher und keine Ausbeutung des Menschen auf der einen Seite und kein feindseliges Sträuben und keine Gleichgültigkeit gegenüber dem Wucher auf der anderen Seite.

Unter dem Tuch unserer Zelte, in unseren Wohnwagen, auf dem Feld, in der Garage, in den Räumen der Verwaltung lebte, dachte und, was das Wichtigste ist, strebte vorwärts zu Erfolgen und Siegen ein begeistertes, kräftiges, junges Kollektiv, das sehr gut um den Wert unserer Arbeit im Weltmaßstab weiß. Die Denkweise unserer Traktorenfahrer wird von Kategorien bestimmt, die für einen Amerikaner völlig ungewohnt sind: Fünfjahrplan, Industrialisierung, Sozialismus, Weltrevolution. Selbstverständlich hatten wir zu wenig Zeit, um darüber viel zu sprechen, doch es war wie ein stetes Ferment in jedem Tropfen unseres Blutes, in jeder Zelle unseres Hirns.

Eigentlich bestand gar keine besondere Notwendigkeit, Sitzungen abzuhalten und einen Leiter zu wählen. Jeder unserer Abende, jede Minute unserer Freizeit verwandelte sich in eine Produktionsberatung. In unserem Sovchoz Nr. 2 war auch ein erstaunlich junges Volk zusammengekommen. Das Durchschnittsalter der Agronomen und Mechaniker war kaum höher als 25–27 Jahre und das der Mähdrescherführer und Traktorenfahrer, von denen der überwiegende Teil Komsomolzen waren, 21–23 Jahre.

Vor der Ernte hat unser gerade aus Amerika zurückgekehrter Direktor die erste Versammlung der Agronomen und Mechaniker einberufen. Damit begann eine ganze Reihe ähnlicher Versammlungen. Sie fanden stets im Freien statt. Es ist schwierig, all die Fragen aufzuzählen, die besprochen wurden: Es waren Informationen über die Landwirtschaft in Amerika, Fragen nach dem Leben dort, nach einzelnen Lebensgewohnheiten, ökonomische Fragen, rein technische Fragen über besondere Geräte und die Frage nach der Arbeitsteilung und dem Lohn. Die Anregungen, die man auf diesen Versammlungen bekam, wurden äußerst heftig diskutiert, und sie gaben den Anstoß, in den Arbeiterbrigaden, auf den Komsomolversammlungen und in den Gewerkschaftsorganisationen nach Lösungen zu suchen.

Nach Abschluß der Mähdrescherarbeit fand eine Versammlung der Mähdrescherbrigaden statt, um Bilanz über die geleistete Arbeit zu ziehen. Diese Versammlung verwandelte sich, ohne daß es beabsichtigt war, in einen regelrechten Kongreß. Daran haben Arbeiter anderer Brigaden, die Administrationsspitze des Sovchoz, Mitarbeiter der Rostover Versuchsstation und andere Fachkräfte teilgenommen. Die wichtigsten Themen des „Kongresses" waren: die Erörterung der Vorzüge der einzelnen Mähdrescherfabrikate und die Mängel unserer Organisation. Die superschlauen amerikanischen Maschinen, denen es gelungen war, der Kritik der eigenen Gelehrten zu entgehen, haben hier ganz „loyal" die Kritik der sowjetischen Jugend, die die ganze Saison mit ihnen gearbeitet hatte, hingenommen.

Die Versammlung begann dennoch mit einer gelehrten Ansprache: Als erster trat der Oberinstrukteur des Ukrainischen Instituts zur Rationalisierung der Verwaltung auf. Aufgrund der Daten der analytischen Berechnung, die dieses Institut während der Arbeiten durchführt, gab er der Versammlung die Ergebnisse der Leistungen der Mähdrescher aller Fabrikate bekannt; er verglich sie untereinander und mit der Leistung der Garbenbinderbrigade. Nach ihm erstatteten der Leiter der Brigade (ein Ingenieur) und sein Vertreter (ein Agronom) Bericht. Auf dieser Versammlung kamen etwa 40 Personen zu Wort. Sehr ausführliche Diskussionen hat die Frage der Mängel in der Organisation ausgelöst. Unter anderem stellte sich heraus, daß in der Brigade der Mähdrescherführer Unstimmigkeiten über den Lohn bestanden, es wurde auch ein Fall von persönlicher Bereicherung aufgedeckt – in jeder Herde gibt es ein schwarzes Schaf. All das wurde von unserer Parteiorganisation und dem Arbeiterkomitee[23] rechtzeitig bereinigt.

In der Frage, welches Mähdrescherfabrikat das beste ist, gab es keine Meinungsverschiedenheiten: Für die besten wurden „Shephard" und „Holt" erklärt.

Sowohl diese Versammlung als auch alle anderen Formen der Produktionsberatung verliefen bei uns nur deshalb so lebhaft, weil die Teilnehmer viel durchgemacht haben, und nur deshalb wurden angestrengte Überlegungen angestellt. Dazu hat der sozialistische Wettbewerb beigetragen.

Der erste Wettbewerb wurde bei uns während des Brachepflügens zwischen den Arbeitern der Traktorenbrigaden organisiert. Er war ziemlich mißlungen: Die Leitung war ohne jeden Schwung.

Dennoch sind wir sicher, daß dank dieses Wettbewerbs sowohl die Qualität als auch die Quantität der Arbeit während des Brachepflügens gestiegen ist. Leider mußte man die mit „Cletracs" und „Caterpillars" ausgerüsteten Brigaden aus dem Wettbewerb ausschließen, weil man sie mit den anderen Brigaden, die mit „Internationals" ausgerüstet waren, nicht vergleichen konnte. Die Brigaden der „Internationals", die an dem Wettbewerb teilnahmen, waren quantitativ zu gleichen Ergebnissen gekommen, doch die Arbeitsqualität in Južnyj Verbljud wurde für die beste erklärt.

Während des Herbstpflügens wurde der sozialistische Wettbewerb schon viel besser durchgeführt. Vorher wurde eine gewaltige Arbeit geleistet, eine Sonderkommission wurde eingesetzt, und aufgrund der Erfahrung mit der Frühjahrs- und der Brachearbeit wurden genau umrissene Aufgaben ausgearbeitet.

Die Berechnung im Wettbewerb wurde nach folgenden Gesichtspunkten durchgeführt: Produktivität in Hektar, Treibstoffverbrauch und prozentualer Anteil des Leerlaufs. Im Herbst waren die Arbeiterbrigaden kleiner, ihre Gesamtzahl hatte sich erhöht, daher war es uns möglich, etwa vier Brigaden „Caterpillars" zu organisieren, die untereinander in Wettbewerb traten. Nicht nur der Wettbewerb, sondern auch ganz allgemein die Hochstimmung und die bewußte Einstellung unseres Kollektivs zu der großen, uns anvertrauten staatlichen Aufgabe haben unser Leben erfüllt, ein Leben ständiger Anspannung, der Berechnung und des Wettbewerbs. Die täglichen Bulletins über die auf den einzelnen Parzellen, in den Brigaden und in den Abteilungen ausgeführten Arbeiten, die zur allgemeinen Kenntnisnahme ausgehängt wurden, lieferten Zündstoff für unsere Gespräche.

Nicht wenig hat uns auch die Revision durch die Arbeiter- und Bauerninspektion[24] aufgerüttelt, die feststellen sollte, wie wir unsere Aufgaben erfüllen. Die Revision förderte die große Mobilisierung des Gemeinschaftssinnes unter den Arbeitern und unter den Spezialisten. Im großen und ganzen kam sie zu positiven Ergebnissen, stellte jedoch eine zu geringe Ausnutzung der Traktoren fest.

In dieser ganzen Atmosphäre des allgemeinen Strebens, durchwirkt mit Arbeit und geistiger Anspannung, ist die Grenze zwischen den Organisatoren des Unternehmens und den Arbeitern völlig verschwunden. Das kam insbesondere dadurch, daß wir alle sehr jung waren und daß es zwischen uns kein Mißtrauen und keinen sozialen Unterschied gab. Unter uns gab es keine „gestrigen" Menschen, niemand konnte sich hier etablieren, niemand bereichern. Es gab auf unserem Boden nicht einmal die Bakterien, die derartige Prozesse hätten hervorrufen können. Man kann sagen, unsere Sache war hundertprozentig sowjetisch.

Aus diesem Grund stellte sich uns die Frage nach den Spezialisten gar nicht – gerade hier im Sovchoz Nr. 2 konnte man sehen, daß alle, die hier arbeiten, Spezialisten sind. Fehler des einen oder anderen Agronomen konnten dadurch bei uns nicht als Fehler von Menschen einer anderen sozialen Stellung angesehen werden, gegenüber denen man stets den Verdacht hat: ob sich hinter dem Fehler nicht etwa eine Schädlingstätigkeit oder Provokation verbirgt.

Für alle stand eindeutig fest, daß unsere Fehler rein technischer Natur waren, die Folge unserer Unerfahrenheit und unserer Jugend. Und gerade deshalb hat man sie ohne Nervosität und ohne Mißtrauen berichtigt – berichtigt in einem Prozeß kollektiver Hilfeleistung und kameradschaftlicher Unterstützung.

All das zusammen schuf ein sehr gesundes Arbeitsklima, schuf die einzig denkbare Voraussetzung, ohne die der Erfolg wahrscheinlich gar nicht möglich gewesen wäre – man hatte uns da schon eine überaus komplizierte und neue Aufgabe übertragen.

All das sahen unsere amerikanischen Lehrer nicht und konnten es auch nicht sehen, in ihrer Buchführung ist dieser recht wichtige Faktor – der sowjetische Gemeinschaftssinn – gar nicht enthalten.

Allein der Charakter der landwirtschaftlichen Arbeit – jene Verstreuung des Produktionsmaterials und des Produktionsgeräts über Dutzende von Werst – all das setzte dem Aufschwung unseres Gemeinschaftssinnes leider spürbare Grenzen. Auch lastete auf uns so sehr die pausenlose, Tag und Nacht andauernde Arbeit mit ihrer unmittelbaren Anspannung, daß wir keine Zeit hatten, über diesen Gemeinschaftssinn abschließende Überlegungen anzustellen.

Alle zusammenfassenden Gedanken und Schlußfolgerungen müssen wir auf den Winter verschieben. Aber das ist noch kein großes Unglück.

RESULTATE UND PERSPEKTIVEN

Die Herbstaussaat verlief bei uns wie am Schnürchen. Es wurde nur mit „Caterpillars" gesät, an jeden wurden fünf 4 m lange Sämaschinen angehängt. Gesät wurde fast nur Weizen. Der späteste Termin für die Aussaat ist der 1. September, aber bis zu diesem Zeitpunkt war der Boden so trocken, daß man nicht gewagt hatte zu säen. Am 8./9. September gab es immer noch keinen Regen, länger konnte man nicht mehr warten – so wurde mit einem gewissen Risiko mit dem Säen begonnen. Wäre nach der Aussaat nur wenig Regen gefallen, so würde er nur die oberste Bodenschicht angefeuchtet haben, was den Samen zum Keimen gebracht hätte. Die geringe Wassermenge wäre jedoch schnell verdunstet, und die aufgehende Saat hätte zugrundegehen können.

Zum Glück haben uns die Regenfälle nicht im Stich gelassen. Der Plan des Herbstpflügens wurde zu 100% erfüllt, insgesamt wurden 17 000 ha gepflügt, wir mußten jedoch sehr angespannt arbeiten, ohne jede Unterbrechung. Das Herbstpflügen wurde im Dezember beendet, und bis dahin waren alle so erschöpft, daß sie eine weitere Arbeitsbelastung wahrscheinlich nicht ausgehalten hätten. Die Wintersaat stand gut, bis auf die wenigen Stellen, wo mitten im Getreide Raps wucherte.

Das wird sich natürlich auf den Ernteertrag auswirken – im Winter friert der Raps aus, doch im Herbst behindert er die jungen Getreidetriebe.

Im Dezember bezog man das Winterquartier. Auf den Parzellen blieb niemand zurück. Das Zentrum wurde nach der Station Verbljud verlegt. Hier begann man das Gerät herzurichten, die neuen Traktoren zusammenzusetzen, Organisationspläne vorzubereiten. Aufgrund der Erfahrung des ersten Jahres wurden ständige Parzellen bestimmt und langfristige Pläne für den Fruchtwechsel und für die Arbeit der Maschinen aufgestellt. Man begann mit der Umschulung der Mähdrescherführer und mit der technischen Ausbildung der Agronomen. Es wurden Kurse für die Mechaniker speziell für die „Caterpillar"-Traktoren eröffnet, im Dezember kamen zu den Kursen Jungen aus der ganzen UdSSR, es begann der Winter.

Was sind nun die Ergebnisse des ersten Jahres?

Abgesehen von allen unseren Mißerfolgen und Fehlern kann das Jahr als ganz befriedigend bezeichnet werden – sowohl in wirtschaftlicher Hinsicht als auch, was den Versuchsbereich betrifft. Der Ernteertrag war viel größer als bisher in dieser Gegend. Ein Hektar erbrachte 15–20% mehr als bei den benachbarten Bauern. Die Erzeugungskosten pro Tonne Getreide kann man jetzt noch nicht bestimmen, denn in einer maschinisierten Wirtschaft stellen die Anschaffungskosten für die Maschine die größte Ausgabe dar, und wir können nicht einmal annähernd voraussagen, wie lange diese oder jene Maschine unter unseren Bedingungen arbeiten wird. Es handelt sich darum, daß zum Beispiel auch in Amerika die Lebensdauer der Mähdrescher der neuesten Systeme im Grunde genommen ebenfalls unbekannt ist. Die Amortisation wird letzten Endes davon abhängen, wie man mit der Maschine umgeht. Wie wir bereits erwähnten, gibt es bei Campbell Traktoren, die zwölf Jahre in Betrieb und dabei noch ganz in Ordnung sind. Jetzt muß man einen ganz hohen Prozentsatz der Ausgaben auf das Konto unserer Unkenntnis, mit den Maschinen umzugehen und sie zu warten, schreiben, doch diese Ausgabe wird von Jahr zu Jahr geringer, wenn wir unsere Fahrer und Maschinisten entsprechend ausbilden und erziehen.

Die Erzeugungskosten einer Tonne Getreide werden natürlich ziemlich hoch sein, wenn amerikanische Maschinen verwendet werden. Nur eine Massenherstellung sowjetischer Maschinen kann den Mähdrescher und den Traktor verbilligen, und dadurch wird auch unsere Getreideproduktion verbilligt.

In dieser Hinsicht eröffnet uns der Fünfjahrplan große Möglichkeiten.

Gegenwärtig haben die USA beinahe ein Monopol auf dem Gebiet des Landmaschinenbaus, der wie folgt anstieg:
Produktionswert in Millionen Dollar:[25]

```
1899 . . . . . . . . . . . . . . . . . . . . . . . . 101
1914 . . . . . . . . . . . . . . . . . . . . . . . . 164
1919 . . . . . . . . . . . . . . . . . . . . . . . . 304
1920 . . . . . . . . . . . . . . . . . . . . . . . . 536
1921 . . . . . . . . . . . . . . . . . . . . . . . . 328
1922 . . . . . . . . . . . . . . . . . . . . . . . . 209
1923 . . . . . . . . . . . . . . . . . . . . . . . . 365
1924 . . . . . . . . . . . . . . . . . . . . . . . . 329
1925 . . . . . . . . . . . . . . . . . . . . . . . . 392
1926 . . . . . . . . . . . . . . . . . . . . . . . . 461
1927 . . . . . . . . . . . . . . . . . . . . . . . . 461
1928 . . . . . . . . . . . . . . . . . . . . . . . . 525
```

Am Ende des fünften Jahres des Fünfjahrplans sollen unsere Fabriken landwirtschaftliche Maschinen im Werte von einer Milliarde Rubel ausstoßen, und damit werden wir Amerika im Jahre 1932 eingeholt haben. In Anbetracht dessen, daß die USA von der gesamten Produktion etwa 15% exportieren, wir jedoch unsere ganze Produktion im Lande behalten, können wir, was den Grad der Maschinisierung im Jahre 1932 anbetrifft, Amerika bereits überholen.

Amerikanische Fachleute meinen, daß sie in acht bis neun Jahren die totale Motorisierung der Landwirtschaft erreichen werden. Sollen sie nur!

Wir rechnen nicht nur mit dem Traktor und dem Mähdrescher. Gleichzeitig mit der großen Arbeit der Motorisierung der Landwirtschaft geht bei uns die nicht weniger große Arbeit ihrer Intensivierung einher. Die Erzeugung von Kunstdünger, die Einführung eines komplizierten und arbeitsintensiven Fruchtwechsels, die Unkraut- und Schädlingsbekämpfung im Landesmaßstab – all das versetzt uns in die Lage, den Traktor und den Mähdrescher in einem ganz anderen Licht erscheinen zu lassen, sie nicht zu einem Werkzeug zur Ausplünderung des Bodens, sondern zu einem wirklichen Helfer der Menschen bei der Organisation einer vernünftigen,
humanen Wirtschaftsweise zu machen. Wir sind sicher, daß wir nicht solche Krisen durchmachen werden, wie sie die amerikanische Landwirtschaft ständig erschüttern, all jene Farmerprobleme und das ständige Gerede von der Rentabilität. Wir hatten es schwerer als die amerikanischen Landwirte: Für uns war das unglaubliche Arbeitstempo, das täglich einige Werst erfaßt, wie auch der über einige Werst dröhnende Motorenlärm gleichermaßen ungewohnt. Wir konnten uns der Macht der Maschine, ihrem gewaltigen Appetit hinsichtlich Raum und

Material einfach physisch noch nicht anpassen, doch in jedem Fall haben wir uns ihr in bezug auf eines besser als die Amerikaner angepaßt: Sie hat bei uns kein Gerede von einer „Traktorenpsychose" hervorgerufen.

Noch zwei, drei Jahre, und wir werden sie völlig beherrschen. Wir können es schneller schaffen als jeder andere, denn wir verfügen über so wirksame Mittel wie die Planwirtschaft, wie die Macht in den Händen derer, die arbeiten.

Im Frühjahr 1930 wird in unserem Sovchoz eine zweijährige Hochschule für Ingenieure zur Mechanisierung der Landwirtschaft eröffnet, wozu 500 Arbeiter aus der Produktion abgeordnet wurden. Wir packen den Stier bei den Hörnern.

Doch zunächst haben wir in der Donsteppe eine ganz neue Landschaft zurückgelassen: endlose Flächen grüner Wintersaat, durchschnitten von schnurgeraden Fahrwegen.

Inhalt

	Seite
Mit sowjetischem Schwung	3
Ochsen und „Caterpillars"	16
Von Schafen und nochmals von Amerikanern	27
Der Mähdrescher	42
Einiges über unsere Trümpfe	57
Resultate und Perspektiven	64

G. S. SAL'KO

DIE KINDERVERWAHRLOSUNG UND IHRE BEKÄMPFUNG

MEDIZINISCHER STAATSVERLAG DER UKR.SSR
CHAR'KOV   1931   KIEV

I

Der Krieg – der imperialistische und der Bürgerkrieg – und die Hungersnot brachten unserem Arbeiter- und Bauernstaat ein elementares Übel: die Verwahrlosung der Kinder.

Wir haben bereits den dreizehnten Jahrestag der Oktoberrevolution feierlich begangen, aber auch heute noch treffen wir auf den Straßen der großen Städte Banden verwahrloster Kinder an, die auf den Basaren zwischen den Buden der Marktfrauen umherirren, in den Eingangshallen großer Gebäude Zuflucht nehmen, auf den Puffern der Eisenbahnwaggons und den Trittbrettern der Straßenbahnen fahren. Und es ist noch gar nicht so lange her, daß sie die Stadtbewohner in Angst und Schrecken versetzten, vor allem Damen mit Handtaschen und Herren mit teuren Pelzmützen.

Jetzt ist die Zahl der Verwahrlosten verhältnismäßig klein, und sie halten sich nur noch in den großen Städten sowie auf den Straßen zur Krim und in den Kaukasus auf, doch im Jahre 1922 waren es, nach ungefähren Berechnungen, auf dem Territorium unserer Union etwa 7 Millionen; anders gesagt, zahlenmäßig übertrafen sie die gesamte Arbeiterklasse der Union.

Wir haben die Verwahrlosung ein elementares Übel genannt, weil es unerwartet über uns hereinbrach und das Ausmaß einer großen Katastrophe annahm.

In Westeuropa gibt es kein solches elementares Übel, dort brauchen die Bürger nicht erschreckt zuzusehen, wie eine ganze Bande zerlumpter Kinder mit irgendeiner zufälligen Beute vor der Polizei die Flucht ergreift.

Doch auch in Westeuropa, in all diesen bourgeoisen Ländern, gibt es Verwahrlosung. Nur verwandelt sie sich dort nicht in ein großes, elementares Unglück, das plötzlich über das Land hereinbrach und das sich nur schwer bekämpfen läßt. Die Verwahrlosung in den bourgeoisen Staaten – das ist die unausweichliche Folge von Ausbeutung, Arbeitslosigkeit, von verschiedenen Krisen; in diesen Staaten wuchs und entwickelte sich immer Reichtum, und zugleich wuchsen und entwickelten sich immer Armut und Elend.

In der westeuropäischen Presse erscheint sehr oft die Schlagzeile: In der Sowjetunion herrscht eine schreckliche Verwahrlosung, dort gehen die Kinder hilflos auf der Straße zugrunde, dort werden Kinder zu Verbrechern und Dieben.

Wir wollen nichts verharmlosen, um so mehr, als die Verwahrlosung nicht unsere Schuld ist, sondern unsere Not; schuld daran sind gerade diejenigen, die im

Westen so einen Lärm machen und so vorwurfsvoll mit den Fingern auf uns zeigen: sie sind es, die unser Land unter Blockade hielten, sie sind es, die Schiffe mit Truppen und Waffen in unser Land schickten, auf ihren Wunsch hin und mit ihrer Unterstützung trieben sich die weißgardistischen Regimenter in unserem Lande herum und ließen viele Ruinen zurück, Reste zerstörter Familien – verwahrloste Kinder.

Wenn das auch nicht unsere Schuld ist – wir verschweigen nichts und verheimlichen nichts. Auf unseren Straßen gab es tatsächlich viele verwahrloste Kinder, wir mußten wirklich viel Geld und Kraft aufwenden, um sie zu retten, und wir haben es getan.

Nun, und wie steht es damit bei denen im Westen?

Die sind doch reicher als wir, über ihre Felder ist der Krieg nicht hinweggegangen; es könnte scheinen, dort gibt es keine Ruinen, doch wenn wir uns einmal ansehen, was es bei ihnen gibt, dann sagen wir unbedingt: „Schluß mit dem Geschrei über die Verwahrlosung bei uns – schaut euch lieber eure eigenen Kinder an!"

Natürlich, für die Reichen sind nur die leiblichen Kinder ihre eigenen Kinder, die im Luxus aufwachsen und die einmal genauso reich und ebensolche Ausbeuter und Schmarotzer sein werden wie sie. Die Kinder der Arbeiter sind nicht ihre eigenen Kinder. Diese Kinder gehen die Reichen nichts an.

Für unsere proletarische Gesellschaft sind alle Kinder – unsere Kinder. All diese verwahrlosten, all diese unglücklichen, vernachlässigten, schmutzigen Kinder, die sich schon ans Rowdytum gewöhnt haben, die sich bereits auf dem Weg ins Verbrechen befinden, betrachten wir auch als unsere Kinder, als Kinder der gesamten Arbeiterklasse. Deshalb haben wir uns während und nach der Hungerszeit um sie gekümmert; wir haben alle Anstrengungen unternommen, um ihnen zu helfen. Im Laufe mehrerer Jahre haben wir von unseren spärlichen Mitteln Dutzende Millionen Rubel abgezweigt, um diese Kinder zu retten und im sowjetischen Geist zu erziehen. In einigen Gouvernements wurde ein Viertel aller Ausgaben von den Volksbildungsorganen zur Hilfe für die verwahrlosten Kinder verwendet.[1] Allein in der Stadt und dem ehemaligen Kreis Char'kov werden zur Unterstützung der verwahrlosten Kinder jährlich etwa 2 Millionen Rubel ausgegeben. Um sich von dieser Hilfe eine Vorstellung zu machen, genügt es, einmal zu zählen, wieviel Kinderheime, -kolonien und -städtchen es bei uns gibt. Allein im früheren Kreis Char'kov wohnen jetzt etwa 6000 ehemalige Verwahrloste.

Und wenn man auf den Straßen jetzt noch Verwahrloste antrifft, so sind das nur noch Reste. Sie leben nicht deshalb auf der Straße, weil wir ihnen nicht helfen wollen oder nicht helfen können, sondern deshalb, weil die Verwahrlosung bei uns ein elementares Übel ist, das man nicht so leicht und so schnell überwinden kann. Und inzwischen haben sich viele Kinder daran gewöhnt, auf der Straße zu leben.

Doch alle Städte insgesamt genommen, gibt es bei uns nur noch einige hundert Verwahrloste auf der Straße.[2]

Nein, wir schämen uns nicht wegen unserer Verwahrlosten. Wir schämen uns nicht zu sagen, daß wir 7 Millionen Verwahrloste hatten, jetzt aber leben in unseren Kinderheimen in der ganzen Union Hunderttausende schon nicht mehr verwahrloster, sondern unserer, vom Staat betreuter Kinder, Herren über ihr eigenes Leben, unsere künftigen Arbeitskollegen – Proletarier.

In einer westeuropäischen Stadt wird ein Verwahrloster nicht auf die Straße gehen, weil auf der Straße ein Polizist oder ein Schutzmann steht, der über die Ruhe der Reichen wacht und ihn sofort festnehmen würde. In Westeuropa ist es nicht verboten, die Menschen in Elend und Hunger zu treiben, doch das Betteln verbietet man. Die Bourgeoisie braucht ständig Arbeitskräfte, die Bettelei aber gibt einem die Möglichkeit zu leben, ohne zu arbeiten.

Das ist es, warum ein Verwahrloster in Westeuropa sich auf einer eleganten Straße einer Großstadt nicht einmal sehen lassen kann.

Trotzdem gibt es ihn dort, wenn auch in einer anderen Weise, und zwar als minderjährigen Verbrecher.

In Deutschland werden alljährlich mehr als fünfzigtausend Kinder und Jugendliche zwischen 12 und 18 Jahren zu verschiedenen Strafen verurteilt. In England wurden von 1919 bis 1924 wegen verschiedener Verbrechen vor Gericht gestellt und zu folgenden Strafen verurteilt:

Unter Aufsicht gestellt	62 878 Kinder
In Erziehungsheime eingewiesen	13 365 Kinder
Eingesperrt	274 Kinder
Unter Jugendarrest gestellt	12 788 Kinder
Körperlich gezüchtigt	25 911 Kinder
Zu Geldbußen verurteilt	175 177 Kinder

Das alles ergibt pro Jahr 48 000 von Kindern begangene Rechtsbrüche. Vergessen wir nicht, daß England nur 40 Millionen Einwohner hat. Bei uns werden pro Jahr etwa ebenso viele Gerichtsverhandlungen gegen minderjährige Rechtsbrecher durchgeführt (44 000).[3]

Somit steht es bei uns um die Kinder- und Jugendkriminalität um vieles besser als in Westeuropa. Wir können also sagen, daß es dort im Westen auch um die Verwahrlosung der Kinder nicht so gut bestellt ist, weil Kinder- und Jugendkriminalität eine Folge der Verwahrlosung ist. Der Unterschied besteht nur darin, daß sich ein Verwahrloster bei uns offen auf der Straße zeigt. Er weiß, sollte er einmal „geschnappt" werden, so nur deshalb, um ihn in ein Kinderheim zu schicken; und obwohl der Milizionär für ihn ein gefährlicher Mensch ist, so kann er sich dennoch an ihn wenden und mit ihm sprechen. Doch in Berlin oder London ist der Polizist für einen Verwahrlosten ein Feind: er faßt ihn, bringt ihn vor den Richter, und dann folgen Hiebe, Gefängnis, Jugendarrest – was nicht viel besser ist als Gefängnis.

Das ist es, weshalb bei uns die Verwahrlosung immer mehr zurückgeht, und in zwei bis drei Jahren – und daran gibt es keinen Zweifel – wird es sie bei uns überhaupt nicht mehr geben.

Wie es im Westen sein wird, kann man auch voraussehen: Die Verschärfung der Klassengegensätze, die Krise, der Kampf, die Arbeitslosigkeit, die Ausbeutung werden zunehmen; der Faschismus wird an Macht gewinnen, und all das führt zur Verarmung der Arbeiterklasse, zu einer Zunahme der Verbrechen und der Verwahrlosung.

Diesem Anwachsen des Kinderelends im Westen wird erst die proletarische Revolution ein Ende setzen.

Die Kinderverwahrlosung

II

Wie jedermann, so lebt auch das Kind in einem organisierten Kollektiv; wie jeder Mensch braucht auch das Kind irgendein kleineres Kollektiv. Dieses Primärkollektiv – sei es der Betrieb, die Fabrik, das Artel, die Familie – hat für das Kind, den Jugendlichen eine größere Bedeutung als für den erwachsenen Menschen, weil das Kind bis zu einem bestimmten Alter Fürsorge, Hilfe, Führung und Erziehung braucht. Und wenn schon ein Erwachsener, der sich plötzlich außerhalb irgendeines Primärkollektivs findet, Not leidet und manchmal sogar zugrundegeht, ist ein solcher Verlust für ein Kind noch verhängnisvoller.

Die alte Welt konnte außer der Familie kein anderes Kollektiv für das Kind schaffen. Die bürgerliche Gesellschaft, die sich vieler Erfindungen auf dem Gebiet der Technik, der Erforschung des Weltalls und des Kampfes mit der Natur rühmen kann, hat sehr wenig getan, um für das Kind ein Primärkollektiv zu schaffen. Die Familie ist in der bürgerlichen Gesellschaft das einzige Primärkollektiv, das die Erziehung des Kindes sichert.

Kein Gesetz schützt dieses Primärkollektiv in der bürgerlichen Gesellschaft. Zugegeben, um die Familie wenigstens etwas zu stärken, hat die bürgerliche Religion die fast völlige Unauflösbarkeit der Ehe geschaffen, in der Hoffnung, auf diese Weise die Ehegatten aneinander zu binden und dadurch das Primärkollektiv zu festigen.

Doch so sehr Vater und Mutter auch miteinander verbunden waren – die Familie ist dadurch keineswegs vor allen möglichen Zwischenfällen gesichert worden. Der Tod eines Ehegatten, der Verlust der Arbeit, schließlich verschiedene Dramen und Katastrophen privaten Charakters bringen die ganze Familie in eine sehr schwierige Lage – und das wirkt sich vor allen Dingen auf das Kind aus.

Unter dem Einfluß all dieser Ursachen zerfällt die Familie, das primäre Erziehungskollektiv hört auf zu bestehen, und das Kind wird zufälligen Einflüssen und Verhältnissen ausgesetzt.

Nur ganz selten kommt das Kind beim Zerfall der bürgerlichen Familie in ein anderes Primärkollektiv – in ein Waisenhaus oder ein Erziehungsheim. Gut organisierte Erziehungsheime, die einem Kind, welches das Primärkollektiv verloren hat, Schutz gewähren, werden dort nur für die Kinder der reichen Klassen errichtet; für die Armen gibt es nicht einmal Waisenhäuser, und Kinder, die kein Zuhause mehr haben, sind zum Betteln oder zu vorzeitiger Erwerbstätigkeit verurteilt.

In Westeuropa hat die Bourgeoisie schon vor langer Zeit damit begonnen, Minderjährige in ihren Betrieben und Fabriken auszubeuten; für manche Arbeiten ist das die vorteilhafteste Form der Arbeitskraft, weil sie am billigsten ist. Es ist durchaus verständlich, daß die Bourgeoisie, um stets einen großen Markt an billigen Arbeitskräften zu haben, keine Kinderheime zu gründen brauchte.

Doch selbst dann, wenn die Bourgeoisie Heime für die Kinder der Armen errichtet, so hat sie auch hier die Möglichkeit im Auge, die in ihrer Obhut Befindlichen später auszubeuten. Auf dieser Basis gründete zum Beispiel schon der Novgoroder Metropolit Iov[4] im Jahre 1706 ein Erziehungsheim, um dort Arbeiter für Klostergüter heranzuziehen, die dem Kloster von mancherlei Frömmlern geschenkt wurden, wofür es aber nicht genug Arbeitskräfte gab. In Rußland waren diese Heime in einem sehr schlechten Zustand, dort wurden nur Kinder im Säuglingsalter aufgenommen, doch sobald sie ein wenig herangewachsen waren, wurden sie sofort zu irgendeiner Arbeit geschickt. In was für schrecklichen Verhältnissen die Kinder dort lebten, kann man sich vorstellen, wenn man bedenkt, daß bis zum Beginn des zwanzigsten Jahrhunderts, also bis in unsere Zeit, die Sterblichkeit unter den Kindern dieser Heime außerordentlich hoch war – 75 bis 80 Prozent.

Es zeigt sich somit, daß im bürgerlichen Staat die Kinder durch den Zerfall des Primärkollektivs – der Familie – auf die Straße geraten, und von da an gibt es für sie fast keine Rettung mehr: entweder werden sie in einem Kindererziehungsheim zugrundegehen, oder sie werden sich auf der Straße herumtreiben und die Reihen der Verbrecher auffüllen.

Die Verwahrlosung erreicht im bürgerlichen Staat auch jetzt schon große Ausmaße, sie wurde jedoch, wie bereits vermerkt, in Keller und Spelunken verdrängt, auf den eleganten Straßen ist davon nichts zu sehen, sie zeigt sich nur in der erhöhten Kinder- und Jugendkriminalität.

Auch in den bürgerlichen Staaten hat die Kinder- und Jugendkriminalität, also auch die Verwahrlosung, nach dem Krieg zugenommen: in Deutschland um 58%, in Frankreich um 140%, in Österreich um 80%, in Italien um 54%.

Rußland war aus dem Krieg ganz zerschlagen hervorgegangen, und schon bald begann ein neuer Krieg – der Bürgerkrieg.

Der Bürgerkrieg hat sich auf unsere Familie noch stärker ausgewirkt als der imperialistische Krieg, vor allem in jenen Ortschaften, durch die die Weiße Armee zog. Im Bürgerkrieg starben die Menschen nicht nur in den Schlachten, sondern auch in Pogromen und bei der Evakuierung.

Wenn im imperialistischen Krieg vor allem die Väter starben, so sind von dem politischen Banditentum und den Vergeltungsmaßnahmen auch die Mütter nicht mehr verschont geblieben. Darüber hinaus wirkte sich die Gewalttätigkeit der konterrevolutionären Armeen in Plünderungen aus, wodurch auch die letzten Reste der materiellen Basis der Familie vernichtet wurden.

Unter unseren Verwahrlosten, die sich in Kinderheimen befinden, gibt es auch jetzt noch, im dreizehnten Jahr unserer Revolution, viele Opfer des Krieges und der Konterrevolution, und dazu hat auch noch die Hungersnot von 1921 beigetragen.

Gewöhnlich werden Jungen oder Mädchen, wenn der Vater im Krieg gefallen oder die Mutter gestorben ist, nicht sofort Verwahrloste, denn sie haben Verwandte oder Bekannte, die dem Kind in der ersten Zeit zu helfen versuchen, doch ist diese Hilfe niemals von Dauer. Sie haben alle ihre eigenen Kinder, und allmählich fällt das fremde Kind zur Last. Das aufgenommene Kind beginnt auch selbst zu spüren, daß seine Stellung in der Familie die eines Kostgängers ist, und deshalb läuft es nach zwei, drei Konflikten von dort weg. In den meisten Fällen, vor allem auf dem Lande, geht der Junge selten direkt von Zuhause auf die Straße. Er arbeitet zwangsläufig noch als Tagelöhner – vor allem bei einem wohlhabenden Bauern, selbstverständlich bei einem Kulaken. Vielleicht würde sich die Mehrzahl dieser Kinder für das ganze Leben so verdingen, doch hier hilft der Kulak selbst nach: Der Sommer ist vergangen, für den Winter braucht der Kulak keine Arbeitskraft, und so jagt er den Jungen einfach davon, nachdem er ihm noch fünf, sechs Rubel Verdienst ausgezahlt, manchmal aber auch überhaupt nichts gegeben hat. So beginnt für den Jungen der Leidensweg, zuerst sucht er noch Arbeit, doch dann geht er bereits betteln. Gerät er in die Stadt, so ist er schon nach zwei, drei Monaten ein richtiger qualifizierter Verwahrloster. Auf der Straße trifft er auch Kameraden, die ihm dann so manches beibringen, vor allem werden sie ihm beibringen, wie man um die Existenz kämpft.

Das ist der gewöhnliche Weg des Verwahrlosten, wenn sein Vater im Krieg umgekommen ist.

Der Tod des Vaters in den revolutionären Kämpfen bringt den Jungen schneller auf die Straße, sozusagen katastrophaler: Die Tatsache, daß die Weißen hin und wieder die Macht ergriffen, wirkte sich vor allem auf die Arbeiterklasse aus, und dann führte der Zerfall der Familie dazu, daß das Kind sofort auf die Straße geriet, wenn ihm keine Hilfe von den Kameraden oder Freunden der umgekommenen Eltern zuteil wurde.

Der Weiße Terror wirkte sich nicht nur auf den Vater, sondern stets auch auf das Kind aus: „Vater wurde zur Gegenaufklärung[5] geholt und kehrte nicht mehr nach Hause zurück" – das ist gewöhnlich der Anfang der Verwahrlosung. Das geheimnisvolle Verschwinden des Vaters bei der Gegenaufklärung, die äußerst unsichere Lage der Familie, die Angst um den Vater und andere Familienmitglieder, die Verfolgung durch Leute aus der nächsten Umgebung – all das führte dazu, daß das Kind so leicht vernachlässigt wurde. Sehr oft verband sich diese Vernachlässigung mit dem aktiven Drang des Kindes selbst, besonders dann, wenn das Kind alt genug war, um zu protestieren und zu handeln. Manche Jungen schlossen sich den revolutionären Truppen an, einige Jahre lang machten sie die Feldzüge der Roten Armee mit; manche hatten jedoch kein Glück in diesen Unternehmungen, und sie gingen auf die Straße. Doch diesen und jenen drohte in gleicher Weise Verwahrlosung. Unter den Kampfbedingungen der Revolutionszeit konnte man kaum eine pädagogisch umsichtige Haltung dem Kind gegenüber erwarten. Die Härte der Kriegsjahre, die die erwachsenen Arbeiter stählte, hatte für die Kinder, die an den Feldzügen teilnahmen, meist schwerwiegende Folgen. Eine Rolle spielte dabei auch, daß man die Kinder bei den Regimentern oft verwöhnte und zum Nichtstun anhielt.

Noch schlimmer und katastrophaler wirkte sich auf die Kinder die Hungersnot aus. Zwar wurde die Mehrzahl der Kinder aus den Gebieten, wo die Bevölkerung hungerte, evakuiert, doch unter so schweren materiellen Bedingungen konnte die Massenevakuierung der Kinder nicht in befriedigender Weise organisiert werden. Kinder, die in neue, überstürzt eingerichtete Heime gebracht wurden, flohen von dort leicht auf die Straße. Demoralisiert durch das Elend, bedrückt durch den Verlust der Angehörigen, durch die außergewöhnlichen Umstände, durch das Leben am Rande des Hungers, liefen sie, um Nahrung zu suchen, instinktiv auf die Straße, wo sie Freunde trafen, die bereits die Freuden des Lebens auf der Straße kennengelernt hatten. Und schon zwangsläufig auf der Straße landeten jene Kinder aus den Hungergebieten, die von dort aus eigener Initiative, mit oder ohne Angehörige, gekommen waren. Ältere Kinder wurden von den Erwachsenen nach Brot geschickt, doch selten fanden die Kinder Brot, und selten fanden sie auch den Weg nach Hause zurück. Fast alle Kinder dieser Kategorie wurden zunächst „Passagiere" in den Zügen, sie zogen von Stadt zu Stadt, wobei ihnen zugute kam, daß man es damals mit den Fahrkarten nicht so genau nahm, und stets standen diesen „Passagieren" auch die Dächer und Puffer der Waggons zu Diensten. Unter diesen Kindern gab es kaum welche, die nicht in Moskau, Kiev und Char'kov gewesen waren. In diesen Städten versuchten sie zum ersten Mal zu betteln und zu stehlen, machten sie Bekanntschaft mit Keller- und Dachwohnungen, mit Bahnhöfen und Basars und verwandelten sich überhaupt sehr schnell in aktive Mitglieder der ständigen Verwahrlostenkader.

Fast das gleiche geschah mit den Kindern, die sich zusammen mit ihren Eltern aufgemacht hatten, um nach Orten zu suchen, wo es etwas zu ernten gab. Wenn diese Kinder unterwegs nicht selbst vor Hunger oder an Typhus starben, so starben ihre Eltern. Oft holte man sie auf den Bahnhöfen zusammen mit ihren Eltern aus dem Zug und brachte sie ins Krankenhaus. In einem solchen Fall rückte die Aufnahme in ein Kinderheim näher an sie heran: Nach dem Tod der Eltern gab die Krankenhausverwaltung die Kinder gewöhnlich in die Obhut des Volksbildungskommissariats.

Überhaupt muß man sagen, daß die kleineren Kinder während der Hungersnot in geringerem Maße zur Verwahrlosung verurteilt waren als die älteren. Denn die älteren Kinder weckten natürlich nicht so ein starkes Mitleid wie die kleinen, und so hat man sie auch meistens sich selber überlassen, um so mehr, als sie auch von sich aus versuchten, aus dieser Hilflosigkeit irgendwie herauszukommen.

Bisher haben wir jene Ursachen der Verwahrlosung betrachtet, die in dem plötzlichen Verlust der Familie begründet sind. Der Tod im Krieg, im Sturm der Revolution, in den Hungermonaten – all das ist sozusagen eine mechanische Zerstörung des Primärkollektivs: in einem solchen Fall hört die Familie auf zu bestehen, weil ihre Mitglieder umgekommen sind.

Eine derartige mechanische Zerstörung oder Auflösung der Familie kann gewöhnlich auch in Friedenszeiten eintreten. Der Tod des Vaters oder der Mutter kann – vor allem dann, wenn der Hinterbliebene nicht arbeitsfähig ist oder wenn viele Kinder da sind – auch in Friedenszeiten zur Verwahrlosung führen, wenn einer solchen Familie nicht sofort von der Gesellschaft oder vom Staat geholfen wird. Es ist dabei völlig gleichgültig, woran der Vater oder die Mutter stirbt – sei es an einer Krankheit, durch eine Katastrophe oder an Altersschwäche.

In letzter Zeit nimmt die Verwahrlosung bei uns durch eine derartige, auch in Friedenszeiten auftretende, mechanische Zerstörung oder Auflösung der Familie zu. Doch auch dann lebt das Kind fast niemals auf der Straße. In den meisten Fällen helfen der Familie staatliche Institutionen oder Bürgerorganisationen – und das Kind wird in einem Heim untergebracht, wobei die Verbindung des Kindes mit seiner Mutter und seinen Geschwistern nicht abbricht. Sollte es zunächst auf die Straße geraten, so wird es doch bald aufgegriffen. Ein solches Kind weigert sich selten, im Heim zu bleiben, weil es sich auf der Straße fremd und elend fühlt; und es stört sich nicht an der Armut des Kinderheims, denn zu Hause war es auch nicht besser.

Je mehr wir uns von der Kriegszeit entfernen, desto weniger Opfer des Krieges und der Hungersnot bleiben in den Kinderheimen: Fast alle konnten die Heime schon wieder verlassen und sind Arbeiter in Fabriken und Betrieben geworden, haben Stellen bei den sowjetischen Ämtern bekommen, und einige von ihnen sind auf Hochschulen gegangen. Heute füllen die Heime nur Kinder aus Familien, die in der Friedenszeit durch verschiedene Umstände zerstört wurden oder zerfallen sind. Unter solchen Bedingungen geht der Übergang des Kindes in ein Heim durch die mechanische Zerstörung der Familie, also durch den Tod des Vaters oder der Mutter, schmerzlos vor sich. Aus dem einen Primärkollektiv kommt das Kind in ein anderes – das Kinderheim. Wie schon gesagt, bleibt das Kind in solchen Fällen selten auf der Straße, und das auch nur für eine ganz kurze Zeit, und so schnell kann es von der Straße nicht negativ beeinflußt werden.

Doch die Familie wird nicht nur mechanisch zerstört oder geschwächt, durch den Tod des Vaters oder der Mutter. Weit schlimmer für die Kinder und für die gesamte Gesellschaft ist es, wenn die Familie sozusagen chemisch zerstört oder geschwächt wird: Die Eltern leben noch, manchmal verdienen sie sogar gut, doch für das Kind ist die Familie kein Erziehungskollektiv, weil ihr Einfluß schädlich ist. Es ist nicht einmal nötig, daß die Eltern trinken oder stehlen, damit es zu einem solchen Zerfall des Erziehungskollektivs Familie kommt. Selbstverständlich erzieht eine Familie, in der gestohlen wird, auch ihre Kinder zwangsläufig so, daß sie die Diebeskader vergrößern, doch in unserer Gesellschaft gibt es solche Familien fast gar nicht mehr. Ebenso ist eine Familie, wo der Vater trinkt, immer wieder den Arbeitsplatz verliert, Frau und Kinder schlägt, die letzte Habe der Familie vertrinkt, das klarste Beispiel für die Zerrüttung einer Familie, und die Kinder aus einer solchen Familie werden fast mit Sicherheit auf die Straße gehen.

Aber so muß es nicht sein. Die Familie kann als eine mehr oder weniger gesunde Einrichtung existieren: Niemand trinkt, es wird nicht geprügelt, alle arbeiten, vielleicht sogar mehr als erforderlich. Vater und Mutter sind ständig beschäftigt: Am Tage gehen sie ihrem Beruf nach, und am Abend widmen sie sich der gesellschaftlichen Arbeit; sie sind nicht nur Sowjetbürger, sie gehören sogar zum Aktiv. Eine solche Familie, wo die Eheleute in Eintracht leben, zeigt nicht nur keine Anzeichen des Zerfalls, sondern umgekehrt – sie gilt sogar als ein Musterbeispiel der sogenannten bürgerlichen Familie. Und wir alle wissen sehr gut, was das ist, eine bürgerliche Familie: Das sind Eheleute, die nichts außer ihrem „Familienglück" sehen, sich an keiner gesellschaftlichen Arbeit beteiligen und fast gar nicht von zu Hause weggehen. In einer bürgerlichen Familie herrscht stets die Tendenz, daß allein der Mann für den Unterhalt der Familie zu sorgen hat, während die Ehefrau sich lediglich um den Haushalt und die Kinder kümmern soll.

Es gibt keinerlei Garantie dafür, daß das Kind in einer solchen Familie eine für die sowjetische Gesellschaft notwendige Erziehung erhält, man kann sogar mit Sicherheit behaupten, daß auch die Erziehung in dieser Familie spießerhaft sein wird, wenn die Schule, die Pionierabteilung und andere sowjetische Kräfte das nicht verhindern. Doch es gibt eine gewisse Garantie dafür, daß ein Kind aus einem solchen Milieu nicht auf die Straße gerät, daß es nicht verwahrlost.

Und umgekehrt läuft sogar jene Familie, die aktiv am gesellschaftlichen Leben teilnimmt, manchmal Gefahr, daß ihr Sohn oder ihre Tochter völlig unerwartet und ernstlich auf Abwege gerät, wenn die Gesellschaft nicht zu Hilfe kommt. Denn auch dort, wo die Aufmerksamkeit voll und ganz auf die Erziehung der Kinder gerichtet ist, können die Eltern dem Kind innerhalb der Familie nicht all das geben, was es braucht. Dort aber, wo eine entsprechende Sorgfalt fehlt und die Fähigkeit, das Kind von schlechten Einflüssen fernzuhalten, wird es sehr oft ein Mitglied zufälliger Kameradschaften auf der Straße, schließt es sich sehr oft Banden verwahrloster Kinder an, geht ins Kino und in den Zirkus, treibt sich tagelang herum, gafft die Leute an und die Schaufenster der Geschäfte. Die Zukunft solcher Kinder gestaltet sich gewöhnlich nicht gleich und hängt von sehr komplizierten Ursachen ab. Zu Verwahrlosten wird nur ein geringer Prozentsatz dieser Kinder, und man darf ihn keineswegs größer machen. Damit ein Junge, selbst unter den genannten Umständen, zum Verwahrlosten wird, dazu bedarf es einer unverzeihlichen Gleichgültigkeit der Eltern gegenüber den Interessen und den Vergnügungen des Sohnes, oder es müssen irgendwelche ungesunde Erscheinungen in der Familie auftreten: Unstimmigkeiten und Streitereien zwischen den Eltern, sinnloses Geldausgeben oder mangelnde Sorgfalt in der Haushaltsführung, Anwendung falscher Erziehungsmethoden und ähnliches.

Wir kennen einen Fall, wo der Vater, ein bekannter Mitarbeiter eines unserer wissenschaftlichen Institute, seinem Sohn aufgrund einer erzieherischen Sondermaßnahme verbot, zu Hause zu Mittag zu essen, und begann, ihm täglich 60 Kopeken zu geben, mit dem Vorschlag, essen zu gehen, „wo er wolle".[6] All diese Umstände, die einen Jungen schon mit größerer Macht auf die Straße treiben, müssen nicht gleich zur Verwahrlosung führen, doch sie geben den Anstoß zum Stehlen, Faulenzen, Rowdytum, zum Übernachten „man weiß nicht wo", zum Kartenspielen, frühzeitigen Flirt, zum verminderten Interesse an der Schule – kurz gesagt, zu einem ganzen „Paket" verschiedener Unannehmlichkeiten, vor allem für die Eltern selbst. Erst dann, wenn diese Unannehmlichkeiten auf die Eltern niederprasseln, fangen sie an, verzweifelt nach einer Rettung zu suchen. Sie suchen diese Rettung vor allem in Repressionen gegenüber den Kindern oder in verspäteten Moralisierungsversuchen, sie quälen die Kinder mit belehrenden Gesprächen, die wegen ungenügender Erfahrung und Zeitmangel der Eltern keinerlei Nutzen bringen und zwischen Eltern und Kindern endgültig eine Kluft aufreißen.

So endet auch in diesem Fall die Sache meist nur mit einem Familiendrama, und der Junge tritt nicht in die Reihen der Verwahrlosten ein. Diese Dramen, die manchmal tief und schwerwiegend sind, weil sie eine wirkliche Belastung für die älteren und jüngeren Familienmitglieder darstellen, dauern meistens so lange, bis der Junge schließlich irgendwo eine Arbeit findet und ein selbständiges Leben beginnt, wodurch er glücklicherweise der Verwahrlosung entgeht.

Für die gesamte sowjetische Gesellschaft sind Kinder aus solchen Familien kein großer Gewinn. Es gibt allen Grund zu der Annahme, daß aus diesen fehlgeleiteten Kindern Faulenzer, Dummköpfe, Bürokraten, Spießer, Verschwender, Egoisten schlimmster Sorte und Lakaien werden. Deshalb sollten wir nicht allzu froh sein, daß es in all diesen Fällen ohne Verwahrlosung abgegangen ist.

Vielleicht wäre es besser gewesen, wenn diese Kinder auf die Straße geraten und dann in ein Kinderheim gekommen wären, wo sie eine richtige sowjetische Erziehung erhalten hätten.

III

Kinder, die auf die Straße geraten sind, bleiben da gewöhnlich nur so lange, bis sich eine Gelegenheit bietet, in ein Kinderheim zu kommen, und diese Möglichkeit besteht immer, weil spezielle Institutionen dafür Sorge tragen.

Es gibt jedoch Kinder, die nicht nur nicht darauf warten, zur rechten Zeit in ein Kinderheim zu kommen, sondern die dem Heim sogar aus dem Weg gehen, und kommen sie doch in ein Kinderheim, dann laufen sie bei der ersten sich bietenden Gelegenheit wieder weg. Es gibt ständige Kader von Verwahrlosten, und das sind eben jene Kader, mit denen es unsere Volksbildungsorgane und Institutionen der Kinderhilfe so schwer haben. Diese Kader sind gar nicht so groß. Und obwohl solche Verwahrloste sich dem Kinderheim gegenüber negativ verhalten, versuchen sie dennoch, dort zu bleiben, und sie bleiben auch tatsächlich für einige Zeit. Ins Kinderheim zieht sie weniger Essen und Kleidung als vielmehr die Hoffnung, ein Handwerk zu erlernen und eine Qualifikation zu erwerben. Deshalb befinden sich diese Verwahrlostenkader zu einem großen Teil in den Kinderheimen, und nur kleine Banden irren auf der Straße umher. Bald werden auch diese in ein Kinderheim gebracht, doch an ihre Stelle rücken wieder andere, die im wesentlichen aus denselben Kinderheimen kommen, aber auch aus anderen Städten.

Aus dem Kinderheim laufen sie deshalb weg, weil die Qualifikation, die sie erwerben wollen, nicht so leicht und nicht so schnell zu erlangen ist; zur Erreichung dieser Qualifikation ist Disziplin nötig, und außerdem muß man sich anstrengen, wozu diese Kinder und Jugendlichen fast überhaupt nicht in der Lage sind. Zugleich ist der Charakter eines solchen „Kadroviks" ein so wichtiger Faktor für das Kollektiv und für ihn selbst, daß vom ersten Tag seiner Anwesenheit im Kinderheim an eine Kette von Konflikten beginnt, sowohl mit dem Personal als auch mit dem Kollektiv der Kinder. Im Kinderheim wird Reinlichkeit und Höflichkeit verlangt, oft ist das Rauchen nicht erlaubt, man geht gegen unflätige Ausdrücke vor, und es ist verboten, sich zu prügeln und Karten zu spielen. Dem Kadrovik mit seinen auf der Straße erworbenen Gewohnheiten fällt es schwer, sich an das neue Leben im Kinderheim anzupassen. Hinzu kommt, daß der Kadrovik meist Analphabet ist, man setzt ihn auf die Schulbank, doch der Kadrovik ist stets der Überzeugung, die unserem Kleinbürgertum entstammt, daß der Mensch weniger die Schule als vielmehr ein Handwerk braucht. Der Kadrovik lehnt die Schule entschieden ab – und neue Konflikte entstehen. Die Situation wird noch dadurch erschwert, daß der Kadrovik die schlechte Gewohnheit hat, es mit Besitz und Nutzung, aber auch mit der Verteilung nicht so genau zu nehmen.

Und alle diese Fragen stellen sich in unseren Kinderheimen mit mehr oder minder großer Schärfe. Das pädagogische Personal eines Kinderheims und das Kollektiv der Kinder sind, wenn sie das Heim schon als ihr eigenes empfinden, allen diesen Fragen gegenüber sehr hellhörig: Da alles unter großen Mühen angeschafft wird, muß man mit allem sorgfältig umgehen und über alles Buch führen. Deshalb ist jedes Stück Speck, jedes Paar Schuhe, jeder Gürtel oder jedes

Werkzeug, das aus der Vorratskammer gestohlen wird, ein großes Drama im Kinderheim, und die Konflikte, die sich daraus ergeben, sind sehr schwerwiegend. Eine Häufung solcher Konflikte führt schließlich dazu, daß der Kadrovik wieder auf die Straße geht. Das geschieht meist im Frühling, wenn nicht nur die Natur aufblüht, sondern auch die Erinnerung an die Freiheit der Straße wieder auflebt, wo es keine feste Tageseinteilung, keine Arbeit und keine einengenden Vorschriften gibt, sondern nur eine eindeutig festgelegte Haltung in allen Lebenssituationen: man ist Verwahrloster – und damit basta. Zu den Ursachen, die im Verwahrlosten den Wunsch wecken, wieder auf die Straße zu gehen, muß man auch die Umstände hinzurechnen, die auf die Organisation unserer Kinderheime selbst zurückzuführen sind, worüber wir im weiteren ausführlich berichten werden.

Von den Ausreißern leben die einen länger, die anderen kürzer im Kinderheim, einige laufen schon am ersten Tag wieder weg. Ein Teil aber bleibt, dank verschiedener Ursachen, für längere Zeit oder für immer: Entweder hat dem Jungen das Kinderheim mit seinen Werkstätten gefallen, oder er hat dort alte Freunde wiedergefunden, oder er hat sich wirklich zusammengenommen und sich gezwungen, sich an das Kollektiv zu gewöhnen, oder er ist an einen guten Pädagogen geraten, der es versteht, mit Menschen umzugehen, oder es hat ihn irgend etwas begeistert, oder er hatte es einfach satt, im Sumpf zu waten und Läuse zu züchten. Dann lockt es ihn schon nicht mehr so sehr auf die Straße, und es entstehen leichter kameradschaftliche Bindungen.

Es wäre ein Fehler anzunehmen, daß ein Kadrovik, der im Kinderheim geblieben ist, sich schon ganz und gar gebessert hat, daß man schon wirklich Grund zur Freude hätte. Es muß gesagt werden, daß alle diese Kadroviks zum größten Teil äußerst schwer aufzurütteln sind und daß nur schwer auf sie einzuwirken ist. Je älter sie sind, desto stärker ist in ihnen ein System ethischer Erfahrungen ausgebildet, gewohnter Vorstellungen von der Welt, von dem, was sich gehört und was lobenswert ist, was wertvoll und was wertlos ist. Dieses System zu verändern, ist außerordentlich schwer. Sehr oft kommt es vor, daß die Umstände einen Jungen zwingen, sich der Disziplin eines Kinderheims unterzuordnen, und dann glauben die Pädagogen sogar, daß sich der Junge auf dem Weg der vollständigen Umerziehung befinde, doch eine unerwartete Kleinigkeit wirft ihn plötzlich aus der Bahn, und es beginnt wieder das alte „Lied" – Vergehen, Diebstahl und sogar Rowdytum. In den meisten Fällen verläuft die Entwicklung des Zöglings im Kinderheim äußerst schmerzhaft, der Junge eckt überall an und beleidigt alle um sich herum. Leichtsinnige Pädagogen sind bemüht, einen solchen Zögling möglichst schnell irgendwohin in die Produktion zu stecken, ohne sich viele Gedanken darüber zu machen, daß er noch lange nicht auf ein selbständiges Leben vorbereitet ist. In der Fabrik oder im Betrieb kommt er in eine andere Umgebung, die von ihm Disziplin und Arbeit verlangt; diese Umgebung ist anders gestaltet, sie hat eine andere Ordnung, andere Normen. Ihnen muß man sich anpassen, da ist es oft verhängnisvoll, daß die Arbeitskollegen nur sein Betragen im Betrieb kennen, doch zu Hause – meistens ist das ein Wohnheim für Jugendliche – zeigt er erst sein „wahres Gesicht", und dieses „wahre Gesicht" nimmt gewöhnlich solche Züge an, daß ihn kaum jemand ertragen kann. So entstehen jene Kader wilder jugendlicher Rowdies, die jedoch in letzter Zeit dank der Erfolge der Arbeit in den Kinderheimen glücklicherweise fast keinen Zulauf mehr haben. Die Disziplin in den Betrieben und Fabriken erlaubt es diesen Kadern nicht, sich während der Arbeit so zu zeigen, wie sie wirklich sind, doch sie stellen zweifellos einen Nährboden für die Entwicklung von Passivität unter den Arbeitern dar, von kleinbürgerlichem Verhalten und von einer wenig kultivierten, zurückgebliebenen Schicht von Jugendlichen, die gerne trinken und in betrunkenem Zustand randalieren, die sich den Frauen gegenüber abscheulich benehmen und sich gleichgültig zu jedem Aufschwung der Arbeiterklasse, zu dem ganzen Elan und Heldentum unserer Zeit verhalten.

In diesem Milieu entstehen sehr oft Rezidivisten: Rowdies, Bummelanten, Unruhestifter und manchmal auch Diebe, so daß ihre Arbeitskollegen es letzten Endes ablehnen, sie mit dem ehrenvollen Namen eines Proletariers zu bezeichnen, und sie dem Gericht übergeben; manchmal wird damit sogar ein Exempel statuiert.

Dabei muß auch unbedingt erwähnt werden, daß das Arbeitermilieu in einem Betrieb ein ebenso wirksamer Erziehungsfaktor ist wie eine spezielle Erziehungseinrichtung. In den meisten Fällen wirkt sich der Einfluß ständiger Arbeiterkader vor allem auf die Einstellung zur Produktion aus: Der Jugendliche, auch der am meisten mißratene, wird in die Interessensphäre und den Aufschwung der ganzen Fabrik mit hineingezogen, er beginnt, nach und nach Bekanntschaft mit der großen Arbeiterfamilie zu schließen, und allmählich gewöhnt er sich daran, in sich und in anderen die Würde des Arbeiters zu achten.

Verständlicherweise steht es weit schlimmer um jene Halbwüchsigen, die den Drang zur „Freiheit" der Straße in sich nicht überwinden konnten. Nachdem sie eine Zeitlang vom Kinderheim zu Kinderheim gezogen sind und nirgendwo ein für sie annehmbares Leben gefunden haben – wobei sie das Kinderheim immer wieder mit der Straße vertauschten und wobei ihr Hang zur Straße, ihre Gewohnheiten, ihre Überzeugung von der eigenen „Unverbesserlichkeit", ihr Haß gegen ein geordnetes Arbeiterleben und gegen alle Vertreter dieses Lebens ständig zunahmen –, verwandeln sich solche Halbwüchsige im Laufe der Zeit in qualifizierte Landstreicher und Rowdies.

Die Volksbildungsorgane versuchen auch jetzt noch, ihnen zu helfen. Sehr viel helfen in dieser Angelegenheit die Organe der GPU, sowohl in der RSFSR als auch in der Ukr.SSR. Die Erfahrung der noch relativ jungen Kommunen der GPU beweist, daß man selbst diese Kinder keinesfalls für hoffnungslos halten darf. Auf jeden Fall ist der Versuch, gegen sie vorzugehen oder sie mit Hilfe von Gefängnissen oder sogar speziellen geschlossenen Kinderheimen, den sogenannten Reformatorien[7] zu bessern, weniger erfolgreich als die offenen Arbeitskommunen.

Die Kommunen unterscheiden sich von den Einrichtungen der Volksbildung dadurch, daß in ihnen eine wirkliche Produktion organisiert wird, so zum Beispiel in Moskau eine Schlittschuhfabrik, wo für die Zöglinge eine strengere Disziplin als im Kinderheim eingeführt wurde. Dadurch, daß eine solche Kommune ständig ihre Produktion ausweitet, daß sie die Kinder in ihre Interessen miteinbezieht, daß sie ihnen beibringt, ihr eigenes Budget zu verwalten und über Taschengeld zu verfügen, achtet die Kommune zugleich sorgfältig auf das Betragen des Kommunarden, auf die Organisierung seines Aufenthaltes und vermittelt ihm eine neue kulturelle und politische Einstellung. Zusammen mit der Bildung eines kräftigen Kerns von Jugendlichen nimmt auch die Selbstverwaltung zu, im weiteren Verlauf wird die Disziplin zur Tradition des ganzen Kollektivs, und deshalb geht das ‚Hineinwachsen' neuer Kommunarden schon leichter vonstatten, und diese gelangen schneller zu einem normalen sozialen Selbstbewußtsein.

Schließlich bleibt nur ein kleiner Teil der Verwahrlosten außerhalb der sowjetischen Gesellschaft und gerät in ein Zwangsarbeitshaus[8] oder nach Solowezk[9]. Man kann nicht sagen, daß die Natur selbst sie dazu bestimmt hätte, Abfall der Gesellschaft zu sein. Die Natur bestimmt nichts im Verhalten des Menschen, alles wird von den Menschen und den materiellen Bedingungen bestimmt. Allerdings haben wir uns noch nicht alle Mittel und Einwirkungsmöglichkeiten, die uns zur Verfügung stehen, ganz zu eigen gemacht, wir verstehen es noch nicht völlig, alle unsere Kinder und Jugendlichen so zu erfassen, daß die Verlustrate möglichst niedrig bleibt. Und sehr oft verstehen wir es nicht, die Sachmittel und das Personal richtig einzusetzen, wir haben noch zu wenige Menschen, die es wirklich verstehen, den Kampf gegen die Verwahrlosung zu führen, abgesehen von der, wie es scheinen könnte, sehr großen Erfahrung. Es geht darum, daß für die Erziehung von Verwahrlosten große Anstrengungen erforderlich sind. Die Arbeit mit Verwahrlosten ist sehr schwer und undankbar, und es gibt wenige, die bereit sind, sich dieser Arbeit ganz und gar hinzugeben. Viele verlassen sie gleich wieder – sie entscheiden sich für eine andere Arbeit, die ruhiger ist und besser bezahlt wird.

Nur deshalb können wir uns noch nicht eines vollständigen Sieges über all die schwierigen Folgen der Verwahrlosung rühmen: ein gewisser Anteil der Kinder gerät letzten Endes ins Zwangsarbeitshaus. Hier muß man jedoch einen Vorbehalt machen. Wenn auch die Mehrzahl der Verwahrlosten, d. h. der Kinder der Straße – sehr selten kommen diese Kinder aus Familien – ein so trauriges Schicksal erfährt, darf man doch die Hauptursache der Vergehen und des Untergangs eines Teils unserer Jugend nicht allein dem schlechten Einfluß der Straße zuschreiben. Wie schon bemerkt wurde, geraten meist solche Kinder auf die Straße, die von ihrer Familie – und zwar durch deren Zerfall – für die Straße und für die weitere Verbrecherlaufbahn vorbereitet wurden.

Ganz gesondert davon muß man die Lebensgeschichte eines verwahrlosten Mädchens betrachten.

In den Kinderheimen besteht jetzt fast die Hälfte der Zöglinge aus Mädchen, doch auf der Straße sieht man kaum welche; selten findet man ein Mädchen, das betteln geht, und auch dann wird es meist von seinen Eltern bzw. ganz allgemein von der Familie, in der es lebt, dazu angehalten. Die bekannten Banden verwahrloster Rowdies haben fast keine Mädchen in ihren Reihen.

Die Ursachen dafür liegen offensichtlich darin, daß unsere Gesellschaft nach alter Gewohnheit eher einem Mädchen hilft. Nach dem Tod der Eltern nimmt man eher ein Mädchen als einen Jungen zu sich, denn mit einem Mädchen hat man es ruhiger und leichter, es neigt nicht so schnell zu Protest wie ein Junge.

Hinzu kommt, daß ein Mädchen, aufgrund der ihm seit frühester Kindheit anerzogenen passiven Einstellung zum Leben, nicht so schnell und nicht so leicht auf die Straße geht, denn die Straße ist für ein Mädchen schrecklicher als für einen Jungen. Es wird unter den allerschwierigsten Bedingungen leben, es wird die allerschwersten Unannehmlichkeiten und Erniedrigungen auf sich nehmen, doch auf die Straße wird es nicht gehen. Hier spielt auch die instinktive Furcht vor allen möglichen Belästigungen durch Männer eine Rolle, wovon Mädchen in bestimmten Situationen eine reale Vorstellung haben.

Es muß auch noch bemerkt werden, daß es auf dem Arbeitsmarkt für ein Mädchen immer die Möglichkeit gibt, als „Kindermädchen" zu arbeiten. Als Kindermädchen ist das Leben oft schwerer als auf der Straße, doch dafür ist das Mädchen vor vorzeitigen sexuellen Katastrophen sicher.

Dank der Hilfe vieler unserer gesellschaftlichen Organisationen, einzelner Personen und besonders des Komsomol gelangen auch diese „Kindermädchen" meist in ein Heim.

Aus dem Kinderheim laufen Mädchen fast niemals weg. Man muß zugeben, daß das nicht nur auf ihre passive Natur zurückzuführen ist, sondern auch darauf, daß Mädchen es im Kinderheim leichter haben als Jungen: Die Pädagogen haben zu ihnen immer ein gutes Verhältnis, denn Mädchen sind zurückhaltender und gehorsamer; man kleidet sie hübscher, das ist nicht so schwierig, da Mädchen mehr auf ihre Kleidung achten und hier und da auch selber etwas nähen können.

Im Kinderheim ist auch die Arbeit für die Mädchen leichter und sagt ihnen mehr zu; nach alter Gewohnheit teilen wir die Mädchen nur für die Schneiderwerkstätten ein, wir setzen ihre Erziehung gewissermaßen in Richtung Hauswirtschaft fort.[10] Daraus resultiert eine eigenartige „natürliche Harmonie": Das Mädchen selbst bringt von Zuhause das fatale Vorurteil mit, daß es sich nur mit häuslichen Dingen zu beschäftigen habe, und wir geben ihm dazu noch eine spezielle Schneiderausbildung. Außerdem haben wir in unseren Schneiderwerkstätten noch sehr wenig von dem, was für eine groß angelegte Schneiderei erforderlich ist. Gewöhnlich betreiben wir da nur ein Hausgewerbe, bestenfalls mit Handnähmaschinen.

Doch macht dieses spezielle weibliche „Privileg" ein Mädchen im Kinderheim bis zu einem bestimmten Zeitpunkt zu einem geschickten und sehr folgsamen Zögling, worüber viele Pädagogen sehr froh sind, die nicht tiefer in die Zukunft vordringen wollen und nicht bereit sind, diese Zukunft unter sozialem Aspekt zu beurteilen.

Freilich, wenn die Erziehung der Mädchen ihrem Ende zugeht, dann merken auch diese Pädagogen, daß die politische und allgemeine Entwicklung der Mädchen unzureichend ist. Diese Pädagogen müssen auch mit anderen Unannehmlichkeiten Bekanntschaft machen. Die bewußteren Mädchen, besonders die Komsomolzinnen unter ihnen, beginnen sich über ihre Qualifikation als Schneiderin zu beschweren, um so mehr, als man diese Qualifikation nirgends richtig anwenden kann, und sie beginnen andere Wege ins Leben zu suchen, doch dabei verstehen es die Pädagogen nicht immer zu helfen. Sehr begabte Mädchen gelangen auf die Arbeiterfakultät[11], aber auch dort haben sie es nicht leicht, denn das jahrelange Sitzen an der Nähmaschine hat ihnen nicht die nötige Vorbereitung und Entwicklung gegeben. Auf der Arbeiterfakultät können sie vieles nur mit bewußter Anstrengung erreichen.

Doch alle diese Unannehmlichkeiten stehen erst am Ende des Erziehungsprozesses. Denn so schwer die Umstände auch sein mögen, ein Mädchen geht trotzdem nicht auf die Straße. Es verwahrlost nicht. Es kommt vor, daß ein Mädchen, das in die Produktion oder auf die Arbeiterfakultät gelangt ist, in das Netz der Liebe gerät. Das frühe Geschlechtsleben führt in einem solchen Fall selten bis zur Prostitution, doch es nimmt Formen einer sexuellen Unordnung an, eines häufigen Wechsels der Männer und einer empörenden Einstellung zum Kind.

Und in diesem Fall wird dem Mädchen Rückhalt und Hilfe gerade aus dem Arbeitermilieu zuteil. Wenn ein Mädchen, das in die Produktion gelangt ist, sich inmitten einer gesunden Arbeiterumgebung befindet, besonders, wenn es ihm glückt, mit zwei, drei Arbeiterfamilien näher Bekanntschaft zu schließen und dort neue Freunde und Helfer zu finden, ordnet sich ihr Leben verhältnismäßig schnell.

So gelangen schließlich alle Mädchen auf verschiedenen Wegen in die große Arbeiterfamilie oder werden deren mehr oder weniger gleichberechtigte und sogar aktive Mitglieder.

Die Verwahrlosung eines Mädchens führt sehr selten bis zur Katastrophe, sehr selten endet die Erziehung eines Mädchens im Zwangsarbeitshaus. Und das nur deshalb, weil ein Mädchen fast nie auf der Straße bleibt.

Wenn wir heute den Mädchenanteil in unseren Kinderheimen näher betrachten, so finden wir kaum Mädchen, die einen kürzeren oder längeren Aufenthalt auf der Straße hinter sich haben; die überwiegende Mehrheit von ihnen war niemals auf der Straße.

Doch selbst der kürzeste Aufenthalt auf der Straße ist für ein Mädchen ein großes Unglück, das nicht so leicht zu überwinden ist. Ein Mädchen auf der Straße ist beinahe notwendigerweise eine Prostituierte. Es braucht nur zwei, drei Wochen auf der Straße zu verbringen, und schon gerät es unweigerlich in die Hände irgendeines widerlichen Typs, der ihm das ganze Leben verpfuscht. Das Gerede darüber, daß Verwahrloste überhaupt schon frühzeitig ein Geschlechtsleben führen und geschlechtskrank sind, ist nur Geschwätz von Klatschbasen, die eine ziemlich krankhafte Phantasie haben. Verwahrloste Jungen kennen in der Regel kein Geschlechtsleben, wenn es nicht bereits achtzehnjährige qualifizierte Landstreicher sind, die schon längst aus der Verwahrlosung in den Stand der Verbrecher übergewechselt sind. Von den verwahrlosten Jungen droht den Mädchen auf der Straße keine Gefahr. Die Schänder eines Mädchens auf der Straße sind stets Erwachsene, die in dieser ekelhaften Sache erfahren sind.

Diesen „Genuß" bezahlt das Mädchen sehr teuer – mit der ganzen Fülle seines Lebens. Wenn es in die Hände eines solchen Bösewichts geraten ist und dann in eine ungeordnete und widerliche Gleichgültigkeit verfällt, dann auf Jagd nach Almosen und später nach Erwerb geht, gerät es schließlich auf der Suche nach aufregenden Erlebnissen schrittweise in die Prostitution. Dieses Wort ist in bezug auf die Mädchen sicher nicht ganz zutreffend. Am Anfang ist es noch keine Prostitution, d. h. noch kein bewußter Handel, es ist nur ein völlig willenloses und beinahe unbewußtes Dahinvegetieren, wenn es dem Menschen ganz gleich ist, was man mit ihm macht und wohin das führt. Erst nach und nach kommt zu diesem Dahinvegetieren ein Gefühl des Angenehmen dazu: Geschenke, manchmal ein reichliches Essen, manchmal Geld, ein warmes Zimmer, die Möglichkeit, irgendwelche Kleidung oder Strümpfe zu bekommen, und schließlich das Erleben des Geschlechtlichen selbst.

All das stellt für das Mädchen eine ungeheure Gefahr dar; man kann sich nur schwer das Ausmaß der Katastrophe vorstellen, mit der eine solche kurze Laufbahn auf der Straße stets endet. Auch eine gleich zu Beginn unterbundene frühe Prostitution hinterläßt in der ganzen Psyche des Mädchens unheilbare Wunden, so daß die pädagogische Arbeit in der überwiegenden Mehrzahl der Fälle, zumindest bei unserer pädagogischen Technik, fast hoffnungslos ist. Im Kinderheim erregt ein solches Mädchen vor allem durch seine offen vulgäre Pose Anstoß. Die geordnete Armut im Kinderheim stellt für das Mädchen ein Objekt des Hasses und der Verachtung dar. Es ist stolz auf seine ganze Vergangenheit, auf die Tiefen seines ‚Gefallenseins' und verachtet all diese „unglücklichen" Kinder, die ergeben versuchen, in einer so tristen Umgebung, fernab von jedem „Schick", zu leben. Es verachtet auch die Erzieherinnen und betrachtet sie ausschließlich unter dem Aspekt ihrer Weiblichkeit. Den männlichen Erziehern begegnet es mit unverhohlenem Interesse und einem koketten Ausdruck der Überheblichkeit.

Arbeit, insbesondere die Arbeit in der Schneiderei, aber auch jede andere Arbeit, die nicht sofort Verdienst erbringt, ist für ein solches Mädchen vor allen Dingen eine Dummheit und ein Hohn auf seine Neigung zu einem volleren Leben.

Das alles wird begleitet von einer ungewöhnlichen Expressivität in der Ausdrucksweise, von brutalen und schamlosen Auftritten und von einer entschiedenen Ablehnung der Disziplin.

Manchmal hört ein solches Mädchen äußerst gern den einfühlsamen Reden zu, mit denen sich viele weise Pädagogen an es wenden, in der Hoffnung, ein pädagogisches Wunder zu vollbringen. Das Mädchen kann in Tränen ausbrechen und sogar viele schöne Versprechungen machen, doch solche Reden sind immer nutzlos, im Gegenteil, sie lenken die Aufmerksamkeit des Mädchens auf seine aufregende Vergangenheit, stärken es in der Überzeugung, etwas Besonderes zu sein, und geben verschiedenen Grübeleien Raum. Für solche Mädchen ist es vor allem nötig, die Besonderheiten ihrer Vergangenheit mit Gleichgültigkeit zu übergehen, sie brauchen die allgemeine Überzeugung ihrer Umgebung, daß sie sich in nichts von den anderen unterscheiden, und sie müssen völlig vergessen, daß es irgendein weibliches Gefallensein gibt.

Besonders schadet es solchen Mädchen, wenn man sie unter sich läßt und sie künstlich von den Jungen isoliert. Das unterstützt ihr schon erwähntes Bewußtsein, etwas Besonderes zu sein und entfacht gerade ihr Interesse für Jungen.

Weder mit Mauern noch mit Schlössern können in solch einem Fall Zusammenkünfte unzweideutigen Charakters verhindert werden – und all das endet mit größeren oder kleineren Katastrophen. Die Frage der Erziehung solcher Mädchen ist nicht Thema dieses Buches, und deshalb werden wir nicht viel davon sprechen.

Allgemein läßt sich sagen, daß man solche Mädchen durchaus umziehen kann, doch sind dazu sehr gute, mit Bedacht organisierte Einrichtungen erforderlich, die materiell tadellos versorgt sind und von den besten sowjetischen Pädagogen geleitet werden. Die beste Methode ist jedoch, diese Mädchen in einem gesunden Kinderheim unterzubringen, wo es keinerlei pädagogische Gespräche darüber gibt, wo man nicht einmal weiß, was Prostitution Minderjähriger eigentlich ist. In einem solchen Kinderheim muß nur der erste schwierige Monat überstanden werden – bis das Mädchen sich abgewöhnt hat, seinen Protest zum Ausdruck zu bringen.

Einstweilen ist es sehr schwierig, diese Mädchen zu wertvollen Menschen zu erziehen. Bestenfalls glückt es, ihnen eine bestimmte Qualifikation zu geben und sie in einer Fabrik unterzubringen. Dort ist das weitere Leben des Mädchens nur selten ganz glücklich.

Zu unserm Glück gibt es solche bitteren Katastrophen im Leben unserer Mädchen außerordentlich selten. Unsere Gesellschaft kann mit vollem Recht darauf stolz sein. In einer Zeit eines so angespannten Kampfes und gesellschaftlicher Umwälzungen erweist sich unser Arbeitermilieu moralisch derart stark und derart feinfühlig, daß weder Zerfall noch Untergang im Bereich der Familie eine Zunahme der Prostitution Minderjähriger verursachen.

Verweilen wir noch bei einem Punkt, der sehr große Bedeutung hat. Als von diesen Mädchen die Rede war, haben wir bemerkt, daß es nützlich und sogar notwendig ist, in gewissem Maße ihre Vergangenheit zu ignorieren. Die Erfahrung bestätigt, daß ein solches Ignorieren, ein solches absichtliches Vergessen aller Scheußlichkeiten und allen Unglücks, die die Kindheit dieser Mädchen begleitet haben, die beste pädagogische Haltung ist und wohl auch die zweckmäßigste, denn es wird doch niemand die Kinder für das beschuldigen, was mit ihnen geschehen ist. Dasselbe ist unbedingt auch bei Jungen zu empfehlen.

Die heutige sowjetische Pädagogik und mit ihr die ganze sowjetische öffentliche Meinung weisen entschieden jedwede Möglichkeit zurück, von irgendwelchen spezifischen angeborenen Neigungen zum Verbrechen oder zum Vagabundentum auch nur zu sprechen. Das Gerede davon, daß sogenannte Verbrechertypen von Geburt an zu strafbaren Handlungen vorbestimmt seien, halten wir für primitiven Aberglauben, der sich nur in einer Gesellschaft ausbreiten konnte, die auf der Basis von Gewalttätigkeiten und Ausbeutung errichtet ist. Eine solche Gesellschaft mußte zwangsläufig einen nicht geringen Teil der Menschheit ins Verbrechen treiben.

Die eigentlichen Ursachen der Kriminalität liegen allein in der Organisation der bürgerlichen Gesellschaft, und um diese krankhafte Eigenschaft der Gesellschaftsordnung zu bewahren, war es selbstverständlich nötig, Theorien über Verbrechertypen und über eine spezielle Neigung zum Verbrechen auszudenken.

Eine solche Theorie hat sich in den Köpfen vieler bürgerlicher Wissenschaftler festgesetzt, und derartige Überlegungen werden ganz offenherzig auch von der gesamten Bourgeoisie und der bürgerlichen Intelligenz geteilt. So ist es nicht verwunderlich, daß gegenüber dem „Verbrecher" und den „Verbrechertypen" in der bürgerlichen Welt eine Haltung entstanden ist, die voll ängstlicher Neugier und Furcht vor etwas von der Natur Verfluchtem, doch gleichzeitig Interessantem und Ungewöhnlichem ist.

Da jedoch die ganze Welt der bourgeoisen Wirklichkeit voll ist von Verbre-

Die Kinderverwahrlosung

chen, Lüge, Gewalttätigkeit, Betrug, Unersättlichkeit, Ausschweifung und Entstellung, konnte auch das Problem des Verbrechers gelegentlich zum Modethema werden, und die Psychologie des Verbrechens wurde zu einem verlockenden Thema für Romane und Filme. Freilich, die Romane und Filme haben stets mit der Niederlage des Bösen und dem Triumph des Guten geendet, d. h. mit dem vollen Triumph des normalen Kleinbürgers, und das Interesse an dem Verbrecher bestand lediglich um der Zerstreuung willen.

Man kann nicht sagen, daß bei uns alle Folgen dieser Theorie überwunden sind. Wir betonen, daß es keine andere Ursache für das Verbrechen gibt als soziale Ungleichheit und sozialen Zwang, doch in Wirklichkeit verhalten wir uns gegenüber dem Rechtsbrecher gelegentlich wie zu etwas völlig Naturbedingtem.

Das zeigt sich auch in unserem Verhalten gegenüber dem verwahrlosten Jungen, besonders gegenüber dem jugendlichen Rechtsbrecher. Auch jetzt noch kann man in Kinderkolonien oft erstaunte Ausrufe von Besuchern hören:

„Sind das denn wirklich alles ehemalige Verwahrloste? Unmöglich!... Die kann man ja nicht mehr wiedererkennen... Sogar ihre Gesichter sind nicht so..."

In dieser Verwunderung kommt der Glaube an die angeborene Kriminalität eines Menschen zum Ausdruck. Sie wundern sich deshalb, weil sie sich nicht vorstellen können, wie ein Dieb und Strolch zu arbeiten beginnt und sich in einen „anständigen" Menschen verwandelt. Doch in Wirklichkeit ist daran gar nichts Verwunderliches.

Diese Besucher beginnen einen Jungen oder ein Mädchen manchmal danach zu fragen, was mit ihm vor der Kolonie geschehen war und was er auf der Straße gemacht hat, wie er sich Essen verschaffte, doch gerade das soll man die Kinder nicht fragen. Es kommt vor, daß auch die Pädagogen selbst, im Bestreben nach einem pseudowissenschaftlichen Herangehen an die Sache, mit allen Kräften versuchen, die Vergangenheit der Kinder zu ergründen, und sie erinnern sie damit immer wieder an die verfluchte Vergangenheit. Doch es gibt noch Schlimmeres. Manchmal wendet man sich sogar auf einer festlichen Sitzung mit einer Ansprache wie folgt an die Kinder:

„Ihr, liebe Kinder, wart auf der Straße, ihr habt gestohlen, ihr wart ein öffentliches Ärgernis. Jetzt stehlt ihr nicht mehr... Wie schön das ist! Bemüht euch, auf diesem Weg zu bleiben."

Alle diese Reden verletzen die Kinder, auf jeden Fall schaden sie ihnen. Die wenigen Standhaften unter ihnen beginnen sogar, auf ihre heroische Vergangenheit stolz zu sein, und warten schon darauf, daß man sie über ihre Heldentaten als Verwahrloste erneut ausfragen wird, und sie lügen eine Menge zusammen, um interessanter zu erscheinen.

Hinter all diesen Befragungen, all diesem Interesse an der Vergangenheit des Kindes verbirgt sich nichts anderes als die gewöhnliche spießige Neugierde, die von der bourgeoisen Theorie über die Verbrechertypen gezüchtet wurde.

Die Gor'kij-Kolonie praktizierte die vollständige Ignorierung dieser Vergangenheit, und zwar in voller Aufrichtigkeit bis zuletzt. In der Kolonie fragte man einen Jungen nicht nur nicht nach seiner Vergangenheit aus, man erinnerte nicht nur niemals an das Vergangene, man führte auch keine „Akte" über das Kind, man wußte ganz einfach nicht, für welches Verbrechen der Junge in die Kolonie geschickt worden war.

In der Kolonie galt selbst das Wort „Verwahrlosung" als Beleidigung, und man sprach es in keinem Fall aus: Die Kolonisten waren stets der Überzeugung, daß die Verwahrlosten auf der Straße sind und daß sie Kolonisten und ihr eigener Herr sind und keineswegs schlechter als andere Leute.

Und einmal, als die Kolonie vollzählig versammelt war, um Gäste zu begrüßen und dabei feierlich über den Platz marschierte, rief plötzlich jemand aus der Menge:

„Die Verwahrlosten, sie leben hoch!"

Es war schmerzlich anzusehen, wie die belebten Gesichter der Kinder schlagartig ernst und streng wurden und wie sie sich verschlossen – einsam in dem ohnmächtigen Gefühl der erfahrenen Beleidigung.

IV.

Das wichtigste Mittel unseres Kampfes gegen die Verwahrlosung ist das Kinderheim. Unsere Kinderheime sind oft unvollkommen und haben nicht einmal eine ausgesprochen verbindliche Form der Organisation der Arbeit. Auf dem Territorium unserer Union können wir die verschiedensten Formen und Typen von Kinderheimen finden, angefangen bei dem kleinen Heim, in dem 40 bis 50 Zöglinge leben, die in irgendeine benachbarte Schule gehen und lediglich eine Gemeinschaftsunterkunft haben. Und es gibt überaus große und relativ wohlhabende Kinderstädtchen mit bis zu 2500 Zöglingen, die wunderbare eigene Schulen haben, ja ganze Schulkomplexe, sehr schön ausgestattete Werkstätten oder eine Feld- und Milchwirtschaft.

Ebenso unterscheiden sich die Kinderheime in bezug auf die Qualität ihrer Arbeit. Hier finden wir eine ganze Reihe von Einrichtungen, angefangen bei den am besten organisierten und interessantesten bis hin zu den ‚Asylen', besetzt mit Verwahrlosten von der Straße, die ein wirklich kriminelles Anarchistendasein führen, und wo das Personal nicht weniger verdorben ist.

Und es ist außerordentlich bemerkenswert, daß die Qualität der Arbeit eines Kinderheims fast überhaupt nicht von der Höhe der Mittel abhängt, die diese oder jene Institution aufbringt. Sehr oft kann man feststellen, daß die Qualität der Arbeit eines sehr schlecht versorgten Kinderheims weitaus besser ist als diejenige eines fast luxuriös ausgestatteten Heims, für dessen Unterhaltung enorme Summen ausgegeben werden.

Die Gründe für diese ganze Vielfalt sind darin zu suchen, daß das Kinderheim unseres sowjetischen Typs eine völlig neue Einrichtung ist und es im Westen nichts Entsprechendes gibt.

Deshalb ist es unserem Land noch nicht gelungen, für die Arbeit im Kinderheim eine ausreichende Zahl pädagogischer Kader auszubilden, und den Pädagogen ist es noch nicht gelungen, bestimmte Arbeitsmethoden auszuarbeiten. Deshalb hängt auch der Erfolg der Arbeit heute auf keinem anderen Gebiet so sehr von der Begabung, der Energie und den Kenntnissen des Personals ab wie im Kinderheim. Zunächst kann man einfach sagen: nur das Kinderheim wird gut arbeiten, das über geeignetes und energisches Personal verfügt.

Die Kinderverwahrlosung

Wir halten es für notwendig zu bemerken, daß die Arbeit im Kinderheim außerordentliches Feingefühl erfordert. Ein kleiner Fehler, eine unbedachte Maßnahme oder Entscheidung, ein unnötiges Zögern bzw. eine unnötige Hast, ja die geringsten Abweichungen von der Norm können sehr traurige, manchmal sogar verhängnisvolle Folgen haben.

Gleichzeitig erfordert die Arbeit im Kinderheim eine bedingungslose, heroische Anstrengung. So gutmütig, gewissenhaft und energisch ein Pädagoge auch sein mag, wenn er sich jedoch streng an seine Arbeitszeit hält, wenn er in dem Augenblick, wo es darauf ankommt, doch keine Lust hat, seine Zeit dem Kinderheim zur Verfügung zu stellen, wenn also die Mitarbeiter überhaupt nur darauf bedacht sind, korrekt ihre Pflicht zu erfüllen – dann ist das Scheitern des Kinderheims unvermeidlich.

Hier muß man unermüdlich arbeiten, sich ganz den Kindern und ihren Interessen widmen, man muß seine Eigenliebe völlig vergessen und zeitweilig auch seine Gesundheit. Gewöhnlich sind nicht alle Mitarbeiter dazu in der Lage, und es ist um so schwerer, geeignete Mitarbeiter zu finden, als für diese Arbeit bei uns zu wenig bezahlt wird.

All das bedeutet jedoch nicht, daß es im Kinderheim keinen Arbeitsschutz gibt und auch keinen geben kann. Das Naturgesetz der Begrenzung der menschlichen Kräfte und das von Menschen geschaffene Gesetz zur Schonung der eigenen Kräfte muß man auch hier anwenden, jedoch auf eine sehr eigentümliche Weise: Je mehr sich der Pädagoge für das Kinderheim einsetzt und je weniger er auf die Arbeitszeit und seine Gesundheit achtet, desto leichter wird ihm die Arbeit fallen. Ein Heim, das von einem wahren Pädagogen organisiert worden ist, weckt in kurzer Zeit bei den Kindern so viele aktive Kräfte, eine so gewaltige Energie in der Selbstverwaltung und eine solche Macht des Kinderkollektivs, daß die Arbeit in solch einem Heim zum Genuß und fast zum Vergnügen wird, aber ... nur solange die Pädagogen nicht auf den Gedanken kommen, sich auf ihren Lorbeeren auszuruhen, und solange sie ihrer heroischen Wachsamkeit treu bleiben.

Die Sowjetunion erzieht immer mehr gerade solche Pädagogen. Immer größer wird das Netz der erfolgreichen, gesunden und gefestigten Kindereinrichtungen, die wie eine ausgezeichnet eingestellte Maschine arbeiten, die mit der Arbeiterklasse, der Bauernschaft und den gesellschaftlichen Organisationen fest verbunden sind und Schulter an Schulter mit all denen marschieren, die den Sozialismus aufbauen.

In der Arbeit solcher Kinderheime haben wir bereits eine große Vollkommenheit erreicht, und es ist schade, daß man dort nur verwahrloste Kinder aufgenommen hat. Vielen ist es schon klar geworden, daß nur das Kinderheim die Schmiede der sowjetischen Pädagogik sein kann.

Wir müssen bald einen Fünfjahrplan für Kinderheime, die alle Kinder erfassen, ausarbeiten und in die Tat umsetzen. Ein solcher Fünfjahrplan wird alle Vorschulprobleme lösen, die mit unserer Familie, mit nicht zu umgehenden Resten der Vergangenheit, mit der Situation der Frau bei uns und dem Zufallscharakter unserer ganzen Familienerziehung verbunden sind.

Dieser Fünfjahrplan wird eines der wichtigsten Probleme der Methodik der Arbeit des Kinderheims lösen. Einer seiner Hauptmängel ist nämlich, daß dort ganz widernatürlich nur verwahrloste Kinder aufgenommen wurden, d. h. solche, die durch Unglücksfälle von den Eltern und den gesunden Kindern in der Familie getrennt worden sind. Und wenn wir uns auch noch so bemühen, das Kinderheim der Gesellschaft anzunähern und unserem Zögling klarzumachen, daß er genau so ein Kind ist wie alle anderen Kinder auch, so sind das nur Worte. In Wirklichkeit sieht das Kind, daß sein Leben nicht so ist wie das aller anderen, es hat immer einen Grund, auf jene Kinder neidisch zu sein, die in einer Familie leben, es denkt immer an das verfluchte Unglück, das es straucheln ließ. So entsteht eine eigenartige Anarchie im Kinderheim, eine ständige Neigung zum Protest, was die Erziehungsarbeit im Kinderheim besonders erschwert. Den Übergang unserer gesamten Erziehung zum Kinderheimsystem sollte man sich nicht als etwas überaus Großartiges und aus materiellen Gründen Undurchführbares vorstellen. Schon jetzt darf es als erwiesen gelten, daß in einem gut organisierten und gut versorgten Kinderheim die Unterhaltskosten pro Kind bedeutend geringer sind als in der Familie.

Es geht darum, daß die sozialistische Pädagogik erst in letzter Zeit beginnt, sich den Marxschen Grundsatz zu eigen zu machen, daß die Arbeit des Kindes sich nicht auf den Unterricht beschränken sollte, wie das in den teuren Schulen der Bourgeoisie der Fall ist, sondern daß sie unbedingt auch produktiv sein und etwas ergeben soll, was der gesamten Gesellschaft nützlich ist, und das bedeutet zugleich, daß die Kinder für ihren Unterhalt selbst aufkommen.

Ein Kinderheim, das nach dem Muster einer kleinen Fabrik organisiert ist, wird nicht nur den Reichtum des ganzen Landes vermehren, wobei auch alle Probleme der Ausbildung von Kadern gelöst werden, sondern auch die Unterhaltung des Kinderheims selbst verbilligen, möglicherweise sogar bis zur völligen Deckung der Kosten. Eine solche Organisation des Kinderheims wird, wenn sie hauptsächlich Kinder aus Familien einbezieht, auch die heikle Frage der Verwahrlosung endgültig lösen.

Wir sehen, daß die Verwahrlosung ihren Ursprung in der Familie hat, sie gelangt nur deshalb auf unsere Straßen, weil die Familie als primäres Erziehungskollektiv das Kind weder vor dem Hunger schützen noch vor dem Alleinsein und schlechten Einflüssen bewahren kann. Und wir sehen, daß dort, wo die Familie das dennoch zu leisten versucht, die Frau nur noch Köchin, Kindermädchen, Wäscherin, ein verschüchtertes, scheues und erschöpftes Arbeitstier ist. Niemals wird die Frau dort völlig frei sein, wo die Familie als pädagogische Einrichtung gilt. Und niemals wird das Kind vor dem Straucheln völlig sicher sein, wenn seine Erziehung von einer solchen pädagogischen Einrichtung abhängt. Die Verwahrlosung – das ist das Produkt einer erschreckenden Handwerkelei auf dem Gebiet der Erziehung, denn die Familie ist eine unqualifizierte Erziehungseinrichtung. Genauso, wie unser Fünfjahrplan die Verkaufsbuden und Kramläden zum Verschwinden bringt und an ihrer Stelle gewaltige Industriesiedlungen aus Beton und Stahl errichtet, so wird der Fünfjahrplan auch die unqualifizierte Erziehung in der Familie beseitigen, indem er statt dessen „Erziehungsfabriken" errichtet, hell und luftig, mit Aufmerksamkeit und Sorge für das Kind, voll Kollektivkraft und schöpferischer Arbeit.

Und diese Fabrik wird nicht nur den kleinen, von der Straße aufgelesenen

Rowdy umerziehen, sondern wird gegenüber der Verwahrlosung selbst vorbeugend wirken; ein Kind aus einer solchen Fabrik wird nicht mehr auf der Straße landen, und ein zehnjähriges Mädchen gerät nicht mehr in die schmutzigen Pfoten eines zweibeinigen Scheusals.

Das Wichtigste in der Erziehung vollzieht sich in den ersten zehn Jahren. Heutzutage ist die Erziehung ja im wesentlichen überhaupt keine Erziehung, sondern nur Korrektur dessen, was zuvor in der Familie kaputtgemacht worden ist. Eine Erziehung, die von Anfang an richtig angelegt ist, wird eine bedeutend leichtere Sache sein: dann wird es nicht mehr nötig sein, für die Pädagogenstellen selbstlose Helden zu suchen.

Wir nähern uns schnell dieser wunderbaren Zukunft unserer Kinder. Und schon jetzt steht vor uns allen die Frage nach der neuen Lebensweise, die neue Lebensweise aber erfordert vor allem, der Familie das Recht zur unqualifizierten Erziehung des Kindes zu nehmen.

Das bedeutet durchaus nicht, daß man das Kind von der Mutter wegnehmen muß, daß es wie ein Niemandskind aufwachsen muß, fast wie der heutige Verwahrloste. Jene, die sich lautstark für die völlige Trennung von Mutter und Kind einsetzen, die von einem Sohn das völlige Vergessen seiner Eltern fordern, sind Sonderlinge und „Krakeeler". Denn gerade in der vollen Harmonie der organisatorischen Kraft des Kindererziehungsheims mit der natürlichen Bindung an die Familie wird das ganze Geheimnis der zukünftigen Erziehung liegen. Die Arbeiterfamilie, die ein kultiviertes Leben führt, die frei ist in ihrem Verhalten gegenüber dem Kind, weil sie sich vom Fluch der Versklavung der Frau befreit hat, wird für das Kind zu einer wirklichen Verschönerung seines Lebens; doch seine Arbeit, seine Ausbildung und sein Wachstum wird das Kinderheim lenken. Schon jetzt kann man die Einrichtung von Kinderkrippen und Kindergärten als einen ersten, keineswegs kleinen Schritt auf dem Wege zu der zukünftigen Erziehung ansehen. Denn der Kindergarten hat nicht nur deshalb Bedeutung, weil er das Kind richtig erzieht, sondern auch deshalb, weil er gegenüber der Verwahrlosung vorbeugend wirkt und das Kind vor den negativen Einflüssen einer zerrütteten Familie bewahrt.

V.

In unserem Ringen um die zukünftige sozialistische Erziehung müssen wir zugleich mit allem Ernst auch dafür Sorge tragen, daß die heutige Verwahrlosung bei uns nach Möglichkeit eingedämmt und schließlich überwunden wird.

Die Kinderheime, die die Verwahrlosten aufnehmen und sie unter den schwierigsten Bedingungen der Armut und der künstlichen Isolierung des Zöglings erziehen, erfüllen, ungeachtet aller Mängel, dennoch ihre Aufgabe, und dank dessen straucheln unsere Verwahrlosten in den meisten Fällen nicht mehr.

Doch das genügt nicht. Wir brauchen nicht nur Menschen, die nicht gestrauchelt sind – wir brauchen aktive Arbeiter der neuen Epoche, kraftvolle Schöpfer des neuen Lebens, der neuen Familie, des neuen Menschen.

Es gibt bei uns viele gesellschaftliche Organisationen, die zum Ziel haben, dem verwahrlosten Kind zu helfen: die „Kinderhilfe", die „Kinderfreunde" und andere.[12] Sie haben zahlreiche Mitglieder, doch viele von ihnen beschränken sich lediglich auf die Zahlung einer geringen Geldsumme. Gewiß, auch das ist eine große Sache: durch diese Groschen werden Tausende von Kindern gerettet.

Man kann aber noch mehr tun. Für ein Kinderheim ist der Besuch der Patenorganisation stets ein Festtag, selbst dann, wenn sie keine Geschenke mitbringt. Dazu braucht man auch nicht viel: Soll die Organisation das Kinderheim ruhig öfter besuchen, doch ihre Vertreter sollten die Kinder nicht mit Versammlungen und Reden quälen. Man kann auch ohne das auskommen: es genügt, wenn Sie sich einmal im Monat neben einen Jungen oder ein Mädchen setzen und sich mit ihm einfach über deren und über Ihre eigenen Angelegenheiten unterhalten. Damit beweisen Sie ihm, daß Sie ihn als Mensch achten und daß Sie nicht etwa gekommen sind, um sich vor ihm nur mit Ihrer Wohltätigkeit zu brüsten. Sprechen Sie mit ihm über seine und über Ihre Arbeit, über die Disziplin in Ihrer Fabrik, darüber, wie bei Ihnen der sozialistische Wettbewerb[13] verläuft, wie anspruchsvoll der Sekretär Ihrer Parteizelle ist, über Ihren Meister und darüber, was Ihnen nicht gefällt, über Ihren Ingenieur und über den Arbeiter-Erfinder. Erzählen Sie von Ihren Kindern und von den Erfolgen und Mißerfolgen mit ihnen. Fragen Sie ihn danach, wo er arbeiten will, wenn er das Kinderheim verläßt, geben Sie ihm irgendeinen Rat. Sprechen Sie mit ihm, worüber Sie wollen, allerdings nur über das, was auch Sie interessiert. Und sagen Sie niemals: „Versuch dich zu bessern. Man darf doch nicht stehlen..."

Es gibt auch ohne Sie genug Leute, die solche Lehren gern erteilen. Und das reicht.

Wenn möglich, laden Sie nur einen Jungen zu sich ein. Sie brauchen ihn nicht zu bewirten, wenn er zu Ihnen kommt, jedenfalls gewöhnen Sie ihn nicht daran.

Wenn Sie das nicht tun können, so lassen Sie es, aber schenken Sie ihm in diesem Fall ab und zu eine Kleinigkeit. Damit zeigen Sie dem Kind Ihre Offenherzigkeit. Vielleicht haben Sie das Glück, diesem Jungen oder Mädchen später gerade in Ihrem Betrieb zu begegnen. Vielleicht helfen Sie ihm sogar, daß er in dieselbe Werkstatt kommt, wo auch Sie arbeiten, und richten es so ein, daß er Ihnen zur Hand geht.

Und wenn Sie nicht gerade mit ihm zu tun haben, so werden Sie einen anderen ehemaligen Verwahrlosten finden. Sie können sich gar nicht vorstellen, wie sehr Sie ihm damit helfen, fast ohne jegliche Mühe. Allein die Tatsache, daß Sie, ein qualifizierter Arbeiter, mit ihm sprechen, hebt seine Selbstachtung. Doch wenn Sie ihm auch noch mit einem Rat helfen, so ist das noch besser. Merken Sie sich – auf keinen Fall darf man sich bei dem Jungen anbiedern. Bleiben Sie Sie selbst: ist Ihnen ernst zumute, dann seien Sie auch ihm gegenüber ernst, wenn Sie aber frohgelaunt sind, dann verhalten Sie sich auch ihm gegenüber frohgelaunt und werden Sie nicht irgendwie belehrend, denn für einen solchen Jungen gibt es nichts Besseres, Wertvolleres und Belehrenderes als einen Meister mit großer Erfahrung.

Besonders Frauen können Mädchen, die gerade aus einem Kinderheim gekommen sind, sehr nützlich sein. Jede Frau wird herausfinden, womit sie helfen kann, man muß es nur einfach und natürlich tun. Und genau das ist nötig, um das Mädchen für sich zu gewinnen. Dann wird es schon nicht mehr so schwer sein, es in die Arbeit im allgemeinen einzubeziehen und in die gesellschaftliche Arbeit im besonderen.

Doch die wichtigste Hilfe, die man von der Gesellschaft fordern soll, besteht darin, der Verwahrlosung vorzubeugen. Dabei wird in jedem Wohnviertel ein wachsames Auge die gefährlichen Stellen stets herausfinden.

Vielleicht wächst in der Familie Ihres Arbeitskollegen bereits ein zukünftiger Verwahrloster heran, vielleicht hat gerade Ihren Nachbarn ein Unglück getroffen. Gerade in einem solchen Augenblick kann die kleinste Hilfe die ganze Zukunft des Kindes bestimmen. Vielleicht muß man nur an einem arbeitsfreien Tag den Jungen zur Bezirkskinderhilfe[14] bringen, und das genügt schon.

Um der Verwahrlosung vorzubeugen, sollte jede Art Hilfe genutzt werden, denn auch die geringste Anstrengung eines einzelnen wird hier sehr viel ausrichten.

Manchmal kann man auch einen Fehler begehen. So scheint es ein gutes Werk zu sein, einem Verwahrlosten Almosen zu geben; dennoch halten diese Almosen den Jungen auf der Straße, bringen ihn zum Betteln und verderben seine ganze Psyche. Man muß immer daran denken, daß das Volksbildungsamt sich niemals weigert, Kinder ins Kinderheim aufzunehmen, es betteln also nur jene Kinder, die aus dem Heim geflohen und auf die schiefe Bahn geraten sind. Ihr Almosen ist ein schlechtes Geschenk: bringt es doch das Kind beinahe ins Zwangsarbeitshaus.

Und wenn Sie im Waggon eines Vorortzugs gerührt dem Gesang eines kleinen Kerls zuhören und ihm wie die rührseligen Marktfrauen drei Kopeken geben, dann begehen Sie ein wahres Verbrechen, denn vom pädagogischen Standpunkt aus kann man sich nichts Scheußlicheres als diese Auftritte im Eisenbahnwaggon vorstellen: Alle diese Sänger sind fast ausnahmslos ausgekochte Gauner und Taugenichtse, und sie zu erziehen ist die allerschwierigste Arbeit der Welt.

Eben dieses Mitleid bringt manchmal auf der Straße einen Menschen dazu, sich in die Amtshandlung eines Milizionärs einzumischen, der einen Verwahrlosten aufgreift. Es gibt nichts Billigeres als solches Mitleid. Der Milizionär verrichtet einen Teil der gewaltigen Arbeit, und das Mitleid des zufälligen Passanten verlangt, daß sich die Verwahrlosung frei entfalten kann, wie das Unkraut auf dem Feld eines schlechten Landwirts.

Die Bemühungen einzelner um die Vorbeugung der Verwahrlosung werden ohne großen Nutzen sein, wenn sie nicht zu einem Anliegen der Gesellschaft werden. Die Einrichtung von Kooperativen innerhalb der Wohngebiete und darin eine Organisation zur Unterstützung der Familie in Erziehungsfragen – das ist eine außerordentlich wichtige Sache, und jeder, jeder bewußte Arbeiter sollte daran aktivst Anteil nehmen. Ganz besonders kann man eine solche organisierte Hilfe jenen „Kindermädchen" zukommen lassen, die selbst noch ein Kindermädchen nötig haben.

Unsere Gesellschaft hat viel getan auf dem Gebiet der Hilfe für die Verwahrlosten, sie hat weit mehr getan als die Reichen im Westen, doch sie kann noch mehr tun.

Wenn wir in dieser Angelegenheit helfen, dann müssen wir uns bemühen, so schnell wie möglich eine neue Erziehungsweise einzuführen, eine neue Form des

Familienlebens und der Kindergesellschaft. Wir müssen immer daran denken und wissen, daß eine gut organisierte Kinderkommune eine der ersten Errungenschaften in unserem Kampf um eine neue Lebensweise, für die kulturelle Revolution ist. 128

KOMMENTAR

131

BEITRÄGE ÜBER DIE GOR'KIJ-KOLONIE

Als Makarenko zu Beginn des Jahres 1923 die hier abgedruckten beiden Artikel über die Gor'kij-Kolonie schrieb, bestand diese Einrichtung seit über zwei Jahren und hatte zu der Zeit etwa 80 Zöglinge. Sie war im Herbst 1920 vom Poltavaer Gouvernements-Volksbildungsamt auf dem Gelände einer ehemaligen „Kolonie für minderjährige Verbrecher" (Kolonija nesoveršennoletnich prestupnikov) in Triby bei Poltava gegründet worden, und zwar mit dem Ziel, jugendliche Verwahrloste und Rechtsbrecher mit ausschließlich sozialerzieherischen Mitteln für die Mitarbeit beim Aufbau einer neuen Gesellschaft zu gewinnen.

Im Zeichen der mit dem Gesetz über die „Kommissionen für die Angelegenheiten Minderjähriger" (Komissii po delam o nesoveršennoletnich) vom 14. Januar 1918 (Sobranie uzakonenij RSFSR, Nr. 16 v. 17. 1. 1918, Par. 227) eingeleiteten, gänzlich auf Strafe und Diskriminierung verzichtenden Resozialisierungspolitik war die Ende 1922 zur staatlich unterhaltenen Mustereinrichtung erklärte Kolonie in ihrer Art allerdings keineswegs eine Ausnahme. Sie stellte als besonderer Typ des Kinderheims ein Glied in der Kette der zahlreichen Einrichtungen für Sozialerziehung dar.

Inwieweit sich Makarenkos pädagogisches Handeln bereits zu diesem Zeitpunkt vom allgemein Üblichen, weitgehend durch die Zeitumstände Bedingten unterschied, ist aus diesen Darstellungen nicht sicher entnehmbar. Archivdokumente aus jener Zeit und auch Makarenkos Jubiläumsbericht aus dem Jahre 1925 (Überblick über die Arbeit der Poltavaer M. Gor'kij-Kolonie; Werke, Bd. 1) lassen jedoch den Schluß zu, daß es sich bei den angedeuteten „interessanten und originellen Formen der inneren Organisation" um Ansätze jenes Erziehungssystems handelt, das seine Kollektiverziehungskonzeption von anderen frühsowjetischen Varianten charakteristisch unterschied und das bekanntlich von seinen vorgesetzten Behörden als „Kommandeurpädagogik" kritisiert und abgelehnt worden war. Eine entsprechende Begrifflichkeit fehlt hier allerdings noch ganz. Anstelle des später für Makarenko typischen Kollektivbegriffs stehen – neben dem sporadisch verwendeten Terminus „Erzieherkollektiv" (vospitatel'skij bzw. vospitatel'nyj kollektiv) – noch traditionell „sem'ja" (Familie) und „obščina" (Gemeinde, Gemeinschaft).

Die M. Gor'kij-Kolonie (1923)

Dieser Beitrag (Originaltitel: Kolonija im M. Gor'kogo) stellt die früheste bisher bekanntgewordene Veröffentlichung Makarenkos dar. Er entstand im Zusammenhang einer auf eine breitere Öffentlichkeit abzielende Kampagne zur Verwahrlostenhilfe und verfolgte insbesondere das Ziel, die Hilfsbedürftigkeit, aber auch die Unterstützungswürdigkeit der Gor'kij-Kolonie aufzuzeigen.

Der Artikel erschien unter der Losung „Na pomošč' detjam!" (Helft den Kindern!) innerhalb einer Reihe von ähnlichen Beiträgen über andere Poltavaer Kindereinrichtungen in der Lokalzeitung „Golos truda", Nr. 26 (773) vom 4. Februar 1923, und wurde bisher in den Makarenko-Werkausgaben nicht berücksichtigt.

[1] Makarenko verwendet hier den Terminus „obščina" – die Bezeichnung für die traditionelle russische Dorfgemeinde, die nach der Revolution zunächst noch bestehen blieb.
[2] Arbeiterkomitee, russ. Raboćij komitet (Abk. Raboćkom), lokale – hier die Poltavaer – Gewerkschaftsorganisation.
[3] Selbstbedienung, russ. samoobsluživanie, primäre Form der Arbeitserziehung; beinhaltet vor allem Tätigkeiten, die für das Kind notwendig und unter Berücksichtigung seines Alters und seiner Entwicklung sinnvoll erscheinen (Anziehen, Waschen usw.). Die hier angesprochene Überbeanspruchung dieses Prinzips in Richtung einer weitgehenden Selbstversorgung muß aus den Zeitumständen erklärt werden.
[4] Mechanische Zerstörung, russ. mechaničeskoe narušenie, nach Makarenkos Wortgebrauch eine von außen wirkende Zerstörung – im Gegensatz zu einer Zerstörung aufgrund innerer Faktoren, die er als „chemisch" bezeichnet (vgl. in diesem Band: „Die Kinderverwahrlosung und ihre Bekämpfung", Abschn. II).
[5] System der „komplexen Themen", russ. sistema komplektnych tem, allgemein als Komplexmethode bezeichnet; Aufhebung der einzelnen Unterrichtsfächer zugunsten eines „Gesamtunterrichts", der sich um die jeweiligen Schwerpunkte der „werktätigen Arbeit" der Schüler gruppiert. Dieses Unterrichtsprinzip wird in dem folgenden Beitrag ausführlicher dargestellt.

Erfahrungen mit der Bildungsarbeit in der Poltavaer M. Gor'kij-Arbeitskolonie (1923)

Die in diesem, am 7. März 1923 niedergeschriebenen Beitrag (Originaltitel: Opyt obrazovatel'noj raboty v Poltavskoj trudovoj kolonii im. M. Gor'kogo) vorgestellte Bildungsarbeit der Gor'kij-Kolonie steht ganz unter dem Einfluß der damals von der progressiven Lehrerschaft geforderten Komplexmethode, die am 5. März 1923 durch das „Schema der Lehrpläne für die Einheits-Arbeitsschule" des Staatlichen Gelehrtenrates der RSFSR, das sinngemäß auch in der Ukraine Anwendung fand, sanktioniert worden war.

Das der westlichen Reformpädagogik (Decroly, Lighthart) entlehnte didaktische Prinzip sollte eine „Revolutionierung der Schulbildung" bewirken, indem es eine Synthese zwischen fortschrittlicher bürgerlicher und marxistischer Pädagogik herstellte. (Vgl. A. V. Lunačarskij, Prosveščenie i revoljucija, Moskva 1926)

Die wesentlichen Grundsätze dieses für die frühsowjetische Arbeitsschule charakteristischen Ansatzes waren bereits 1921 wie folgt formuliert worden: „Kernpunkt des Unterrichts ist das theoretische und praktische Studium des wirtschaftlichen Lebens und Aufbaus des Landes. Daraus ergibt sich der Charakter der Schule als einer Arbeitsschule. Dieses Studium soll unter vier Aspekten erfolgen:
a) unter dem Aspekt der Kräfte und Schätze der Natur,
b) unter dem Aspekt ihrer Nutzung durch den Menschen,
c) unter dem Aspekt des Menschen als des wichtigsten Produktionsfaktors und Mitgliedes der gegenwärtigen Gesellschaft und
d) unter dem Aspekt der Organisation der Gesellschaft." (N. A. Konstantinov/E. N. Medynskij, Očerki po istorii sovetskoj školy RSFSR za 30 let, Moskva 1948, S. 121)

Diese Prinzipien fanden ihren Niederschlag im ukrainischen Volksbildungsgesetz vom 2. November 1922, wo es in Par. 5 heißt: „Als Grundsätze der Einrichtung von Erziehungs- und Bildungsanstalten in der [Ukrainischen] Sowjetrepublik gelten:
a) der Arbeitsprozeß als das Fundament von Erziehung und Erkenntnis,
b) die Vielfalt der Lebensbedürfnisse als Ziel des Erziehungsprozesses und
c) eine Praxis, die nicht nur auf die Erklärung der Welt, sondern auch auf deren Veränderung gerichtet ist." (Kodeks Zakonov o Narodnom Prosveščenii USSR. Vvedenie. Osnovnye položenija. In: Detskoe pravo Sovetskich respublik, Char'kov 1927, S. 249)

Für die schulische Praxis bedeutete das eine Aufhebung der einzelnen Unterrichtsfächer zugunsten eines „Gesamtunterrichts", der sich um die jeweiligen Schwerpunkte der „werktätigen Arbeit" der Schüler gruppiert.

Makarenkos Beitrag zeigt, wie man in der Gor'kij-Kolonie mit den durch die Zeitumstände recht unzulänglichen Mitteln den hier gestellten Anforderungen gerecht zu werden versuchte. Ein Vergleich mit dem von der Poltavaer Gouvernements-Volksbildungsabteilung herausgegebenen „Vorläufigen Verzeichnis" empfohlener und verbotener Lehrbücher (Erlaß vom 1. 2. 1923; Bjuleten' Gubernijal'noho Viddilu Narodn'oji osvity na Poltavščyni, 1923, Nr. 1 (8), S. 41–44) zeigt, daß die in der Kolonie benutzten Materialien mehr oder weniger zufällig zusammengetragen waren. Konkrete Entsprechungen mit den Empfehlungen sind lediglich bei einigen Schulbüchern feststellbar; im übrigen werden neben kindgemäßer Literatur wie (russisch- und ukrainischsprachige) Fabel- und Rätselsammlungen vor allem populärwissenschaftliche Darstellungen und ausgesprochene Fachliteratur (in russischer Sprache) herangezogen.

Der Beitrag enthält zahlreiche, offenbar durch die bald erfolgte Veröffentlichung bedingte Druckfehler. Er erschien (laut Impressum) am 20. April 1923 in dem Organ der Poltavaer Gouvernements-Volksbildungsabteilung „Novymy stežkamy", 1923, Nr. 2 (6–7), und wurde – erheblich gekürzt – in die 2. Auflage der Akademie-Ausgabe aufgenommen: Soč. 7, 375–380; dt.: Werke 7, 403–408 („Darstellung der Bildungsarbeit in der Poltawaer Arbeitskolonie ‚Maxim Gorki'").

1 Diese Einschätzung weist auf eine bemerkenswerte Souveränität Makarenkos hin. Sie zeigt bereits zu diesem frühen Zeitpunkt die Distanz des unbefangenen Praktikers gegenüber der damals sehr einflußreichen pädagogischen Richtung, der positivistisch orientierten Pädologie („Wissenschaft vom Kinde"), für die Begriffe wie sittliche und moralische Defektivität bestimmende Kategorien ihrer Verwahrlosungstheorie und damit der Resozialisierungspraxis waren. Zu einer generellen Abkehr von dieser Pädologendoktrin kam es erst nach den Allrussischen Konferenzen über Verwahrlosungsfragen im März und November/Dezember 1924 in Moskau (vgl. Rezoljucii po dokladam vtorogo Vserossijskogo s-ezda social'no-pravovoj ochrany nesoveršennoletnich 26 nojabrja – 1 dekabrja 1924 g., Moskva 1925).
2 Klubarbeit, russ. klubnaja rabota, im Unterschied zum regulären Unterrichtsprogramm Beschäftigung in fakultativen Arbeitsgemeinschaften.
3 Gemeinschaft, russ. obščina, s. Kommentar zu „Die M. Gor'kij-Kolonie", Anm. 1.
4 Tilgung Soč. 7, 377 (Werke 7, 405): „Učebnikov, zadačnikov" (auf Lehrbücher und Aufgabensammlungen).
5 Redaktion Soč. 7, 377 (Werke 7, 405): „sejalkam" (Sämaschinen).
6 Tilgung Soč. 7, 378 (Werke 7, 406): „obrazovatel'nych rabot" (für die Bildungsarbeit).
7 Konspekt, im Russischen Bezeichnung für eine schriftlich ausgearbeitete Übersicht über ein Unterrichtsthema (vgl. die in diesem Beitrag angeführten Beispiele).
8 Tilgung Soč. 7, 378 (Werke 7, 406): „temnych razrabotok" (der Arbeiten zu den Themen).
9 Ivan Fedorov, Bahnbrecher der Buchdruckkunst in Rußland und der Ukraine, brachte gemeinsam mit P. T. Mstislav das erste gedruckte russische Buch, den „Apostol" (Apostelgeschichte), heraus (Moskau 1564).
10 Die weiteren Ausführungen in Abschn. II sind in Soč. 7, 379 (Werke 7, 407) insgesamt getilgt.
11 Die in den Konspekten angeführte Literatur wird weiter unten aufgeschlüsselt.
12 Bratkevič, als „Anton Bratčenko" eine der Hauptgestalten des „Pädagogischen Poems".
13 Tilgung Soč. 7, 379 (Werke 7, 407): „truda" (Arbeits-).
14 Tilgung Soč. 7, 379 (Werke 7, 407): „dokladnaja" (für die Referate).
15 Schriftführer, russ. deloproizvoditel', hier mit der Verwaltung der Kanzlei (Buchführung, Korrespondenz) betrauter Angestellter in Kolonien mit umfangreicher Landwirtschaft. Über einen solchen Funktionsträger in der Gor'kij-Kolonie ist bisher nichts bekannt.
16 Die folgenden drei Absätze sind in Soč. 7, 379 (Werke 7, 407) insgesamt getilgt.
17 Redaktion Soč. 7, 380 (Werke 7, 407): „[Eto]" ([Das]).
18 Tilgung Soč. 7, 380 (Werke 7, 407): „tol'ko" (nur).
19 Andrej Petrovič Kiselev (1852–1940), russischer Pädagoge, vor allem als Didaktiker der elementaren Mathematik bekanntgeworden; Autor zahlreicher Lehrbücher (Gesamtauflage: mehrere 100 Millionen Exemplare), darunter „Algebra" (1888).
20 Hier endet die Textwiedergabe in Soč. 7, 380 (Werke 7, 408).
21 Außer den in diesem Beitrag genannten Komplexen wurden (lt. Makarenkos Rechenschaftsberichten über die Lage der Gor'kij-Kolonie in den Monaten Januar und Februar 1923) folgende Themen durchgearbeitet: Die Einkünfte und die Ausgaben der Kolonie; Die Ernte der Kolonie im Jahr 1922; Die Nahrung der Tiere; Norden und Süden (CDAŽR, f. 166, od. zb. 999).
22 Hier wie auch im folgenden ist die Gliederung der Konspekte nicht ganz konsequent durchgeführt.
23 Die Angabe bezieht sich auf die damalige Inflationswährung.
24 Es handelt sich um folgende Fabeln: „Vovk i Lysycja" (Der Wolf und der Fuchs), „Lysycja-žalibnycja" (Der Fuchs als Krankenpfleger), „Lysycja j Vynohrad" (Der Fuchs

und die Weintraube), „Lysycja j Osel" (Der Fuchs und der Esel), „Mužyk ta Lysycja" (Der Bauer und der Fuchs).

Verzeichnis der in den Konspekten angeführten Literatur:

Alčevskaja, Christiana Danilovna: Kniga vzroslych. Tretij god obučenija. Sostavlena učitel'nicami voskresnych škol pri bližajšem učastii Ch. D. Alčevskoj. S. 134 risunkami. Izd. 10-e. Moskva 1917, 689, XIV S. [S. 341–427: Otdel chimii i technologii; S. 379–382: Proizvodstvo stekla]

Bogdanov, P. M.: Besedy o žizni rastenij. S.-Peterburg 1899; izd. 3-e, Petrograd 1914. (Benutzte Ausgabe nicht zu ermitteln.)

Cinger, Aleksandr Vasilevič: Načal'naja fizika. Pervaja stupen'. 6-e izd. Moskva 1917 bzw. 7-e izd. 1918, 282 S. [Glava V: Teplota, S. 214–280]

Hlibov, Leonid Ivanovyč: Bajky. Kyjiv 1918, 132 S. [2-e izd. 1872]

Kajgorodov, Dmitrij Nikiforovič: Derevo i ego žizn'. Čitano v Narodnoj auditorii pedagogičeskogo muzeja (v Soljanom gorodke, v S.-Peterburge). Sostavil D. N. Kajgorodov. 2-e izd. Moskva 1910 bzw. 3-e izd. 1913, 40 S.

Kostyčev, Pavel Andreevič: Zemledelie. Beseda 5: Ob udobrenii zemli navozom. Izd. 5-e. Moskva 1915, 47 S. (Derevenskoe chozjajstvo i krest'janskaja žizn'. Pod red. I Gorbunova-Posadova, kn. 25)

Matisen, A. G.: Besedy po polevodstvu s krest'janami černozemnogo juga Rossii. 3-e izd. Poltava 1913, 110 S. (Biblioteka „Chutorjanina")

Novaja narodnaja škola. Vtoraja kniga dlja klassnogo čtenija v načal'nych učiliščach i doma. Sostavlena kružkom učitelej pod red. F. Borisova i N. Vavrova. Moskva, 1-e izd. 1908, 8-e izd. 1912 (Benutzte Ausgabe nicht zu ermitteln.)

Pimenova, Emilija Kirillovna: Mir životnych v očerkach i kartinach. Sost. po Bremu, Vagneru, Fogtu i dr. E. Pimenovoj. Čast' 1-ja. S 96 risunkami v tekste. Izd. 2-e. Peterburg (1902), 203 S. [S. 110–161: Gryzuny; S. 155–159: Zajcy]

Pokrovskij, Aleksej Ivanovič: Kniga dlja čtenija v načal'nych narodnych učiliščach. S obrazcami samostojatel'nych pis'mennych upraždenij. S.-Peterburg [vor 1908]. (Benutzte Ausgabe nicht zu ermitteln.)

Poletaeva, Ol'ga Vasil'evna: Tri goda prepodavanija estestvoznanija i geografii. So mnogimi risunkami, izobražajuščimi praktičeskie zanjatija detej. [1-e izd.] Moskva 1911, 215 S. [S. 105f: Kak uznat' zimoj derev'ja] (Biblioteka novogo vospitanija i obrazovanija. Pod. red. I. Gorbunova-Posadova, vyp. 70)

Prišvin, Michail Michajlovič: Kak udobrjat' polja i luga. (Obščedostupnoe rukovodstvo po udobreniju). Sost. M. Prišvin. S.-Peterburg [1905], 110, II S. (Sel'sko-chozjajstvennaja biblioteka, „Bezpl. pril. k žurn. ‚Sel'sk. chozjain'")

Trudy Poltavskoj S.-Ch. Opytnoj Stancii. Vyp. Nr. 35: Kak povysit' proizvoditel'nost' polevogo chozjajstva Poltavščiny. Sostavili: V. Sazanov, E. Znamenskaja, A. Kožin, M. Gladkij, P. Leščenko. Poltava 1922, 213 S. [Glava 3: Ob udobrenii počv (S. 27–40); S. 32f.: Lesnye suglinki; S. 33f.: Peščanye počvy; S. 34–39: Vidy udobrenij]

Vachterov, Vasilij Porfir'evič: Mir v rasskazoch dlja detej. Vtoraja posle bukvarja kniga dlja klassnogo čtenija v školach I-j stepeni. Izd. 63-e, Moskva 1922. (Benutzte Ausgabe nicht zu ermitteln.)

Vagner, German: Rasskazy o tom, kak ustroeny i kak živut rastenija – nicht zu ermitteln.

Zahirnja, Marija Mykolajovna: Zahadky viršovani. Poskladala M. Zahirnja. Kyjiv 1917, 15 S.

Zajkov, Aleksandr Matveevič; Smirnov, Petr Afanas'evič: Navoznoe udobrenie. Kak i kogda vnosit' udobrenie. Moskva 1918, 13 S. (Narodnaja biblioteka. Ser. 2. Sel'skoe chozjajstvo Nr. 7)

WILLKOMMEN, PIONIERE! (1928)

Es handelt sich um eine Grußadresse Makarenkos als Leiter der Gor'kij-Kolonie an die Char'kover Pioniere (Originaltitel: Privet pioneram!).

Unter Hinweis auf die Verschärfung der außenpolitischen Lage der UdSSR wurde seit 1927 in zunehmendem Maße die vormilitärische Ausbildung in die Erziehungs- und Bildungsarbeit einbezogen. Die in den Pionierorganisationen üblichen, von der Pfadfinderbewegung beeinflußten Spiele wandelten sich mehr und mehr zu Wehrertüchtigungsübungen: den Kindern wurde beigebracht, „die Eroberungen der Revolution mit der Waffe in der Hand zu verteidigen". N. K. Krupskaja hatte das bereits 1925 gefordert (Pionerdviženie, in: Pedagogičeskie sočinenija, t. 5, 1959, S. 146–150, hier S. 149, These 2i).

In diesem Zusammenhang ist auch der „Feldzug" zu sehen, den Char'kover Pioniere am 30. Juni 1928 gegen die von weißgardistischen Feinden eroberte und besetzte Gor'kij-Kolonie unternahmen, um die Gor'kijer zu „befreien", wie es im „Manöverplan" hieß.

Die von Makarenko spielerisch verwendeten militärischen Elemente gewannen nun einen neuen Stellenwert. Disziplin, für ihn immer eher Ziel als Mittel der Erziehung, bewußte „sowjetische" Disziplin, wie sie Lenin gefordert hatte im Gegensatz zum blinden Gehorsam der vorrevolutionären Kadettenanstalten, wurde nun auch für die Pädagogik zu einer äußerst wichtigen Kategorie.

Der Char'kover „Marsch der Pioniere" hatte einen besonderen politischen Hintergrund. Er erfolgte zwei Wochen vor Makarenkos – wegen Differenzen mit dem Volksbildungskommissariat und dem Zentralbüro der Kommunistischen Kinderbewegung der Ukraine – erzwungenen Weggang aus der Gor'kij-Kolonie und ist auch in diesem Zusammenhang zu sehen; die Funktionäre des Pionierverbandes bekamen dabei Gelegenheit, die Kolonie zu inspizieren.

Makarenkos Grußadresse – geschrieben am 1. Juli 1928 für eine Wandzeitung der Gor'kij-Kolonisten – wurde in zwei Organen der ukrainischen Kinderbewegung veröffentlicht: der Pionierzeitschrift „Oktjabr'skie Vschody", 1928, Nr. 13 (105), 1. Juli-Ausgabe, und (in ukrainischer Sprache unter der Überschrift „Charkivs'kym pioneram") in der Pionierzeitung „Na zminu", 1928, Nr. 27 (167) vom 7. Juli. Die russischsprachige Fassung wurde in die 2. Auflage der Akademie-Ausgabe (mit der irrtümlichen Datierung: 30. 7. 1928) aufgenommen: Soč. 7, 454f.; dt.: Werke 7, 483 („Gruß den Pionieren!").

AN DER GIGANTISCHEN FRONT (1930)

Die hier abgedruckte Schrift ist in Zusammenhang mit der Errichtung neuer Staatsgüter (ukr. Radjans'ke hospodarstvo, Abk. Radhosp, russ. Sovetskoe chozjajstvo, Abk. Sovchoz) zu sehen, die aufgrund des Parteibeschlusses der VKP (B) vom 11. Juli 1928 errichtet wurden. Sie dienten neben der Überwindung der Engpässe in der Getreideversorgung vor allem der Erprobung neuer Agrartechniken und Landmaschinen, die zum großen Teil aus den USA eingeführt wurden. In diesem Beitrag wird die Pionierarbeit des damals nach dem bekannten „Giganten" größten Versuchs- und Mustersovchoz Nr. 2 (auf dem Titelblatt irrtümlich: Nr. 3) im nördlichen Kaukasus beschrieben.

Der Darstellung liegen die Erfahrungen des als Mitautor genannten N. Fere, des früheren Agronomen der Gor'kij-Kolonie, zugrunde, der diesen Sovchoz 1929 im Rahmen einer landwirtschaftlichen Exkursion besucht hatte. Über den Entstehungsprozeß der Schrift berichtete Fere: „Meine persönlichen Aufzeichnungen und die von mir zusammengetragenen Materialien wurden von Anton Semenovič meisterhaft literarisch bearbeitet, durch poetische Beschreibungen der Steppenlandschaft belebt und durch sehr wertvolle Vergleiche und tiefschürfende Bemerkungen über ökonomische und politische Fragen bereichert. Ich brauchte nur noch einige, technische Fragen betreffende, Korrekturen vorzunehmen – und die Skizze war druckfertig." (N. E. Fere, K istorii sozdanija očerka „Na gigantskom fronte". In: A. S. Makarenko. Kn. 8, L'vov 1971, S. 112–114, hier S. 113).

Nachweislich benutzte Makarenko bei der Arbeit die im Text angeführte, damals gerade erschienene Broschüre über den Landmaschinenbau und die Mechanisierung der Landwirtschaft in den USA von A. M. Roze und A. N. Sutulov (Sel'skochozjajstvennoe mašinostroenie i mechanizacija sel'skogo chozjajstva Ameriki. Moskva, Leningrad: Sel'chozgiz 1930, 158 S.). Vor allem Passagen über die amerikanische Landwirtschaft und die Arbeitsweise der neuen Maschinen wurden daraus – teilweise wörtlich – entlehnt.

Nach N. Fere schrieb Makarenko die Skizze im Frühjahr 1930 innerhalb einer Woche nieder; sie wurde – auf Makarenkos Wunsch anonym – dem Staatsverlag der Ukraine zur Veröffentlichung eingereicht und erschien bereits im Sommer 1930 (Druckgenehmigung: 17. 5. 1930) in einer Auflage von 10 000 Exemplaren in ukrainischer Sprache unter dem Titel „Na veletens'komu fronti".

Auf Makarenko als Autor dieser bisher in keine Makarenko-Sammlung aufgenommenen Schrift hat erstmals N. Fere in seinen 1953 erschienenen Erinnerungen hingewiesen (Novyj mir, 1953, Nr. 5, S. 184).

Eine leicht gekürzte Übersetzung des Textes ins Russische von N. Fere wurde in der L'vover Universitätsreihe „A. S. Makarenko" (bisher zwei Folgen: Kn. 8, 1971, S. 114–124; Kn. 9, 1974, S. 116–123) veröffentlicht. Diese Fassung wurde für die vorliegende Übersetzung herangezogen, auch in bezug auf die Personen- und Ortsnamen, die sämtlich in der russischen Version wiedergegeben werden.

---

[1] Getreidetrust, ukr. Sojuzchlib, russ. Zernotrest, 1928 gebildeter Dachverband der auf Getreidebau spezialisierten Sovchoz-Betriebe.

[2] Gigant, von der sowjetischen Presse dem Vesuchs- und Mustersovchoz Nr. 1 des Getreidetrustes im nördlichen Kaukasus (Bezirk Sal'sk) wegen seiner Größe – 1928: 150 000 ha Anbaufläche – zugelegter Name.

[3] Anspielung auf den damaligen britischen Außenminister J. A. Chamberlain (1863–1937), der in der Sowjetunion als Exponent einer betont antisowjetischen Politik galt.

[4] Gemeint sind die damals größten Getreidefarmen in den USA (Montana): The Campbell Farming Corporation (Hardin) und The Schnitzler Farm (Homestead).

[5] Polowzer, russ. Polovcy, russischer Name für das im 11.–13. Jahrhundert in den

Schwarzmeersteppen zwischen Donau und Wolga nomadisierende Turkvolk der Komanen.
[6] Petschenegen, russ. Pečenegi, nomadisierendes Turkvolk, das im 9.–11. Jahrhundert in die Schwarzmeersteppen eindrang und dann von den Polowzern (Komanen) nach Westen abgedrängt wurde.
[7] Freiwilligenarmee, russ. Dobrovol'naja armija (Abk. Dobrarmija), eigentlicher Name der „weißgardistischen Armee".
[8] Semen Michajlovič Budennyj (1883–1973), sowjetischer Marschall, erwarb in den Revolutions- und Bürgerkriegskämpfen als Reiterführer legendären Ruhm.
[9] In diesem Exkurs über „Versuchs- und Mustereinrichtungen" (Ukr. Dosvidno-pokazovi ustanovy, russ. Opytno-pokazatel'nye učreždenija) spielt Makarenko offenbar auf Erfahrungen im Bereich der pädagogischen Praxis an, wobei allerdings die Gor'kij-Kolonie, die diese Bezeichnung zeitweilig (Ende 1922–Sommer 1926) trug, wegen ihrer schlechten personellen und materiellen Ausstattung für derartige Einrichtungen nicht typisch war.
[10] „Burschuis", in dieser Zeit abschätzige Bezeichnung für Personen aus dem wohlhabenden Bürgertum („Bourgeois").
[11] Mit „Maschinisierung", ukr. mašynizacija, russ. mašinizacija, wird hier die Einführung landwirtschaftlicher Maschinen als erste Stufe der Mechanisierung bezeichnet (zweite Stufe: Motorisierung).
[12] Diese Tabelle ist von Roze/Sutulov (S. 76) übernommen worden.
[13] Hier werden Fabrikate folgender amerikanischer Firmen genannt: „Cletrac" – Cleveland Tractor Co. (Cleveland/Ohio), „International" – International Co. (Chicago und Milwaukee), „Oil Pool" – Edward Rumeli Co. (La Porte/Indiana).
[14] In der russ. Übersetzung von Fere (S. 122): 700 ha.
[15] Inspiriert, ukr. nadchnenyj, russ. vdochnovennyj; ein Wort aus der christlichen Terminologie („vom hl. Geist erfüllt").
[16] „Caterpillar", Fabrikat der amerikanischen Firma Holt (Peoria/Illinois).
[17] Anspielung auf die zu dieser Zeit (1. Fünfjahrplan) intensiv propagierte Masseninitiative zur Erhöhung der Produktivität: Die einzelnen Arbeitskollektive wetteiferten miteinander um die beste Normerfüllung.
[18] „Fordson", Rädertraktor, Fabrikat der Ford Motor Co. (Detroit); seit 1923 in der Sowjetunion nachgebaut (Kirov-Werke, Leningrad).
[19] Klubarbeit s. Kommentar zu „Erfahrungen mit der Bildungsarbeit in der Poltavaer M.-Gor'kij-Arbeitskolonie", Anm. 2.
[20] Milburn Lincoln Wilson (geb. 1885), amerikanischer Agrarökonom, zu der Zeit Professor und Leiter des Department of agricultural economics, University of Montana; wissenschaftlicher Konsultant der Getreidefarmen Campbell und Schnitzler (s. Anm. 4)
[21] Bewußte Disziplin, ukr. svidoma dyscyplina, russ. soznatel'naja disciplina, auf Lenin zurückgehender Begriff; vgl. dessen Rede auf dem III. Komsomolkongreß (4. 10. 1920).
[22] Wiedergabe einer bei Roze/Sutulov (S. 152) angeführten Äußerung M. L. Wilsons.
[23] Arbeiterkomitee, ukr. Robitnyčyj komitet (Abk. Robitkom), russ. Rabočij komitet (Abk. Rabočkom), – lokale Gewerkschaftsorganisation.
[24] Arbeiter- und Bauerninspektion, ukr. Robitnyčo-sel's'ka inspekcija (Abk. RSI), russ. Rabočе-krest'janskaja inspekcija (Abk. RKI), nach der Oktoberrevolution eingerichtetes sowjetisches Inspektions- und Kontrollorgan (zeitweilig Volkskommissariat).
[25] Ungenaue Wiedergabe einer Tabelle aus Roze/Sutulov (S. 8).

DIE KINDERVERWAHRLOSUNG UND IHRE BEKÄMPFUNG (1931)

Es handelt sich um die einzige Schrift Makarenkos, in der er sich ausführlicher mit dem Problem der Kinder- und Jugendverwahrlosung in der Sowjetunion auseinandersetzt. Die „Besprizornye", wie man damals die minderjährigen Verwahrlosten nannte, gehörten bis zum Beginn der 30er Jahre zum Bild des sowjetischen Alltags. Sie stellten eine der stärksten sozialen Belastungen in der Aufbauphase der UdSSR dar.

Die hohe Zahl der obhut- und obdachlosen Kinder im zaristischen Rußland war infolge der Kriegs- und Revolutionswirren weiter stark angestiegen. Sie wurde in Zusammenhang mit den Mißernten der Jahre 1920/1921 schon von der Masse her zu einem ungeheuren Problem. Nach amtlichen Schätzungen waren in dieser Zeit 7 bis 9 Millionen Kinder von einer öffentlichen Unterstützung in Form von Verpflegung und Unterkunft abhängig. (N. K. Krupskaja, Vospitanie v leninskom duche. Moskva: Molodaja gvardija 1925, S. 260; A. Lunačarskij, Novaja faza bor'by s besprizornost'ju. In: Izvestija, Nr. 49 (3283) vom 26. 2. 1928, S. 5) Hungernd und frierend zogen sie, um die elementarsten Bedürfnisse zu befriedigen, durchs Land. Die Kriminalität unter diesen körperlich wie psychisch verwahrlosten „Kindern der Straße" nahm zeitweilig beängstigende Ausmaße an.

Trotz „Mobilisierung" aller verfügbaren Mittel und der nicht unerheblichen Hilfe durch ausländische Organisationen konnte dieses „elementare Übel" in dem wirtschaftlich geschwächten Land nur allmählich überwunden werden. Zu Beginn der 30er Jahre wurde durch die radikale Kollektivierung der Landwirtschaft für kurze Zeit das Problem erneut akut.

Die Geschichte des sowjetischen Kinderheims ist vor diesem Hintergrund zu sehen. In materieller wie in personeller Hinsicht nicht entsprechend ausgerüstet, konnte es sich nur in einzelnen Fällen zu der idealen Kinderkommune entwickeln, wie sie die sozialistischen Befürworter eines generellen Ersatzes der Familienerziehung durch das Kinderheim nach der Revolution propagierten. Zu den berühmt gewordenen Ausnahmen zählen neben den seit 1924 entstandenen Kommunen der GPU, deren bedeutendste Bolševo bei Moskau war, die durch Makarenkos Wirken bekannt gewordenen Einrichtungen.

Makarenko hat den besonders in der ukrainischen Sozialerziehung verwurzelten Gedanken einer öffentlichen Erziehung aller Kinder in entsprechenden Kinderkommunen nie ganz aufgegeben. Das wird auch in dieser Schrift deutlich, die in einer Zeit erschien, als sich bereits eine Politik anbahnte, die die Familie in ihre „natürlichen" Rechte und Pflichten weitgehend wieder einsetzte.

Der bisher in die Makarenko-Diskussion nicht einbezogene Text erschien Ende April/Anfang Mai 1931 in einer Auflage von 25 000 Exemplaren unter dem Namen von Makarenkos Frau, G. S. Sal'ko, im Medizinischen Staatsverlag der Ukrainischen SSR (Originaltitel: Bezprytul'nist' ta borot'ba z neju). Inhaltliche, stilistische und sprachliche Eigentümlichkeiten lassen darauf schließen, daß Makarenko der eigentliche Autor dieser Schrift ist. (Vgl. dazu G. Hillig, I. Wiehl: „Die Kinderverwahrlosung und ihre Bekämpfung" – eine Makarenko bisher nicht zugeschriebene Schrift aus dem Jahr 1931. In: Pädagogik und Schule in Ost und West, 1975, Nr. 2, S. 29f.)

Kommentar

1. Hier wird der auch in der „Bol'šaja sovetskaja enciklopedija" (Bd. 5, 1927, Sp. 789) genannte Prozentsatz angeführt.
2. 1931 beziffert die Soviet Union Review (1931, S. 165) die Zahl der Verwahrlosten auf 4500.
3. Nach Angaben der Kommissionen für Minderjährige (Komones) wurden 1923 in der Sowjetunion 36 843 Fälle von Rechtsverletzungen Minderjähriger mit 48 857 Beteiligten aktenkundig; 1924 waren es, auch aufgrund einer faktischen Herabsetzung des Strafmündigkeitsalters, nur noch 11 163 Fälle mit 15 776 Beteiligten.
4. Iov (gest. 1716), seit 1697 Metropolit von Novgorod; Gründer mehrerer Schulen und Krankenhäuser; errichtete in einem ehemaligen Kloster das erste russische Waisenhaus.
5. Gegenaufklärung, ukr. Kontrrozvidka, russ. Kontrrazvedka; militärische Spezialeinheit zur Ausschaltung der gegnerischen Aufklärung.
6. Diese Episode, die sich auf den Pädagogik-Professor Jakovlev beziehen soll (Nar. obrazovanie, 1966, Nr. 3, S. 89), verwendet Makarenko auch im „Buch für Eltern".
7. Reformatorium, ukr. Reformatorijum, russ. Reformatorij, am englischen „Borstalsystem" orientierte, dem Jugendgefängnis ähnliche Einrichtung mit einer weitgehenden Differenzierung der Resozialisierungsmaßnahmen (Bewährungs-Aufstiegs-System).
8. Zwangsarbeitshaus, ukr. Budynok prymusovoji praci bzw. Budynok prymusovych robit (Abk. Bupr), russ., Trudovoj dom (Abk. Truddom), Einrichtung der zentralen Gefängnisverwaltung zur Resozialisierung minderjähriger Rechtsbrecher, die schwerere Straftaten begangen hatten oder wiederholt rückfällig wurden.
9. Solowezk (Soloveck), Sträflingslager auf der Solowezker Inselgruppe (Soloveckie ostrova) im Weißen Meer, wo vor allem politische Gefangene interniert wurden.
10. Die Berufsausbildung in den sowjetischen Verwahrlosungseinrichtungen ist zunächst noch gekennzeichnet durch das Festhalten an überkommenen handwerklichen Berufsbildern: für Mädchen meist nur Näherei/Schneiderei, für Jungen Korbflechterei, Tischlerei, Schlosserei, Schmiede.
11. Arbeiterfakultät, ukr. Robitnyčyj fakul'tet (Abk. Robfak), russ. Rabočij fakultet (Abk. Rabfak), nach 1917 entstandene Sekundarschulform, die vor allem Arbeiter- und Bauernkindern, die bereits über eine gewisse Berufserfahrung verfügten, den Weg in die Hochschule eröffnete.
12. Kinderhilfe, ukr. Pomdit, russ. Pomdet, Kurzbezeichnung für Komissija pomošči detjam pri VUCIK, *staatliche* Organisation zur Verwahrlostenhilfe in der Ukr. SSR, 1923 nach dem Beispiel der RSFSR auf zentraler Ebene eingerichtet (S. U. USSR 1923, Nr. 30, Par. 443). Kinderfreunde, ukr. Druzi ditej, russ. Druz'ja detej, Freiwilligenorganisation zur Unterstützung der Maßnahmen zur Bekämpfung der Kinderverwahrlosung; in der Ukr. SSR ab 1924 tätig.
13. Sozialistischer Wettbewerb, ukr. Socijalistyčne zmahannja, russ. Socialističeskoe sorevnovanie, Masseninitiative zur Erhöhung der Produktivität: Die einzelnen Arbeitskollektive wetteifern miteinander um die beste Normerfüllung.
14. Bezirkskinderhilfe, ukr. Okrpomdit, russ. Okrpomdet, s. Anm. 12.

DATEN ZU LEBEN UND WERK
A. MAKARENKOS*

1888, 1. (13.) März Geboren in Belopol'e (Ukraine)
1895–1904 Besuch der Elementarschule in Belopol'e und Kremenčug.

1904–1905 Ausbildung zum Elementarschullehrer in Kremenčug
1905–1911 Lehrer an der Eisenbahnschule in Krjukov
1911–1914 Lehrer und Erzieher an der Eisenbahnschule in Dolinskaja

1914–1917 Studium am Lehrerinstitut in Poltava
1917–1919 Schulleiter in Krjukov
1919–1920 Schulleiter in Poltava

1920–1928 Leiter der Gor'kij-Arbeitskolonie in Poltava, ab 1926 in Kurjaž bei Char'kov
1927–1935 Leiter, ab 1932 „Gehilfe" des Direktors der Dzeržinskij-Jugendarbeitskommune in Char'kov
1935–1936 Stellvertretender Leiter der Abteilung Arbeitskolonien des Innenkommissariats der Ukr.SSR in Kiev
1936–1937 Leiter der Arbeitskolonie Nr. 5 in Brovary bei Kiev

1937–1939 Schriftsteller in Moskau
1939, 1. April Gestorben in Golicyno bei Moskau

Siglen:

Bal. – E. Balabanovič, Anton Semenovič Makarenko. Čelovek i pisatel', Moskva 1963
CDAŽR – Central'nyj deržavnyj archiv Žovtnevoji revoljucii URSR (Kiev)
CGALI – Central'nyj gosudarstvennyj archiv literatury i isskustva (Moskva)
Kalabalin – S. Kalabalin, Brodjačee detstvo, Moskva 1968
MM II – Makarenko-Materialien II. Quellen – Studien – Bibliographische Beiträge, Marburg 1971
MM III – Makarenko-Materialien III. Quellen zur Biographie des jungen Makarenko (1888–1920), Marburg 1973
Mor. – N. A. Morozova, A. S. Makarenko. Seminarij. Izd. 2-e, Leningrad 1961
Niž. – M. P. Nižyns'kyj, Žyttja i pedahohična dijal'nist' A. S. Makarenka. Tvorčyj šljach. Vyd. 2-e, Kyjiv 1967
Soč. – A. S. Makarenko, Sočinenija v semi tomach. 2-e izd., Moskva 1957–1958
Vt. r. – Vtoroe roždenie. Trudovaja kommuna im. F. E. Dzeržinskogo, Char'kov 1932

---

*) Zusammengestellt von G. Hillig und S. Weitz

Daten zu Leben und Werk A. Makarenkos 1888–1912

1888 1. März*	Anton Semenovič Makarenko als drittes Kind in der Familie eines Eisenbahnhandwerkers in Belopol'e (Gouvernement Char'kov) geboren ⟨Mor., 77; MM III, 157f.⟩
1895 (1896?) Sommer	Eintritt in die zweiklassige Eisenbahnschule in Belopol'e ⟨Mor., 77; MM III, 279⟩
1900 Dezember	Übersiedlung der Familie nach Krjukov, einem Vorort der Stadt Kremenčug im Gouvernement Poltava (nach Versetzung des Vaters an das Krjukover Eisenbahndepot) ⟨MM III, 232, 280⟩
1901 Sommer	Eintritt in die vierklassige städtische Schule in Kremenčug ⟨MM III, 281⟩
1903	Erste bezeugte GOR'KIJ-Lektüre *(Lied vom Sturmvogel)* ⟨Mor., 78⟩
1903/04	Liest Schriften der Sozialrevolutionäre, die er von einem Mitschüler erhält ⟨MM III, 171f.⟩
1903/04	Schreibt humoristische Gedichte und trägt sie Schulkameraden vor ⟨MM III, 281⟩
1904 Sommer	Beendet die städtische Schule (in allen Fächern mit der Note „Sehr gut") und beginnt einen einjährigen pädagogischen Kurs zur Ausbildung von Elementarschullehrern ⟨Mor., 78; MM III, 281⟩
1905 Sommer	Absolviert den pädagogischen Kurs mit sehr gutem Erfolg und wird zum Elementarschullehrer ernannt. Übernimmt eine Stelle als Lehrer für Russisch, Zeichnen und Malen an der zweiklassigen Eisenbahnschule in Krjukov ⟨Mor., 78⟩
1906 Jahresanfang	Lernt ELIZAVETA FEDOROVNA GRIGOROVIČ (1880–1973), die Frau eines Krjukover Geistlichen, kennen; Beginn einer langjährigen, bald intimen Freundschaft ⟨MM III, 188f., 236⟩
1907/08	Schriftstellerische Versuche ⟨MM III, 283⟩
1908/09 Winter	In dem kleinbürgerlichen Milieu von Krjukov führt die enge Beziehung zu E. F. GRIGOROVIČ zu einem ernsthaften Konflikt mit dem Vater, der bis zu dessen Tod (1916) anhält ⟨MM III, 189f.⟩
1910/11	Beginnt ein Notizbuch zu führen, in dem er Bemerkenswertes für spätere literarische Arbeiten skizzenhaft festhält ⟨MM III, 224f.⟩
1911 24. September	Geht nach Konflikten mit seinem Schulleiter nach Dolinskaja (Gouvernement Cherson); wird Lehrer an der dortigen zweiklassigen Eisenbahnschule, daneben Erzieher im Internat dieser Schule ⟨Mor., 79; MM III, 284⟩
1912 Sommer	Verbringt die Schulferien in Kiev bei E. F. GRIGOROVIČ, die, nachdem sie ihren Mann verlassen hat, das dortige Pädagogische Fröbelsche Institut absolviert; Studium und Exzerpte historischer Dokumente ⟨Mor., 79; MM III, 284⟩

---

*) Bis Januar 1918 beziehen sich die Daten auf den Julianischen Kalender

1914 Sommer	Reist nach Moskau und Petersburg ⟨Bal., 51⟩
August	Besteht die Aufnahmeprüfung des neueröffneten Poltavaer Lehrerinstituts, das Elementarschullehrern (mit mindestens zweijähriger Praxis) in einem dreijährigen Studium die Lehrberechtigung für höhere Elementarschulen vermittelt ⟨Mor., 79; MM III, 286, Izvestija APN RSFSR, vyp. 38, Moskva 1952, S. 143f.⟩
4. Oktober (4. November?)	Wird von seinen Lehrverpflichtungen in Dolinskaja befreit und tritt ins Lehrerinstitut ein; Übersiedlung nach Poltava, wo auch E. F. GRIGOROVIČ (seit 1912 Elementarschullehrerin) wohnt ⟨MM III, 286⟩
26. November	Erhält ein staatliches Stipendium mit der Auflage, nach Absolvierung des Lehrerinstituts mindestens sechs Jahre an einer städtischen Schule zu unterrichten ⟨Niž., 22⟩
1914/15	Im Lehrerinstitut bildet eine Gruppe Studierender, darunter Makarenko, einen illegalen politischen Zirkel; man liest Werke N. K. MICHAJLOVSKIJs (1842–1904), des einflußreichen Narodniki-Theoretikers und Vertreters eines „ethischen Sozialismus", und G. V. PLECHANOVs (1856–1918), damals Exponent des Menschewiki-Flügels der russischen Sozialdemokratie, außerdem revolutionäre Aufrufe verschiedener politischer Gruppierungen[1] ⟨A. S. Makarenko. Kn. 3, L'vov 1956, S. 128⟩
1915	Schreibt die (vermutlich nicht erhalten gebliebene) Erzählung *Glupyj den' (Ein dummer Tag)* und schickt sie GOR'KIJ für die Petrograder Zeitschrift „Letopis'"; GOR'KIJ findet den Stoff – eine Episode aus Makarenkos Beziehung zu E. F. GRIGOROVIČ - interessant, die Darstellung aber mißlungen ⟨Soč., t. 7, S. 152f.; Bal., 67; MM III, 287⟩
1916 Mitte/Ende Dez. bis 19. März 1917	Leistet widerwillig Militärdienst in einer Kiever Infanterie-Einheit ⟨MM III, 209f., 288f.⟩
1917 Frühjahr	Plant, nach Absolvierung des Lehrerinstituts an der Moskauer Universität Geschichte zu studieren ⟨Izvestija APN RSFSR, vyp. 38, Moskva 1952, S. 150; Mor., 81⟩
15. Juni	Absolviert das Institut als Bester seines Kurses und wird für eine Arbeit über das Thema *Die Krise der modernen Pädagogik (Krizis sovremennoj pedagogiki)* mit der Goldenen Medaille ausgezeichnet ⟨Mor., 81, Soč., t. 7, S. 402⟩
Juli/August	Wird zum Leiter der Krjukover Eisenbahnschule ernannt und mit deren Umorganisierung als höhere Elementarschule beauftragt; Übersiedlung nach Krjukov ⟨MM III, 213, 289⟩
Mitte/Ende November	Gründung des V.G.Korolenko-Theaterzirkels in Krjukov durch Anton Makarenko und seinen Bruder VITALIJ (geb. 1895), einen demobilisierten Offizier der russischen Armee, der an der Eisenbahnschule Sport, Zeichnen und Mathematik unterrichtet ⟨MM III, 216, 227⟩
1918 Frühjahr/Sommer	VITALIJ MAKARENKO führt militärische Formen in den Turnunterricht der Eisenbahnschule ein. Die begeisterte Teilnahme der Schüler beeindruckt den Pädagogen A. Makarenko und führt vermutlich zur Übernahme derartiger Elemente in seine Erziehungs-

	praxis; Veranstaltung von Märschen in die Krjukover Umgebung mit Fahne und Orchester, Aufbau eines schuleigenen Blasorchesters ⟨MM III, 214⟩
1919 Sommer	Arbeitet in den Schulferien mit Schülern und Lehrern in einem gepachteten Garten; die Einteilung der Schüler in Abteilungen in dieser „1. Arbeitsbrigade der Krjukover höheren Eisenbahnelementarschule" zeigt Ansätze seiner späteren Kollektivorganisation ⟨MM III, 218, 293⟩
Mitte/Ende August	Verläßt Krjukov und zieht zu E. F. GRIGOROVIČ nach Poltava² ⟨MM III, 218, 293⟩
9. September	Wird Leiter der 2. Städtischen Elementarschule in Poltava ⟨Niž., 38⟩
Ende Dezember	Nach der Eroberung Poltavas durch die Rote Armee (10. 12.) wird Makarenko Mitglied des Gouvernementvorstandes der Gewerkschaft der Lehrer an russischsprachigen Schulen ⟨Niž., 38; MM III, 294⟩
1920 Juni	Verfaßt in seiner Funktion als Vorstandsmitglied der Lehrergewerkschaft zwei Eingaben an die Unterabteilung Sozialerziehung der Poltavaer Gouvernements-Volksbildungsabteilung betreffend deren Neuorganisation ⟨Niž., 38⟩
25. Juli	In Poltava findet ein von Makarenko organisiertes Fest zur Eröffnung eines „Kinderpalastes" statt, an dem über 10000 Kinder teilnehmen ⟨Bil'šovyk, 1920, Nr. 38, S. 2; Nač.skola, 1949, S. 13–21⟩
Ende Juli bis Mitte September	Ist an der Umgestaltung der Poltavaer Schulen in Arbeitsschulen beteiligt (entsprechend einer Verordnung der Gouvernements-Volksbildungsabteilung vom 14. 7. 1920); leitet die 10. Arbeitsschule ⟨Nač. škola, 1949, Nr. 3, S. 13–21; Visty-Izvestija, 1920, Nr. 41, S. 4⟩
20. September	Durch Vermittlung E. F. GRIGOROVIČs werden Makarenko von der Gouvernements-Volksbildungsabteilung Aufbau und Leitung der Arbeitskolonie für minderjährige Rechtsbrecher in Triby bei Poltava übertragen ⟨Poltavci pro A. S. Makarenka, Kyjiv 1968, S. 26; CDAŽR, f. 166, op. 2, od. zb. 1687, l. 94⟩
20. Oktober	E. F. GRIGOROVIČ wird Erzieherin in der von Makarenko geleiteten Arbeitskolonie ⟨CDAŽR, f. 166, op. 2, od. zb. 1687, l. 94–101⟩
Jahresende (Anfang 1921?)	Auf Betreiben Makarenkos wird der Kolonie das in der Nachbarschaft gelegene, zerstörte ehemalige Trepkesche Gut in Kovalevka zur Nutzung übertragen („Zweite Kolonie"). Beginn der Instandsetzungsarbeiten ⟨Poltavci pro A. S. Makarenka, Kyjiv 1968, S. 13; Mor., 83⟩
1921 12. März	Begeht mit den Kolonisten – wie auch in den folgenden Jahren – den Festtag der Februarrevolution. Neben dem Tag der Jugendbewegung (2. September), dem Festtag der Oktoberrevolution, dem Neujahrstag, dem Tag der Gründung der UdSSR (nach 1922), dem Ševčenko-Festtag, dem 1. Mai und dem „Trimester-Festtag" gehörte der Jahrestag der Februarrevolution zu den von allen Kinder-

Daten zu Leben und Werk A. Makarenkos 1921-1922

	einrichtungen im Gouvernement Poltava zu begehenden Festtagen ⟨Soč., t. 1, S. 35; Bjuleten' Gub. Vid. Nar. Osv. na Poltavščyni, 1923, Nr. 2, S. 17⟩
20. September	In einem dienstlichen Bericht bezeichnet Makarenko seine Kolonie, die von der Hauptverwaltung Sozialerziehung des Volksbildungskommissariats der Ukr.SSR unter der Bezeichnung „Hauptkinderheim für moralisch-defektive Kinder Nr. 7" (Osnovnoj detskij dom dlja moral'no-defektivnych detej No 7) geführt wird, erstmals als M.Gor'kij-Kolonie ⟨Mor., 83; CDAŻR, f. 166, op. 2, od. zb. 1687, l. 10⟩
1922 Winter/Frühjahr	Durch die Lebensumstände erzwungene und an die Erfahrungen der Jugendlichen „auf der Straße" anknüpfende Bildung von Arbeitsgruppen zur Erledigung bestimmter Aufgaben mit einem „Ataman" (Kommandeur) an der Spitze, die sich stabilisieren – Herausbildung von Grundelementen des Abteilungs- und Kommandeursystems ⟨Soč., t. 1, S. 701f.⟩
12. Juni	In einem Inspektionsbericht an das Mitglied des Kollegiums des ukrainischen Volksbildungskommissariats I. A. SOKOLJANSKIJ wird darauf hingewiesen, daß die Instandsetzungsarbeiten in Kovalevka, die von der Gor'kij-Kolonie bisher ohne fremde Hilfe durchgeführt wurden, bis zum Jahresende abgeschlossen werden müssen, da das Gut anderenfalls wieder „in den Besitz des früheren Eigentümers Trepke übergehen und die enormen Anstrengungen der Zöglinge und des Personals dem Gutsbesitzer zugute kommen" würden ⟨CDAŻR, f. 166, op.2, od. zb. 1687⟩
24. August	Makarenko bewirbt sich um ein Fortbildungsstudium am Moskauer „E. A. Litkens-Institut für Organisation der Volksbildung"; seiner Bewerbung fügt er eine Übersicht über seine Kenntnisse in den einzelnen Fachdisziplinen bei („Anstelle des Kolloquiums"): darin bezeichnet er Geschichte als sein Lieblingsfach und hebt seine Passion für die schöne Literatur hervor. Er habe „alles gelesen, was es in russischer Sprache über Psychologie gibt" und auf seinem „Fachgebiet – der Pädagogik – viel gelesen und viel nachgedacht". Bezüglich seiner politischen Grundeinstellung führt er – offenbar an MICHAJLOVSKIJ orientiert – aus: „... ich bin parteilos. Ich halte den Sozialismus für möglich in den allerschönsten Formen menschlichen Zusammenlebens, doch ich meine, daß, solange die Soziologie nicht durch ein festes Fundament einer wissenschaftlichen Psychologie, insbesondere einer Kollektivpsychologie, untermauert ist, die wissenschaftliche Ausarbeitung sozialistischer Formen unmöglich ist, doch ohne eine wissenschaftliche Fundierung ist ein vollkommener Sozialismus unmöglich." ⟨Istor. archiv, 1961, Nr. 2, S. 228f.⟩
21. September	In einem dienstlichen Bericht weist der Volksbildungsinspektor M. N. KOTEL'NIKOV darauf hin, daß in der Gor'kij-Kolonie eine militärische Ordnung eingeführt worden sei, die den Zöglingen sehr gefalle und sich wohltuend auf die Aufrechterhaltung der Disziplin auswirke. Makarenko wird in diesem Bericht als „sehr energischer, lebhafter Mensch, geschickter Pädagoge und Wirtschafter" bezeichnet ⟨CDAŻR, f. 166, op.2, od. zb. 1687, l. 10–13⟩

Daten zu Leben und Werk A. Makarenkos 1922–1924

14. Oktober bis 27. November	Studiert am Litkens-Institut in Moskau, hält u. a. ein Referat über „Hegel und Feuerbach". Wegen der angespannten Lage in der Gor'kij-Kolonie muß er vorzeitig nach Poltava zurückkehren ⟨Mor., 84⟩
Dezember	Umstellung der Bildungsarbeit der Gor'kij-Kolonie auf die Komplexmethode (Aufhebung der einzelnen Unterrichtsfächer zugunsten eines „Gesamtunterrichts") ⟨Novymy stežkamy, 1923, Nr. 2, S. 55; Nar. obr., 1960, Nr. 3, S. 99⟩
Jahresende	Dank der Bemühungen M. N. KOTEL'NIKOVs wird die Gor'kij-Kolonie zur Versuchs- und Mustereinrichtung erklärt und damit – im Gegensatz zur Mehrzahl derartiger Kindereinrichtungen, die mit Beginn der Neuen Ökonomischen Politik in die Zuständigkeit der lokalen Behörden übergingen und damit meist in eine sehr schwierige wirtschaftliche Lage gerieten – auch weiterhin direkt aus dem Budget des Volksbildungskommissariats der Ukr.SSR finanziert. In einem Brief dankt Makarenko (am 31. 1. 1923) KOTEL'NIKOV dafür, „daß Sie uns nicht auf die Rationen des lokalen Budgets gesetzt haben" ⟨Nar. obr., 1960, Nr. 3, S. 100⟩
1923 4. Februar	Anläßlich einer Kampagne zur Verwahrlostenhilfe erscheint in der Poltavaer Lokalzeitung „Golos truda" der Artikel *Kolonija im. M. Gor'kogo (Die M. Gor'kij-Kolonie);* früheste bisher bekannt gewordene Veröffentlichung Makarenkos ⟨Golos truda, 1923, Nr. 26, S. 4⟩
März	Die Krjukover Eisenbahnwerkstätten, die Eisenbahnschule und das örtliche Gewerkschaftskomitee bemühen sich erfolglos um Makarenkos Rückkehr als Schulleiter nach Krjukov ⟨Soč., t. 7, S. 450–453; Neva, 1955, Nr. 8, S. 171 f.⟩
20. April	Die Zeitschrift „Novymy stežkamy", ein Organ der Poltavaer Gouvernements-Volksbildungsabteilung, veröffentlicht (anonym) Makarenkos Beitrag *Opyt obrazovatel'noj raboty v Poltavskoj trudovoj kolonii im. M. Gor'kogo (Erfahrungen mit der Bildungsarbeit in der Poltavaer M. Gor'kij-Arbeitskolonie)* ⟨Novymy stežkamy, 1923, Nr. 2, S. 51–59, 100⟩
Sommer	Nach Übergabe der Leitung des Wirtschaftsbereichs der Gor'kij-Kolonie an die Zöglinge entwickelt sich der Rat der Kommandeure zum „obersten Wirtschaftsorgan" der Kolonie ⟨CGALI, f. 332, op.1, ed. chr. 52, l. 39–45⟩
August	In Zusammenhang mit dem bevorstehenden dreijährigen Jubiläum der Gor'kij-Kolonie bemüht sich Makarenko um Mittel zur Anschaffung von Instrumenten für ein Blasorchester, von dem er sich „eine bedeutende Anhebung des allgemeinen Tons im Leben" der Kolonie erhofft ⟨Mor., 87⟩
1. Oktober	Makarenko stellt vier neue Erzieher ein, darunter den später von ihm wegen seiner pädagogischen Fähigkeiten besonders geschätzten V. A. VESIČ, einen ehemaligen Offizier, der ihn künftig als Kolonieleiter vertritt. ⟨CGALI, f. 332, op.1, ed. chr. 52, l. 5–6; Učit. gaz., 1968, Nr. 36, S. 2 f.⟩
1924 April	Durch die Einstellung eines qualifizierten Agronomen (N. E. FERE) wird die Landwirtschaft der Kolonie entscheidend gefördert ⟨Mor., 88⟩

Daten zu Leben und Werk A. Makarenkos 1924

10. Juni (10. August?)	Schreibt an M. GOR'KIJ, der im April 1924 aus Deutschland nach Italien (Sorrent) übergesiedelt war. Erhält keine Antwort[3] ⟨P. H. Lysenko/I. S. Ubyjvovk, Anton Semenovyč Makarenko, Kyjiv 1969, Bl. 23; Letopis' žizni i tvorčestva A. M. Gor'kogo, vyp. 3, Moskva 1959, S. 372⟩
11. Juni	Das Inspektorenkollegium des Volksbildungskommissariats der Ukr.SSR befaßt sich mit einem Antrag Makarenkos, an die Gor'kij-Kolonisten ein – entsprechend der Leistung bei der Arbeit gestaffeltes – Taschengeld zu zahlen. Dieses für entsprechende Kindereinrichtungen unübliche Verfahren wird von der Wissenschaftlichen pädagogischen Kommission des Kommissariats abgelehnt ⟨Niž., 87⟩
20. Juni	Nach langjährigen Bemühungen gelingt es Makarenko, vom Poltavaer Gouvernements-Exekutivkomitee eine auf dem Territorium der Gor'kij-Kolonie in Kovalevka befindliche Dampfmühle zu pachten. Durch diese Pacht („unter Bedingungen, die selbst privates Kapital nicht ertragen würde") soll die Basis für eine Produktionsausbildung geschaffen und zugleich die „Etablierung einer Kooperative bzw. eines privaten Unternehmens inmitten unserer Gesellschaft verhindert werden, was zu einer Katastrophe führen könnte" ⟨Poltavci pro A. S. Makarenka, Kyjiv 1968, S. 15, 18⟩
12. Juli	In der ukrainischen Regierungszeitung „Visty" (Char'kov) erscheint ein Bericht des Volksbildungsinspektors M. BYKOVEC' über das *Fest der ersten Garbe (Svjato peršoho snopa)* in der Gor'kij-Kolonie; früheste, bisher bekannt gewordene Veröffentlichung über die Kolonie in einer überregionalen Zeitung ⟨Visty VCVK, 1924, Nr. 156, S. 2⟩
20. Juli	In einer Stellungnahme zu einem Projekt des Volksbildungskommissariats der Ukr.SSR für ein „Statut einer landwirtschaftlichen Kinderarbeitskolonie" kritisiert Makarenko die Reglementierung der Kindereinrichtungen durch derartige zentral erlassene Statuten, die eine eigenständige Entwicklung verhinderten und ihre lebendigen, organisierenden Kräfte durch endlose Schreibereien, Rechenschaftsberichte etc. erstickten ⟨Niž., 88–90⟩
Oktober	In Char'kov erscheint das Buch *Rabota s besprizornymi. Praktika novoj raboty v SSSR (Die Arbeit mit Verwahrlosten. Die Praxis der neuen Arbeit in der UdSSR)* von MARO (M. I. LEVITINA), das u. a. eine detaillierte Darstellung des Lebens in der Gor'kij-Kolonie enthält (Geschichte der Kolonie, Landwirtschaft, pädagogische Arbeit, Zöglingsselbstverwaltung etc.) ⟨Maro, Rabota s besprizornymi, Char'kov 1924, S. 61–77⟩
10.–15. Oktober	Nimmt als einziger Leiter eines Kinderheims an der ersten Gesamtukrainischen Beratung der Kommissionen für Angelegenheiten minderjähriger Rechtsbrecher in Char'kov teil und hält ein Korreferat zu den Ausführungen I. A. SOKOLJANSKIJs über Mittel und Grundsätze der Erziehungsarbeit mit minderjährigen Rechtsbrechern, das bei den Zuhörern außergewöhnliche Beachtung findet ⟨Put' prosveščenija, 1924, Nr. 10, S. 254f.; Tri s-ezda, Char'kov 1925, S. 33, 42⟩
November	Nach Abschluß der Instandsetzungsarbeiten in der „Zweiten Kolo-

	nie" (Kovalevka) wird die Stammkolonie (Triby) aufgegeben ⟨Poltavci pro A. S. Makarenka, Kyjiv 1968, S. 17⟩
1925 Ab Mitte Januar	Verbringt einen vierwöchigen Urlaub in Moskau ⟨Niž., 91⟩
Juni	Entsendung eines Politleiters in die Gor'kij-Kolonie (L. T. KOVAL'), Aufbau einer Komsomolzelle (Juli 1925)[4] ⟨Niž., 80f.⟩
Juli	Auf Makarenkos Brief vom 8. 7. antwortet GOR'KIJ am 19. 7. Beginn eines intensiven Briefwechsels zwischen Makarenko bzw. den Kolonisten und dem in Sorrent lebenden Paten der Kolonie ⟨Soč., t. 7, S. 314–318; Bil'šovyk Poltavščyny, 1925, Nr. 182, S. 4⟩
24. August	Das Poltavaer Bezirksexekutivkomitee würdigt die Arbeit der Gor'kij-Kolonie und zeichnet Makarenko mit einer zweimonatigen wissenschaftlichen „Kommandierung" nach Moskau und Leningrad sowie einer Geldprämie aus ⟨Bil'šovyk Poltavščyny, 1925, Nr. 193, S. 4; Soč., t. 7, S. 323⟩
30. August	Die Kolonie feiert ihr fünfjähriges Bestehen. Das Volksbildungskommissariat der Ukr.SSR verleiht Makarenko den Ehrentitel „Roter Held der Arbeit" ⟨Soč., t. 7, S. 323; Mor., 89⟩
23. September	In einer Sitzung der Abteilung Sozialerziehung des Volksbildungskommissariats trägt Makarenko ein Projekt zur Organisierung einer zentralen ukrainischen Kolonie für minderjährige Rechtsbrecher vor, in der „die Erziehung wie eine Massenproduktion zu gestalten ist". Das Projekt wird positiv aufgenommen und zur „pädagogischen Berichtigung" an die Wissenschaftliche pädagogische Kommission weitergeleitet ⟨CGALI, f. 332, op.4, ed. chr. 365; Soč., t. 7, S. 327⟩
November	Das Volksbildungskommissariat beschließt die Umwandlung der Gor'kij-Kolonie in eine zentrale Kolonie der Ukraine; Pläne für eine Verlegung der Kolonie ⟨Soč., t. 7, S. 327⟩
1926 15.–16. Januar	Makarenko nimmt an einer Konferenz für Mitarbeiter der Erziehungseinrichtungen „geschlossenen Typs" in Poltava teil und hält ein besonders lebhaft diskutiertes Referat über das Selbstverwaltungssystem der Gor'kij-Kolonie; schlägt dabei u. a. die Ausarbeitung eines speziellen Strafenkodexes für Kinder durch eine Expertenkommission vor ⟨Šljach osvity, 1926, Nr. 2, S. 138–141⟩
30. Mai	Umzug der Gor'kij-Kolonie nach Kurjaž bei Char'kov, Übernahme der dort ansässigen 7. November-Kolonie der ukrainischen Kinderhilfe („Eroberung von Kurjaž") ⟨Archiv A. M. Gor'kogo, DPG 20-31-1,31612; Soč. t. 7, S. 333⟩
16. Juni	Die Char'kover Zeitungen sowie das zentrale Regierungsorgan „Izvestija" veröffentlichen einen Brief GOR'KIJs an den Vorsitzenden des Char'kover Bezirksexekutivkomitees GAVRILIN, in dem „um sehr ernsthafte Beachtung und tatkräftige Unterstützung" der nach Kurjaž verlegten Gor'kij-Kolonie ersucht und Makarenko als „ein Mensch mit offensichtlich großer Energie und Liebe zur Sache" bezeichnet wird ⟨Proletarij, 1926, Nr. 135, S. 4; Char'kovskij proletarij, Nr. 135, S. 1; Visty, Nr. 135, S. 3; Izvestija CIK Nr. 136, S. 1⟩

Juli/August	In den Char'kover Zeitungen erscheinen ausführliche und sehr wohlwollende Berichte über die Gor'kij-Kolonie ⟨Char'kovskij proletarij, Nr. 150, S. 2, Nr. 151, S. 2; Komunist, Nr. 151, S. 8; Visty, Nr. 169, S. 6; Komsomolec' Ukrajiny, Nr. 91, S. 4; Proletaryj, Nr. 179, S. 4⟩
30. September bis 5. Oktober	Nimmt an der Ersten gesamtukrainischen Tagung der Kinderstädtchen (integrierten Kinderheime) in Odessa teil und hält ein vierstündiges Referat über *Die Organisierung der Erziehung schwererziehbarer Kinder (Organizacija vospitanija trudnogo detstva)* – nach dem Urteil seiner Vorgesetzten V. DJUŠEN „der beste Vortrag, der die Tagung am meisten belebte und eine äußerst heftige Diskussion auslöste". Unter anderem schlägt Makarenko den Aufbau einer „Gesamtukrainischen Kinderarbeitsarmee" aus 7 Korps, 21 Divisionen und 63 Regimentern vor[5] ⟨Šljach osvity, 1926, Nr. 11, S. 127–133; Drug detej, 1926, Nr. 8–9, S. 28–30; Soč., t. 7, S. 526; A. S. Makarenko. Kn. 8, L'vov 1971, S. 126f.; A. S. Makarenko, Moskva 1969, S. 192⟩
1927 Winter/Frühjahr	Bereitet den Zusammenschluß aller Kinderheime des Char'kover Bezirks zum Ersten Arbeitskorps der Ukr.SSR vor, wobei er von seiner späteren Frau GALINA STACHIEVNA SAL'KO (1891–1962), der Vorsitzenden der Kommission für minderjährige Rechtsbrecher der Char'kover Bezirksvolksbildungsabteilung, unterstützt wird ⟨Soč., t. 7, S. 406–411, 453f.; A. S. Makarenko, Moskva 1969, S. 192⟩
Frühjahr	Für einen zur Veröffentlichung bestimmten Sammelband „Die Gor'kij-Kolonie" schreibt Makarenko eine Darstellung der Anfangszeit der Kolonie; diese Fassung übernimmt er später in sein Hauptwerk *Pedagogičeskaja poema (Ein pädagogisches Poem)* (Teil 1, Kap. 2–9), das das Leben der Kolonie in den Jahren 1920–1928 schildert ⟨A. S. Makarenko, Moskva 1969, S. 199; Pravda, 1968, Nr. 84, S. 6; A. S. Makarenko. Kn. 1, L'vov 1949, S. 117⟩
Ende August	Tritt mit seinem Projekt eines Arbeitskorps anstelle der 23 Char'kover Kinderheime sowie einer speziellen „Kindermiliz" – zum Aufgreifen der Verwahrlosten – an die Öffentlichkeit (Vortrag in der Char'kover Bezirks-Kinderhilfe) ⟨Proletarij, 1927, Nr. 198, S. 4⟩
September	Die Bezirks-Kinderhilfe befürwortet Makarenkos Projekt. Aus Zöglingen der Gor'kij-Kolonie wird eine Kindermiliz gebildet, die bis zum 7. November (10. Jahrestag der Oktoberrevolution) alle Verwahrlosten von den Straßen Char'kovs aufgreifen soll. Umstellung der Mehrzahl der Char'kover Kinderheime auf das System der Gor'kij-Kolonie: Untergliederung in kleine Abteilungen, Rat der Kommandeure anstelle der Vollversammlung als wichtigstes Selbstverwaltungsorgan. Dieses Projekt des Zusammenschlusses der Char'kover Kinderheime (in der Zeit einer forcierten „Ukrainisierung" – die Gor'kij-Kolonie war als einziges dieser Heime „russisch" geblieben) trug wesentlich zu dem sich schon bald zuspitzenden Konflikt um Makarenkos Erziehungssystem bei ⟨Proletarij, 1927, Nr. 225, S. 4; Char'kovskij proletarij, Nr. 225,

	S. 3; Visty, Nr. 225, S. 5; Visty, 1928, Nr. 207, S. 5; Dytjačyj ruch, 1928, Nr. 4, S. 56–59⟩
5. Oktober	Der französische Schriftsteller HENRI BARBUSSE besucht die Gorkij-Kolonie[6] ⟨Proletarij, 1927, Nr. 228, S. 2; Komsomolec' Ukrajiny, Nr. 228, S. 6⟩
20. Oktober	Die GPU der Ukr.SSR gewinnt Makarenko für die Organisierung der F.E.Dzeržinskij-Jugendarbeitskommune in Char'kov, die von den ukrainischen Čekisten aus eigenen Mitteln gebaut und unterhalten wurde[7] ⟨Vt. r., 8, 15⟩
Herbst	Eine Untersuchungskommission des Char'kover Bezirkskomitees des Komsomol stellt fest, daß in der Gor'kij-Kolonie „Maßnahmen ‚physischer' Einwirkung" angewandt werden ⟨Dytjačyj ruch, 1928, Nr. 4, S. 56–59⟩
15.–20. November	Makarenko nimmt an der Gesamtrussischen Kinderheimkonferenz in Moskau teil. Dort wird die Gor'kij-Kolonie (in Anspielung an die gefürchteten Militärkolonien unter dem Zar Alexander I.) als „Arakčeevsche Kaserne" und die in der Kolonie praktizierte Zöglingsselbstverwaltung als „Prügelsystem" bezeichnet[8] ⟨Soč., t. 5, 335; Mor., 93; Na putjach k novoj škole, 1927, Nr. 12, S. 69⟩
16. Dezember	Die Inspektoren der Char'kover Bezirksvolksbildungsabteilung befassen sich in einer speziellen Sitzung mit dem „Problem der Gor'kij-Kolonie" ⟨CGALI, op.1, ed. chr. 52⟩
25. Dezember	60 Zöglinge der Gor'kij-Kolonie werden in die Dzeržinskij-Kommune übernommen. Außerdem gehen vier Erzieher der Kolonie in die Kommune (E. F. GRIGOROVIČ, T. D. TATARINOV, V. N. TATARINOVA, V. N. TERSKIJ) ⟨Vt. r., 15; CGALI, f. 332, op. 4, ed. chr. 225⟩
29. Dezember	Feierliche Eröffnung der Dzeržinskij-Kommune ⟨Vt. r., 15⟩
1928 Januar	Makarenko setzt sich in seiner Funktion als Leiter der Verwaltung der Char'kover Kindereinrichtungen öffentlich für einen der ihm unterstehenden Heimleiter ein (A. I. OSTAPČENKO), der wegen Anwendung der Prügelstrafe in einer außerordentlichen Situation vor Gericht steht und später zu drei Jahren Freiheitsentzug verurteilt wird. Gegen Makarenko selbst war (offenbar im Herbst 1927) aufgrund der Anschuldigung, einen Zögling geschlagen zu haben, eine Untersuchung der Arbeiter- und Bauerninspektion eingeleitet worden ⟨Char'kovskij proletarij, 1928, Nr. 16, S. 3; Nar. obr., 1963, Nr. 2, S. 92–98, 101; Dytjačyj ruch, 1928, Nr. 4, S. 56–59⟩
Februar	Scheidet aus der Verwaltung der Char'kover Kindereinrichtungen aus ⟨Soč., t. 7, S. 342⟩
Anfang März	Das Volksbildungskommissariat der Ukr.SSR unterbreitet Makarenko das Angebot, zusammen mit einer Gruppe Pädagogen für ein Jahr ins Ausland zu reisen ⟨Voprosy teorii i istorii pedagogiki, Moskva 1960, S. 12⟩
13./14. März	Auf einer gemeinsam mit dem Vorstand der Dzeržinskij-Kommune

Daten zu Leben und Werk A. Makarenkos 1928

und Vertretern des Volksbildungskommissariats veranstalteten Sitzung der Sektion Sozialerziehung des Ukrainischen Forschungsinstituts der Pädagogik (UNDIP) in Char'kov werden – unter Leitung des Institutsdirektors Prof. A. I. POPOV – im Beisein Makarenkos dessen Erziehungspläne für die Dzeržinskij-Kommune diskutiert ⟨Proletarij, 1928, Nr. 78, S. 2; Soč., t. 5, S. 325–340; Niž., 118–123⟩

26. März Das Char'kover Bezirksexekutivkomitee überträgt Makarenko vorübergehend auch die Leitung der Petrovskij-Kolonie
⟨CGALI, f. 332, op. 4, ed. chr. 368; Učit. gaz., 1968, Nr. 36, S. 2 f.⟩

Ende März In der Moskauer Zeitschrift „Narodnyj učitel'", dem Organ des Zentralkomitees der Gewerkschaft der Bildungsarbeiter, erscheint der umfangreiche Aufsatz N. F. OSTROMENCKAJAs, einer früheren Mitarbeiterin Makarenkos, über die Gor'kij-Kolonie, *Na vstreču žizni (Dem Leben entgegen)*, der – wie Makarenko am 18. 4. 1928 an GOR'KIJ schreibt – „den allgemeinen Ton unseres Lebens im großen und ganzen gut wiedergibt, jedoch einige Irrtümer enthält"
⟨Nar. učitel', 1928, Nr. 1–2, S. 42–77; A. S. Makarenko, Moskva 1969, S. 202–207⟩

März/Anfang April In den Kindereinrichtungen des Bezirks Char'kov wird das „Gor'kijsche Kommandeursystem" verboten; die Kolonie wird aufgefordert, auf das Selbstverwaltungssystem des Bezirksexekutivkomitees überzugehen
⟨Uč. gaz., 1968, Nr. 36, S. 2 f.⟩

April Die Leningrader Zeitschrift „Voprosy izučenija i vospitanija ličnosti (pedologija i defektologija)" veröffentlicht einen Artikel des einflußreichen Defektologen P. G. BEL'SKIJ, in dem – unter der Überschrift „*Novejšaja*" *sistema perevospitanija besprizornych (Das „neueste" System zur Umerziehung Verwahrloster)* – OSTROMENCKAJAs Aufsatz einseitig referiert und dabei die ungenügende Selbsttätigkeit der Kinder, die Einrichtung spezieller Kameradschaftsgerichte, die Anwendung von Strafen einschließlich der Prügelstrafe sowie die „ungenügende Anwendung der Pädologie" kritisiert werden
⟨Voprosy izuč. i vosp. lič., 1928, Nr. 2, S. 44 f.⟩

April In der Char'kover Zeitschrift „Dytjačyj ruch", einem Organ des Zentralbüros der Kommunistischen Kinderbewegung der Ukr.SSR, erscheint ein Artikel des bekannten Pädologen A. V. ZALKIND über die Mißstände in Char'kover Kinderheimen, wobei auch der Gor'kij-Kolonie schwere Verfehlungen angelastet und dafür – neben dem Fehlen einer Pionierorganisation – in erster Linie das „Kommandeursystem" verantwortlich gemacht wird, das als „schädlich" und „den Grundsätzen der sowjetischen Pädagogik widersprechend" bezeichnet wird
⟨Dyt. ruch, 1928, Nr. 4, S. 56–59⟩

Anfang Mai Makarenko resigniert angesichts der zunehmenden Schwierigkeiten und beschließt, die Kolonie noch im Mai zu verlassen. Nach dem Empfang von GOR'KIJs Brief vom 9. Mai („Ich fahre ungefähr am 25. Mai nach Rußland und werde in der zweiten Junihälfte bei Ihnen sein") revidiert er seinen Entschluß
⟨A. S. Makarenko. Kn. 8, L'vov 1971, S. 112; Soč., t. 7, S. 345⟩

17. Mai	In der „Komsomol'skaja pravda" wird die Rede N. K. KRUPSKAJAs auf dem VIII. Komsomolkongreß vom 8. Mai, *Rabota Komsomola sredi detej (Die Arbeit des Komsomol unter den Kindern)*, veröffentlicht, in der – unter ausdrücklichem Bezug auf den Artikel von OSTROMENCKAJA – das in der Gorkij-Kolonie praktizierte Strafsystem scharf verurteilt wird: „Das ist nicht nur eine bourgeoise Schule, sondern eine Sklavenschule, eine Leibeigenenschule"[9] ⟨Koms. pravda, 1928, Nr. 113, S. 2⟩
29. Mai	Das Zentralbüro der Kommunistischen Kinderbewegung der Ukr.SSR fordert in einem Beschluß, „Maßnahmen zur Reorganisierung der Gor'kij-Kolonie zu ergreifen und ihrem schädlichen Einfluß auf die anderen Kindereinrichtungen Einhalt zu gebieten" ⟨Niž., 140⟩
Ende Mai/ Anfang Juni	Die in Char'kov erscheinenden Pionierzeitungen „Oktjabr'skie vschody", „Na zminu" und „Červoni kvity" veröffentlichen einen gleichlautenden Bericht über den VIII. Komsomolkongreß, in dem das Mitglied des ZK des ukrainischen Komsomol I. MOLODCOV – im Gegensatz zu den Korrespondenten anderer Zeitungen – ausdrücklich auf KRUPSKAJAs kritische Ausführungen über die Gor'kij-Kolonie Bezug nimmt ⟨Oktjabr'skie vschody, 1928, Nr. 12, S. 10–11; Na zminu, Nr. 21, S. 3; Nr. 23, S. 4; Červoni kvity, Nr. 10, S. 12–15⟩
30. Juni–1. Juli	Der Marsch der Char'kover Pioniere – zur Befreiung der laut Manöverplan von „weißgardistischen Truppen" besetzten Gor'kij-Kolonie – bietet den Funktionären des Komsomol Gelegenheit zur eingehenden Inspektion der Kolonie ⟨Visty, 1928, Nr. 153, S. 5; Junyj leninec, Nr. 22, S. 2; Nr. 26, S. 2f.; Oktjabr'skie vschody, Nr. 14, S. 9⟩
8. Juli	Auf Einladung Makarenkos besucht GOR'KIJ in Begleitung seines Sohnes Maksim die Kolonie. Er bleibt zwei Tage und wird in dieser Zeit offensichtlich auf Betreiben Makarenkos von den Korrespondenten der ukrainischsprachigen Zeitungen, darunter „Komunist" (Parteiorgan), „Visty" (Regierungsorgan) und „Komsomolec' Ukrajiny", abgeschirmt; der aus Anlaß von GOR'KIJs Besuch in die Kolonie gekommene Komsomolrepräsentant I. MOLODCOV wird von den Zöglingen ignoriert ⟨CDAŽR, f. 166, spr. 2345, l. 13⟩
9. Juli	Von Kurjaž aus besucht GOR'KIJ die Dzeržinskij-Kommune ⟨Vt. r., 18⟩
10. Juli	Im Gegensatz zu den russischsprachigen Zeitungen, die große Artikel über GOR'KIJs Aufenthalt in Kurjaž veröffentlichen, erscheint in den ukrainischsprachigen Zeitungen dazu nur jeweils eine kurze Notiz, in „Komunist" außerdem eine Makarenko diffamierende Karikatur *Čempion chuliganstva (Champion des Rowdytums)* ⟨Komunist, 1928, Nr. 158, S. 4; Visty, Nr. 159, S. 2; Komsomolec' Ukrajiny, Nr. 158, S. 6; Nar. obr., 1963, Nr. 10, S. 96⟩
11. Juli	Der Leiter der Hauptverwaltung Sozialerziehung des Volksbildungskommissariats der Ukr.SSR, V. A. ARNAUTOV, inspiziert die Gor'kij-Kolonie und fordert Makarenko ultimativ auf, seine „Kommandeurpädagogik" aufzugeben oder die Kolonie zu verlassen ⟨Soč., t. 7, S. 412⟩

13. Juli	Auf einer Sitzung des Zentralbüros der Kommunistischen Kinderbewegung der Ukraine, auf der I. MOLODCOV über „das taktlose und grobe Verhalten Makarenkos gegenüber dem Repräsentanten des ZK des ukrainischen Komsomol und den Pressevertretern" berichtet, wird gefordert, das „‚System' des Gen. Makarenko" schrittweise abzuschaffen und ein Parteimitglied mit der Leitung der Kolonie zu beauftragen ⟨CDAŽR, f. 166, spr. 2345, l. 13⟩
Mitte Juli	In einem Schreiben an seinen Vorgesetzten V. A. ARNAUTOV legt Makarenko die Hauptprinzipien seiner „Variante der Kinderorganisation" dar und stellt anheim, den Beschluß über seine Entlassung in die Tat umzusetzen; darüber hinaus erwarte er, wie er ARNAUTOV mitteilt, in Kürze auch seine Entlassung aus der Dzeržinskij-Kommune. Makarenko verläßt die Kolonie ⟨Soč., t. 7, S. 412–414⟩
3. September	Wird formell von seinen Funktionen als Leiter der Gor'kij-Kolonie entbunden ⟨Mor., 98⟩
Spätsommer/Herbst	Arbeitet intensiv am *Pädagogischen Poem* ⟨A. S. Makarenko, Moskva 1969, S. 209–216⟩
1929	
21. Februar	Der Südwestdeutsche Rundfunk, Frankfurt/M., sendet GOR'KIJs Bericht über seinen Aufenthalt in Kurjaž *(Die Arbeitskolonien für Kinder)*, der dann auch in der „Frankfurter Zeitung" erscheint ⟨Makarenko in Deutschland, Braunschweig 1968, S. 33f.⟩
März/April	Die Zeitschrift „Naši dostiženija" veröffentlicht die zweite Folge von GOR'KIJs Reiseskizzen *Po Sojuzu Sovetov (Durch die Union der Sowjets)* mit den Ausführungen über seinen Aufenthalt in Kurjaž ⟨Naši dostiženija, 1929, Nr. 2, S. 14–38⟩
11. Mai	Der aus Vertretern der ukrainischen GPU bestehende Vorstand der Dzeržinskij-Kommune bestimmt als Zielsetzung der Kommune, einen klassenbewußten und des Lesens und Schreibens kundigen Proletarier mit mittlerer beruflicher Qualifikation zu erziehen[10] ⟨Mor. 99⟩
17.–30. Juli	Makarenko begleitet die Kommunarden auf der Sommerfahrt nach Moskau. Besuch der damals über die Grenzen der Sowjetunion hinaus bekannten, 1925 gegründeten Jugendkommune der OGPU in Bolševo bei Moskau (28. 7.). Der „industrielle Reichtum dieses älteren Bruders" der Dzeržinskij-Kommune setzt die Zöglinge in Erstaunen und macht sie, wie Makarenko schreibt, „neidisch": „Von diesem Tage an begannen unsere Kommunarden von einer Fabrik zu träumen..." ⟨Vt. r., 19f.⟩
September	Der GPU-Funktionär P. O. BARBAROV kommt als Politleiter in die Kommune. Makarenko fühlt sich in seinen Funktionen eingeschränkt; er reist erneut nach Moskau und bemüht sich um die Leitung eines anderen Kinderheims. Begegnung mit GOR'KIJ (22. 9.) ⟨Vt. r., 20; Voprosy teorii i istorii pedagogiki, Moskva 1960, S. 14f.; Soč., t. 7, S. 349⟩
Oktober	Entwickelt Pläne zur Gründung einer „Waldschule" nach westlichem Vorbild für Familienkinder unter seiner Leitung ⟨Voprosy teorii i istorii pedagogiki, Moskva 1960, S. 16f.⟩

Dezember	Einstellung eines neuen Produktionsleiters der Dzerżinskij-Kommune (S. B. KOGAN); Übergang zu arbeitsteiligen Herstellungsverfahren ⟨Vt. r., 22f.; CGALI, f. 332, op. 4, ed. chr. 387⟩
1930 Frühjahr	Aufgrund von Material, das N. E. FERE, der ehemalige Agronom der Gor'kij-Kolonie, über eines der großen Sowjetgüter im nördlichen Kaukasus zusammengetragen hat, schreibt Makarenko die Skizze *Na veletens'komu fronti* (*An der gigantischen Front*) und reicht sie – zusammen mit dem *Pädagogischen Poem* – dem ukrainischen Staatsverlag zur Veröffentlichung ein. Das *Poem* wird nicht gedruckt; *An der gigantischen Front* erscheint bereits im Sommer 1930 (auf Makarenkos Wunsch anonym) ⟨A. S. Makarenko. Kn. 8. L'vov 1971, S. 112–114⟩
Sommer	Nach Ablehnung des *Pädagogischen Poems* durch den ukrainischen Staatsverlag arbeitet Makarenko einen detaillierten Plan für eine vierbändige „Variante" dieses Werks aus, die anstelle der Geschichte der Gor'kij-Kolonie die Entwicklung zweier Personen auf dem Hintergrund der Auseinandersetzungen in einer (nicht benannten) Rechtsbrecherkolonie zum Gegenstand hat: des Organisators dieser Kolonie „A" (Makarenko) und der Mitarbeiterin des Volksbildungskommissariats „B" (SAL'KO) ⟨Bal., 205–209⟩
1. Juni	Durch eine breit gefächerte Produktion in den eigenen Werkstätten ist die Dzerżinskij-Kommune in der Lage, sich selbst zu unterhalten, und verzichtet auf die monatlichen Gehaltsabgaben der ukrainischen Čekisten ⟨Vt. r., 22⟩
29. Juli–31. August	Makarenko begleitet die Kommunarden auf der Krim-Fahrt (Sevastopol', Jalta) ⟨Vt. r., 23f.⟩
15. September	Anstelle der herkömmlichen Schule wird in der Kommune eine Arbeiterfakultät des Char'kover Maschinenbauinstituts eingerichtet, was den Kommunarden die Perspektive eines Hochschulstudiums eröffnet ⟨Vt. r., 24⟩
Oktober–November	Makarenko schreibt die Skizze *Marš 30 goda* (*Der Marsch des Jahres dreißig*), die die Entwicklung der Dzerżinskij-Kommune in dieser Zeit zum Gegenstand hat, und reicht sie dem Staatsverlag für Schöne Literatur in Moskau zur Veröffentlichung ein ⟨Mor., 101⟩
16. Oktober	Abschaffung der speziellen Erzieherstellen in der Kommune, was durch die Entwicklung der kommunardischen Selbstverwaltung und die Anwesenheit einer relativ großen Zahl von Lehrern, Ingenieuren, Meistern, Instrukteuren und Arbeitern, „mit einer Wort einer Gesellschaft Erwachsener, die stark genug war, auf die Kinder und Jugendlichen einzuwirken", ermöglicht wurde. Makarenko stand dieser vom Kommune-Vorstand forcierten Entwicklung skeptisch gegenüber ⟨Vt. r., S. 24; Soč., t. 5, S. 371f.⟩
Anfang Dezember	Nach einer eingehenden Überprüfung beschließt der Kommune-Vorstand den Aufbau einer industriellen Produktion in der Dzerżinskij-Kommune sowie eine engere „Verknüpfung des Kollektivs

Daten zu Leben und Werk A. Makarenkos 1930–1932

der GPU der Ukr.SSR mit der Kommune"; Makarenko wird untersagt, „grundsätzlich Fragen jedweder Art ohne Genehmigung durch den Vorstand bzw. den Vorsitzenden des Vorstandes zu entscheiden". Wirtschaftliche Gesichtspunkte gewinnen nun zunehmend Oberhand gegenüber pädagogischen Erwägungen
⟨CGALI, f. 332, op. 4, ed. chr. 387⟩

Ende Dezember Der Konflikt mit dem Kommune-Vorstand spitzt sich zu. Makarenkos Bemühen um Bestätigung der Einstellung V. A. VESIČs, des „besten, diszipliniertesten und fähigsten Mitarbeiters" der Gor'kij-Kolonie, als Physiklehrer an der Arbeiterfakultät der Dzeržinskij-Kommune bleibt erfolglos; er wird vielmehr angewiesen, VESIČ wegen dessen weißgardistischer Vergangenheit unverzüglich zu entlassen
⟨CGALI, f. 332, op. 4, ed. chr. 255⟩

1931
Januar/Februar Schreibt den Abriß *Die Kinderverwahrlosung und ihre Bekämpfung,* der bereits im Frühjahr 1931 – unter dem Namen seiner Frau – im Medizinischen Staatsverlag der Ukr.SSR als ukrainischsprachige Broschüre erscheint *(Bezprytul'nist' ta borot'ba z neju)*
⟨Pädagogik u. Schule in Ost u. West, 1975, Nr. 2, S. 29f.⟩

Januar/Februar Aufenthalt in Moskau; bemüht sich erneut um die Herausgabe des *Pädagogischen Poems.* Auch dieser Versuch scheitert aufgrund einer negativen Beurteilung des Manuskripts durch das ukrainische Volksbildungskommissariat
⟨Novyj mir, 1953, Nr. 5, S. 184f.⟩

Juni Aufgrund eines Gutachtens einer Gruppe von Ingenieuren zur Neubestimmung der Produktionsstruktur der Dzeržinskij-Kommune beschließt der Kommune-Vorstand den Bau einer Fabrik für Elektrowerkzeuge, die bisher importiert werden mußten
⟨Vt. r., 67⟩

Sommer Makarenko plant für 1932 eine Schiffsreise mit den Dzeržinskij-Kommunarden nach Westeuropa, u. a. auch nach Frankreich, wo sein 1920 emigrierter Bruder VITALIJ lebt, mit dem er bis Ende der 20er Jahre korrespondiert hatte und dem er jetzt nicht mehr schreiben konnte. „Marsch der Kommunarden mit roten Fahnen auf Paris, das erscheint nicht mehr als ein so ferner Traum..." (Brief an G. S. SAL'KO v. 15. 9. 1931)
⟨Voprosy teorii i istorii pedagogiki, Moskva 1960, S. 18⟩

14. Juli
17. September Begleitet die Kommunarden auf der Sommerfahrt in den Kaukasus, (Baku, Tiflis, Batum, Soči, Odessa). Während seiner Abwesenheit bestimmt der Kommune-Vorstand einen GPU-Mitarbeiter zum neuen Leiter (Direktor) der Dzeržinskij-Kommune
⟨Vt. r., 26–28; Paed, hist., 1970, Nr. 3, S. 478; Auf holprigen Wegen der Pädagogik, Marburg 1975, S. 9⟩

November Plant ein umfangreiches Werk „über das Verhältnis von Kollektiv und Individuum" unter dem Titel *Disciplina (Disziplin)*
⟨Bal., 193⟩

Jahresende Beginnt mit der Niederschrift des Fragment gebliebenen Werkes *Opyt metodiki raboty detskoj trudovoj kolonii (Versuch einer Methodik für die Arbeit in einer Kinderarbeitskolonie)*
⟨Mor., 103⟩

1932
7. Januar Feierliche Inbetriebnahme der Fabrik für Elektrowerkzeuge durch den Vorsitzenden des Allukrainischen Zentralen Exekutivkomi-

	tees, G. I. PETROVSKIJ. Makarenko verläßt die Kommune ⟨Vt. r., 29; Auf holprigen Wegen der Pädagogik, Marburg 1975, S. 10f.⟩
März bis Mitte April	Aufenthalt in Moskau; Niederschrift der Skizze *FD-1*, die in faktographischem Stil Szenen aus dem Leben der Dzeržinskij-Kommune beschreibt ⟨Mor., 104⟩
15. April	In eingeschränkter Funktion – als Direktor des pädagogischen Bereichs und damit zugleich als „Gehilfe" häufig verwechselnder Kommune-Direktoren – kehrt Makarenko in die inzwischen einen bedeutenden Industriebetrieb umfassende Dzeržinskij-Kommune zurück. Sein Dienstausweis berechtigt ihn ausdrücklich, „die Fabrik zu betreten" ⟨Mor., 105; Paed. hist., 1970, Nr. 3, S. 482, 494; Auf holprigen Wegen der Pädagogik, Marburg 1975, S. 17f.⟩
2. Juni	In der Kommune wird mit der Projektierung der Produktion einer Kleinbildkamera vom Typ Leica begonnen ⟨Vt. r., 30⟩
31. Juli	Nach einem „Produktions-Marathonlauf" zur Aufholung der Planrückstände fährt Makarenko mit den Kommunarden ins Sommerlager nach Berdjansk ⟨Vt. r., 30, 73f.; CGALI, f. 332, op. 4, ed. chr. 255⟩
Anfang August	In einem Brief an den Sekretär des Kommune-Vorstandes, M. M. BUKŠPAN, zieht Makarenko aus der jüngsten Entwicklung der Dzeržinskij-Kommune, die seinen pädagogischen Intentionen zuwiderläuft, den Schluß, daß seine „Rolle in der Kommune offensichtlich beendet ist"; er bezeichnet seinen Entschluß zur Rückkehr in die Kommune als „ein Verbrechen an mir selbst und an meinem Werk" und kündigt an, nach der Rückkehr aus dem Sommerlager um seine Entlassung nachzusuchen ⟨CGALI, f. 332, op. 4, ed. chr. 255⟩
5. Oktober	Aufgrund einer Notiz in den Moskauer Zeitungen über die geplante Gründung einer Gor'kij-Musterkommune schreibt Makarenko erstmals nach drei Jahren wieder an GOR'KIJ und meldet seinen „Anspruch" auf die Leiterstelle dieser neuen Gor'kij-Kolonie an ⟨Soč., t. 7, S. 350–352⟩
Oktober/November	Zwei Jahre nach Abgabe des Manuskripts und mehrmaliger (zunächst erfolgloser) Intervention M. GOR'KIJs erscheint im Staatsverlag für Schöne Literatur die Skizze *Der Marsch des Jahres dreißig* ⟨Soč., t. 7, S. 353; Letopis'žizni i tvorčestva A. M. Gor'kogo, vyp. 4, Moskva 1960, S. 129; Archiv A. M. Gor'kogo, t. 10, kn. 1, Moskva 1964, S. 254⟩
18. November	Schreibt das Drehbuch für einen Dokumentarfilm über die Dzeržinskij-Kommune – *Imenem železnogo bol'ševika (Im Namen des „eisernen" Bolschewiken)*, der zum fünfjährigen Bestehen der Kommune gedreht wird ⟨Bal., 401; A. S. Makarenko. Kn. 9, L'vov 1974, S. 104f.⟩
November	In der Zeitschrift „Komunistyčna osvita", einem Organ des Volksbildungskommissariats der Ukr.SSR, erscheint zum 15. Jahrestag der Oktoberrevolution der Beitrag *Komuna im. F.E.Dzeržyns'koho (Die F.E.Dzeržinskij-Kommune)*, in dem Makarenko das Weiter-

	bestehen der Traditionen der Gor'kij-Kolonie in der Kommune unterstreicht
	⟨Kom. osvita, 1932, Nr. 10, S. 135–139⟩
November/ Dezember	Unterstützt von einer Außenbrigade der „Komsomol'skaja pravda" bereitet der Kommune-Vorstand eine Festschrift zum fünfjährigen Bestehen der Dzeržinskij-Kommune vor – *Vtoroe roždenie (Zum zweiten Mal geboren)*. Makarenko schreibt dafür den Beitrag *Pedagogi požimajut plečami (Pädagogen zucken die Achseln)*, in dem er sich wieder ganz hinter die Kommune stellt.
	⟨Vt. r., 39–50; Soč., t. 7, S. 355⟩
Ende Dezember	Anläßlich des fünfjährigen Bestehens der Dzeržinskij-Kommune wird Makarenko von der GPU und vom Volksbildungskommissariat der Ukr.SSR für seine Verdienste um die Kommune ausgezeichnet
	⟨Mor., 107⟩
1933 23. Januar	In einer Sitzung des Kollegiums des ukrainischen Volksbildungskommissariats über die Arbeit der Dzeržinskij-Kommune setzt sich M. O. SKRYPNYK, seit Herbst 1927 Volksbildungskommissar der Ukr.SSR, in äußerst scharfer Form mit dem Film *Im Namen des „eisernen" Bolschewiken* und Makarenkos Artikel *Pädagogen zucken die Achseln* auseinander, wobei er diesem wiederholt Verstöße gegen den Parteibeschluß „Über die Grund- und Mittelschule" vom 5. 9. 1931 vorwirft
	⟨Politechnična škola, 1933, Nr. 3, S. 20–32⟩
30. Januar	GOR'KIJ schreibt Makarenko aus Italien, er habe erfahren, daß Makarenko anfange, „müde zu werden"; GOR'KIJ schickt ihm Geld und ermutigt ihn zum Schreiben. Makarenko konzentriert sich in den folgenden Monaten auf die Überarbeitung des Manuskripts seines *Pädagogischen Poems* und damit mehr und mehr auf die schriftstellerische Tätigkeit
	⟨Soč., t. 7, S. 355⟩
28. Juni–15. August	Begleitet die Dzeržinskij-Kommunarden auf der Wolga-Schwarzmeer-Fahrt (Gor'kij, Stalingrad, Novorossijsk, Soči, Sevastopol')
	⟨Mor., 108⟩
28. August	Der Vorsitzende des Auswärtigen Ausschusses der französischen Deputiertenkammer und ehemalige Ministerpräsident E. HERRIOT besucht in Begleitung des französischen Botschafters in der Sowjetunion sowie sowjetischer und französischer Journalisten die Dzeržinskij-Kommune und trifft dabei auch mit Makarenko zusammen[11]
	⟨Komunist, 1933, Nr. 213, S. 1; E. Herriot, Orient, Paris 1934, S. 176f.⟩
21. September	Treffen mit M. GOR'KIJ in Moskau. Makarenko übergibt ihm das überarbeitete Manuskript des *Pädagogischen Poems*, wovon auf Vorschlag GOR'KIJs eine erste Folge (der spätere Teil 1) in Nr. 3 des „Al'manach" veröffentlicht wird
	⟨Mor., 108⟩
Ende September/ Oktober	Schreibt eine Neufassung des in der Dzeržinskij-Kommune spielenden Theaterstückes *Mažor (Dur)* (das Manuskript der ersten Fassung war auf der Sommerfahrt der Kommunarden verlorengegangen) und reicht es zum „Allunionswettbewerb um das beste Theaterstück" ein; Anfang Dezember 1933 übergibt er das Stück

	dem neugegründeten Char'kover Russischen Theater zur Aufführung – in beiden Fällen unter dem Pseudonym ANDREJ GAL'ČENKO ⟨Mor., 109; Teatr Russkoj Dramy, 1933, Nr. 4, S. 4⟩
18. Oktober	Auf Initiative Makarenkos übernimmt das Russische Theater eine Patenschaft über die Dzeržinskij-Kommune. Durch diese Patenschaft, für die sich Makarenko in der Folgezeit stark engagiert, wird die kommunardische Zirkelarbeit aktiviert: Aufführung von Stükken durch den Dramatischen Zirkel mit Unterstützung von Künstlern des Russischen Theaters, Diskussion der Inszenierungen dieses Theaters durch den Rezensentenzirkel ⟨Mor., 109; Teatr Russkoj dramy, 1933, Nr. 1, S. 4⟩
November	Kuraufenthalt in Kislovodsk ⟨Mor., 109⟩
Ende Dezember	Äußert sich in der öffentlichen Diskussion einer GOGOL'-Inszenierung des Russischen Theaters u. a. über Methoden der Aneignung des klassischen Erbes ⟨Teatr Russkoj Dramy, 1934, Nr. 1, S. 4⟩
1934 März/April	Auf dem „Allunionswettbewerb um das beste Theaterstück", zu dem 1200 Manuskripte eingereicht wurden, wird *Dur* mit einer Aufführungsempfehlung ausgezeichnet. Die Jury, der neben dem Volksbildungskommissar der Russischen Sowjetrepublik A. BUBNOV u. a. der bekannte Schriftsteller ALEKSEJ TOLSTOJ und der Regisseur W. MEIERHOLD (V. MEJERCHOL'D) angehören, bezeichnet A. GAL'ČENKO als einen der „neuen Namen unserer Theaterszene" ⟨Teatr i dramaturgija, 1934, Nr. 4, S. 1–4⟩
Mai	Reicht die nochmals überarbeitete Fassung von *Dur* dem Moskauer Künstlertheater zur Aufführung ein ⟨Soč. t. 7, S. 359⟩
10. Mai	In der „Literaturnaja gazeta" erscheint als erste Rezension des *Pädagogischen Poems* ein mit M. CEJTLIN gezeichneter Artikel, der vor allem die Erkenntnisse vermittelnde und erzieherische Bedeutung des Werkes hervorhebt, jedoch die übermäßige „Organisiertheit auf Kosten von Initiative und Demokratie" kritisiert ⟨Lit. gaz., 1934, Nr. 58, S. 2⟩
14. Mai	Spricht im Russischen Theater über Methoden der sozialistischen Erziehung verwahrloster Kinder ⟨Teatr Russkoj Dramy, 1934, Nr. 14, S. 4⟩
Mai/Juni	In Zusammenhang mit der Diskussion um die „endgültige Lösung des Verwahrlostenproblems" nimmt Makarenko seinen Plan eines Kinderarbeitskorps aus den Jahren 1926/27 wieder auf und schlägt dem Volksbildungskommissariat der Ukr.SSR anstelle der vorgesehenen zwölf kleineren Kommunen die Errichtung einer Großkommune für 12 000 Kinder vor, die er nach GOR'KIJ benennen und deren Leitung er übernehmen möchte ⟨Soč, t. 7, S. 358⟩
4. Juni	Offenbar auf Empfehlung GOR'KIJs wird Makarenko Mitglied des Schriftstellerverbandes der UdSSR ⟨Mor., 110⟩
11. Juli	Schreibt seinem Freund S. A. KALABALIN, daß er die Dzeržinskij-Kommune auf jeden Fall verlassen werde: „Auf die Kommune

Daten zu Leben und Werk A. Makarenkos 1934–1935   121

	hat sich schon ein Haufen Interessenten gestürzt, die meinen, die Sache schmeißen zu können" ⟨Niž., 173⟩
14. Juli	Noch vor der breiten Diskussion des *Poems* in der sowjetischen Presse erscheint in der gerade erst gegründeten Zeitung „Le Journal de Moscou" ein umfangreicher Artikel des Feuilletonredakteurs A. DMITRIEFF – *Poème pédagogique. La commune du Travail Gorki, en Ukraine;* einziger Beitrag über Makarenko in einer für das Ausland bestimmten sowjetischen Publikation vor 1939 ⟨Le Journal de Moscou, 1934, Nr. 11, S. 4⟩
Mitte/Ende Juli	Im Zuge der Integrierung der GPU der Ukr.SSR in das Volkskommissariat des Innern (NKVD) wird die Dzeržinskij-Kommune der Abteilung Wirtschaft dieses Kommissariats unterstellt ⟨Izvestija APN RSFSR, vyp. 38, Moskva 1952, S. 92⟩
Ende Juli bis Ende August	Begleitet die Dzeržinskij-Kommunarden ins Sommerlager nach Svjatogorsk am Donez ⟨Mor., 110⟩
Ende August	Beendet den 2. Teil des *Pädagogischen Poems* und schickt Exemplare des Manuskripts an GOR'KIJ, den Staatsverlag für Schöne Literatur in Moskau und den Verlag Sowjetliteratur in Kiev/Char'kov ⟨Mor., 111; A. S. Makarenko und die sowjetische Pädagogik seiner Zeit, Marburg 1972, S. 240⟩
10. September	Reist mit einer Gruppe Kommunarden nach Moskau, um im Staatsverlag am 2. Teil des *Poems* von GOR'KIJ vorgeschlagene Korrekturen vorzunehmen. Treffen mit GOR'KIJ; äußert diesem gegenüber, daß er einen historischen Roman über den Kiever Fürsten VLADIMIR MONOMACH (12. Jhdt.) schreiben wolle. Begleitet GOR'KIJ auf der Fahrt nach Tesseli auf der Krim (23.–25. 9.) ⟨Mor., 111; A. S. Makarenko und die sowjetische Pädagogik seiner Zeit, Marburg 1972, S. 240f.; Sov. ped., 1944, Nr. 5–6, S. 18f.; Soč. t. 7, S. 290; Letopis' žizni i tvorčestva A. M. Gor'kogo, vyp. 4, Moskva 1960, S. 414⟩
Mitte/Ende September	Die Zeitschrift „Kommunističeskoe prosveščenie", ein Organ des Volksbildungskommissariats der RSFSR, veröffentlicht einen umfangreichen Beitrag des Pädagogen T. D. KORNEJČUK *O buržuaznoj tjuremnoj pedagogike i „Pedogogičeskoj poeme"* (Über die bourgeoise Gefängnispädagogik und das „Pädagogische Poem"), in der das *Poem* als eine „wahrhaftige, erregende und den Leser packende Erzählung" gewürdigt, andererseits aber die darin an der pädagogischen Wissenschaft global geäußerte Kritik als „pädagogischer ,Proletkult' reinsten Wassers" und die „Kommandeurpädagogik" als „methodologisch, politisch und pädagogisch falsch" kritisiert wird; erste Veröffentlichung über das *Poem* in einer pädagogischen Fachzeitschrift ⟨Kommunist. prosveščenie, 1934, Nr. 4, S. 117–124⟩
10. November bis 11. Dezember	Schreibt das (bisher nicht veröffentlichte) Theaterstück *N'jutonovy kol'ca (Newtonsche Ringe)* ⟨Voprosy literatury, 1967, Nr. 1, S. 154⟩
1935 5. Januar	Die Dzeržinskij-Kommune feiert ihr siebenjähriges Bestehen. Aufführung einer von Makarenko verfaßten Revue über die Entwicklung der Kommune-Produktion durch Kommunarden und Künstler

	des Russischen Theaters – *Evgenij Onegin (Eugen Onegin)*. Makarenko wird für seine „mit Tatkraft, Sachkenntnis und Initiative" geleistete Arbeit gedankt ⟨Teatr Russkoj Dramy, 1935, Nr. 3, S. 4; P. H. Lysenko/I. S. Ubyjvovk, Anton Semenovyč Makarenko, Kyjiv 1969, Bl. 63⟩
26. Januar	Makarenko schickt GOR'KIJ die *Newtonschen Ringe* zur Beurteilung ⟨Soč. t. 7, S. 364⟩
Februar	Im Verlag Sowjetliteratur, Kiev/Char'kov, erscheint eine ukrainische Übersetzung von Teil 1 und 2 des *Pädagogischen Poems* ⟨Knižnaja letopis', 1935, Nr. 13, S. 87⟩
Mitte/Ende Februar	Schreibt an GOR'KIJ, daß er die Absicht habe, „ein ernsthaftes Buch über die sowjetische Erziehung zu schreiben", und den Volksbildungskommissar der RSFSR, A. BUBNOV, bitten wolle, ihm zu diesem Zwecke für zwei Jahre ein Leben „in Moskau, näher bei den Büchern und den ‚geistigen Zentren'" zu ermöglichen ⟨Soč. t. 7, S. 366; CGALI, f. 332 op. 4, ed. chr. 258⟩
März	Zur Untersuchung im Odessaer Kardiologischen Institut ⟨Mor., 112⟩
Frühjahr	Im ukrainischen Kinderbuchverlag, Char'kov/Odessa, erscheint das in der Dzeržinskij-Kommune spielende „Bühnenstück für Jugendtheater" *Krajina FED (Das Land FED)* des Schriftstellers O. DONČENKO ⟨O. Dončenko, Krajina FED, Charkiv/Odesa 1935, S. 40⟩
Ende April	Unter der Überschrift *Antipedagogičeskaja poema (Ein antipädagogisches Poem)* veröffentlicht die Zeitschrift „Kniga i proletarskaja revoljucija" (Verantwortlicher Redakteur: A. BUBNOV) eine Rezension von M. BOČAČER, in der das *Poem* als „künstlerische Polemik gegen die marxistische Pädagogik" und Makarenko als „treuer Schüler und Anhänger ŠUL'GINs, des Autors der berüchtigten antileninschen Theorie vom ‚Absterben der Schule'" bezeichnet wird ⟨Kniga i prolet. revoljucija, 1935, Nr. 3, S. 62–64⟩
April/Mai	Die russische Originalfassung von Teil 2 des *Pädagogischen Poems* wird in Nr. 5 des „Al'manach" veröffentlicht ⟨Knižnaja letopis', 1935, Nr. 26, S. 111⟩
1. Mai	Makarenko wird in den Sowjet des Char'kover Dzeržinskij-Stadtteils gewählt ⟨Mor., 112⟩
Juni/Juli	Im Zusammenhang mit dem Beschluß des Rates der Volkskommissare der UdSSR und des ZK der VKP (B) vom 31. Mai 1935 „Über die endgültige Überwindung der Verwahrlosung und Vernachlässigung von Kindern" wird im Volkskommissariat des Inneren der Ukr.SSR (NKVD) eine besondere Abteilung für Arbeitskolonien geschaffen, der sämtliche Resozialisierungseinrichtungen, darunter auch die Dzeržinskij-Kommune und die Gor'kij-Kolonie, unterstellt werden. Makarenko wird zum Stellvertreter des Leiters dieser Abteilung ernannt und siedelt nach Kiev über ⟨Mor., 112; Auf holprigen Wegen der Pädagogik, Marburg 1975, S. 87⟩
28. September	Schickt GOR'KIJ das Manuskript des (abschließenden) dritten

Daten zu Leben und Werk A. Makarenkos 1935–1936

	Teils des *Pädagogischen Poems*, der im März 1936 in Nr. 8 des „Al'manach" veröffentlicht wird ⟨Soč., t. 7, S. 367; Knižnaja letopis', 1936, Nr. 17, S. 104f.⟩
Anfang Oktober	Die Zeitschrift „Krasnaja nov'" veröffentlicht einen Beitrag des Psychologen V. KOLBANOVSKIJ über das *Pädagogische Poem*, in dem die Vorwürfe M. BOČAČERs zurückgewiesen werden ⟨Krasnaja nov', 1935, Nr. 10, S. 190–202⟩
6. Oktober	Makarenko beginnt mit der Arbeit an dem Roman *Čelovek (Ein Mensch)*, der die „Erziehung von Kadern aus zweitklassigem Material" zum Gegenstand hat; die ersten drei Kapitel schickt er an die Moskauer Zeitschrift „Znamja" ⟨Voprosy literatury, 1967, Nr. 1, S. 156f.⟩
Anfang November	Spricht auf einem „Makarenko-Abend" im Kiever Klub des NKVD über das *Pädagogische Poem* ⟨Lit. haz., 1935, Nr. 51, S. 4; Bil'šovyk, Nr. 256, S. 3⟩
Herbst/Winter	Schreibt für die seinem Ressort unterstehenden Arbeitskolonien eine *Methodik der Organisierung des Erziehungsprozesses (Metodika organizacii vospitatel'nogo processa)* ⟨Soč., t. 5, S. 527⟩
1936 Februar	Aufenthalt in Moskau. Spricht in der K. E. Vorošilov-Musterschule vor den Schülern der oberen Klassen über das *Pädagogische Poem* (11. 2.) ⟨Mor., 114⟩
Anfang/Mitte Mai	Auf einer seinem literarischen Schaffen gewidmeten Sitzung der Russischsprachigen Sektion des Schriftstellerverbandes der Ukraine teilt Makarenko mit, er plane „eine gründliche wissenschaftliche Arbeit über die Prinzipien unserer Erziehungsarbeit" unter dem Titel *Mal'čiki (Kleine Jungen)* ⟨Lit. haz., 1936, Nr. 24, S. 4⟩
10. Mai	In einem Befehl des Volkskommissars des Inneren der Ukr.SSR, V. A. BALICKIJ, wird Makarenko „für die aktive und tatkräftige Teilnahme an der Vorbereitung und Durchführung der Gesamtukrainischen Laienkunstolympiade der Arbeitskommunen, Arbeitskolonien und Sammelstellen des NKVD" ausgezeichnet, die am 4. Mai in Kiev stattfand und auf der die Dzeržinskij-Kommunarden das Gros der Preise errangen ⟨CGALI, f. 332, op. 2, ed. chr. 67⟩
Mai/Juni	In Zusammenhang mit der neuen Familienpolitik, die die Familie in ihre „natürlichen" Rechte und Pflichten weitgehend wieder einsetzt, beginnt Makarenko – aufgrund von Material, das zum großen Teil seine Frau zusammengetragen hat – mit der Niederschrift des Fragen der Erziehung in der Familie gewidmeten *Buchs für Eltern (Kniga dlja roditelej)* ⟨Lit. gaz, 1936, Nr. 43, S. 6; Soč., t. 4, S. 529⟩
18. Juni	GOR'KIJs Tod. In Zusammenhang damit erscheinen in den Kiever Zeitungen „Bil'šovyk", „Komunist" und „Literaturna hazeta" Artikel Makarenkos ⟨Bil'šovyk, 1936, Nr. 142, S. 2; Komunist, Nr. 141, S. 2; Lit. haz., Nr. 30, S. 2⟩
4. Juli	Offizielle Verurteilung der bis dahin sehr einflußreichen pädagogischen Richtung, der positivistisch orientierten Pädologie („Wissenschaft vom Kinde") als einer „Pseudowissenschaft" durch den Be-

	schluß der VKP (B) „Über die pädologischen Entstellungen im System der Volksbildungskommissariate". Gegenüber der Redakteurin des *Pädagogischen Poems* im Staatsverlag, R. A. KOVNATOR, spricht Makarenko von einem „glücklichen Tag in meinem Leben". Makarenkos grundsätzlicher Konflikt mit den führenden Kreisen im ukrainischen Volksbildungssystem, der ihn zum Verlassen der Gor'kij-Kolonie gezwungen hatte, wird damit gewissermaßen nachträglich in seinem Sinne entschieden. Dies war eine wichtige Voraussetzung für die breite Kenntnisnahme und die spätere offizielle Würdigung seiner Pädagogik ⟨Pravda, 1936, Nr. 183, S. 1; Bal., 188⟩
14. Juli	Bittet um Befreiung von seinen Verpflichtungen in der Abteilung Arbeitskolonien des ukrainischen Innenkommissariats, um eine „Methodik der kommunistischen Erziehung" schreiben zu können; erklärt zugleich seine Bereitschaft, dem NKVD jederzeit als pädagogischer Konsultant unentgeldlich zur Verfügung zu stehen ⟨Niž., 186⟩
20. Juli	Die Zeitung „Za kommunističeskoe prosveščenie", ein Organ der Volksbildungskommissariate und Lehrergewerkschaften der Unionsrepubliken, veröffentlicht eine Stellungnahme des neuernannten Direktors des Instituts für Wissenschaftliche Pädagogik im Moskauer Höheren Institut für Kommunistische Bildung, Prof. M. PISTRAK, zum Parteibeschluß vom 4. Juli, worin die sowjetischen Erziehungswissenschaftler kritisiert werden, weil sie sich nicht mit Makarenkos „bemerkenswertem Experiment" befaßt hätten ⟨Za kommunist. prosveščenie, 1936, Nr. 99, S. 3⟩
20. Juli	Anläßlich des 10. Todestages F. E. DZERŽINSKIJs erscheint in der „Pravda" der Artikel *Prekrasnyj pamjatnik (Ein herrliches Denkmal)* über die Dzerzinskij-Kommune; erste Veröffentlichung Makarenkos in einer Moskauer Zeitung ⟨Pravda, 1936, Nr. 198, S. 3⟩
Ende Juli/ Anfang August	Aufenthalt in Moskau. Nimmt an einem Treffen mit Lesern und Kritikern des *Pädagogischen Poems* im Haus des sowjetischen Schriftstellers (27. 7.) und einem GOR'KIJ-Gedächtnisabend des Komsomol teil (3. 8.). Diskutiert über das *Poem* mit den wissenschaftlichen Mitarbeitern des Höheren Instituts für Kommunistische Bildung; in seinem Schlußwort kritisiert er (ganz im Sinne des neuen Institutsleiters PISTRAK) die mangelnde Praxisbezogenheit der pädagogischen Theorie und wirft den versammelten Wissenschaftlern vor, erst dann gegen Fehlentwicklungen in der Pädagogik vorzugehen, wenn entsprechende Parteibeschlüsse vorlägen („Warum sucht denn die Medizin Wege zur Heilung des Krebses? Die Medizin wartet nämlich nicht darauf, was das ZK der Partei zur Heilung des Krebses sagt.")[12] ⟨Lit. gaz., 1936, Nr. 43, S. 6; Lit. haz. Nr. 36, S. 4; A. S. Makarenko. Kn. 7, L'vov 1969, S. 142–147⟩
5. August	Die „Literaturnaja gazeta" veröffentlicht eine Zuschrift Makarenkos an den Rat der Schriftstellerfrauen, in der dieser seinen Plan zur Errichtung einer Waldschule für Familienkinder aus dem Jahre 1929 wieder aufnimmt. Laut Vermerk der Redaktion wurde der Vorschlag bereits vom Sekretariat des Schriftstellerverbandes ge-

	billigt und Makarenko aufgefordert, ein detailliertes Memorandum auszuarbeiten ⟨Lit. gaz., 1936, Nr. 44, S. 6⟩
12. August	In der ukrainischen „Literaturna hazeta" erscheint eine Stellungnahme Makarenkos zum Verfassungsentwurf der UdSSR unter der Überschrift *My žyvemo v najščaslyvišu epochu (Wir leben in einer überaus glücklichen Zeit)*, die den Vorschlag enthält, in die neue Verfassung einen speziellen Abschnitt über die Familie in der sozialistischen Gesellschaft aufzunehmen ⟨Lit. haz., 1936, Nr. 37, S. 3⟩
27. August	Die „Literaturnaja gazeta" veröffentlicht eine ausführliche Besprechung des von M. GOR'KIJ, K. GORBUNOV und M. LUZGIN herausgegebenen Sammelbandes *Bol'ševcy (Die Bol'ševcer)* mit Beiträgen von Schriftstellern über die Jugendkommune der OGPU in Bol'ševo bei Moskau; früheste bisher bekannt gewordene Rezension Makarenkos ⟨Lit. gaz., 1936, Nr. 48, S. 3⟩
Ende August	In Zusammenhang mit dem „Prozeß gegen das Trotzkistisch-Sinowjewsche terroristische Zentrum" besucht Makarenko zwei Versammlungen der Kiever Schriftsteller und nimmt, wie auch andere Autoren, in der „Literaturna hazeta" vom 29. 8. zustimmend zum Urteilsspruch des Militärkollegiums des Obersten Gerichts der UdSSR (16 Todesurteile) Stellung – *Vsenarodnyj vyrok (Ein Urteil des ganzen Volkes);* einzige bisher bekannt gewordene Veröffentlichung Makarenkos zu einem politischen Prozeß ⟨Lit. haz., 1936, Nr. 39, S. 1, 4; Nr. 40, S. 1–3⟩
Anfang September	In dem Londoner Verlag S. Nott erscheint eine englische Übersetzung von Teil 1 des *Pädagogischen Poems (Road to Life)* ⟨The English Catalogue of Books, vol. 14, London 1945, S. 1074⟩
5. September	Nimmt in Char'kov an der Entlassungsfeier der Dzeržinskij-Kommunarden teil und hält eine Ansprache, in der er (offenbar unter dem Eindruck des Urteils im Moskauer Prozeß) die 70 ausscheidenden Kommunarden mahnt, „tatkräftige Anhänger unseres genialen Stalin" zu sein und sich stets vor Augen zu halten, „daß Eigennutz, Egoismus, dumme Gedanken, auf Unwissenheit beruhende ‚Überzeugungen' und Nichtachtung der Interessen des Kollektivs stets der Politik unserer Partei entgegenstanden" ⟨Soč., t. 7, Moskva 1952, S. 454; Paed. hist., 1970, Nr. 3, S. 510⟩
11. September	Einem Artikel über Makarenkos Arbeitspläne in der „Literaturna hazeta" ist zu entnehmen, daß der „Al'manach" das *Buch für Eltern* zur Veröffentlichung angenommen hat. Momentan beende Makarenko ein Theaterstück mit dem Arbeitstitel *Vier Kameraden (Četyre tovarišči)*, dem Material der Gor'kij-Kolonie, der Dzeržinskij-Kommune und anderer Arbeitskolonien zugrundeliegt; außerdem arbeite er an der endgültigen Fassung des Stücks *Newtonsche Ringe* (aufgrund der von GOR'KIJ angeregten Änderungen) ⟨Lit. haz., 1936, Nr. 42, S. 4⟩
10. Oktober bis Ende Januar 1937	Leitet die Arbeitskolonie Nr. 5 in Brovary bei Kiev, die er in einem sehr heruntergekommenen Zustand übernimmt und innerhalb weniger Wochen in ein diszipliniertes Kollektiv umgestaltet[13] ⟨Mor., 115; Soč., t. 7, S. 457; Niž., 187; Auf holprigen Wegen der Pädagogik, Marburg 1975, S. 87⟩

Ende Oktober	Aufenthalt in Moskau. Spricht vor Arbeitern der Kugellagerwerke über die Arbeitserziehung in Kinderkolonien (25. 10.) und nimmt an einer Diskussion über das *Pädagogische Poem* in der Bibliothek des Pädagogischen Bezirksinstituts teil ⟨Naš sovremenik, 1965, Nr. 10, S. 101–109; Soč., t. 5, S. 542 f.⟩
9. Dezember	Anläßlich der Annahme der neuen Verfassung durch den VIII. Sowjetkongreß veröffentlicht die Regierungszeitung „Izvestija" u. a. Makarenkos Artikel *O ličnosti i obščestve (Der Einzelne und die Gesellschaft)* ⟨Izvestija CIK, 1936, Nr. 286, S. 3⟩
Mitte Dezember	Aufenthalt in Leningrad. Nimmt an einem „Makarenko-Abend" im Haus des Schriftstellers teil, auf dem über das *Buch für Eltern* diskutiert wird (14. 12.) ⟨Lit. Leningrad, 1936, Nr. 58, S. 4⟩
Ende Dezember/ Anfang Januar 1937	In Nr. 10 des „Al'manach" erscheint der Aufsatz *Maksim Gor'kij v moej žizni (Maksim Gor'kij in meinem Leben)* ⟨God devjatnadcatyj. Al'manach X, Moskva 1936, S. 15–25, 476; Knižnaja letopis', 1937, Nr. 4, S. 40⟩
1937 Februar	Nach der Verhaftung des Innenkommissars der Ukr.SSR, BALICKIJ, und Makarenkos direkten Vorgesetzten in der Abteilung Arbeitskolonien, ACHMATOV, übersiedelt Makarenko von Kiev nach Moskau. Wegen seines schlechten Gesundheitszustandes verbieten ihm die Ärzte, „zu arbeiten und sogar zu schreiben" ⟨Niž., 188; Auf holprigen Wegen der Pädagogik, Marburg 1975, S. 88⟩
Anfang März	In der Spielzeug-Fachzeitschrift „Igruška" plädiert Makarenko für ein größeres Angebot an einzelnen Spielelementen anstelle fertigen Spielzeugs – *Bol'še aktivnosti v igre (Mehr Aktivität beim Spielen)* ⟨Igruška, 1937, Nr. 3, S. 4⟩
5. April	Tritt erstmals auf der Vollversammlung der Moskauer Schriftsteller auf und hält ein von den Zuhörern mit großem Interesse aufgenommenes Referat *Bol'še kollektivnosti (Mehr Kollektivität)*, in dem er den Schriftstellern vorschlägt, sich in Brigaden zu organisieren und den „literarischen Ausstoß" nach Prinzipien der allgemeinen Produktion zu gestalten („Ausschuß eliminieren, verwertbaren Ausschuß umarbeiten, gute Produktion drucken") ⟨Lit. gaz., 1937, Nr. 18, S. 1; Soč., t. 7, S. 141–145⟩
9. April	In einem Befehl des Innenkommissariats der Ukr.SSR wird Makarenko für die in der Abteilung Arbeitskolonien geleistete Arbeit gedankt ⟨Mor., 116⟩
21. April	Im Rahmen einer Vorlesung zu dem Thema *Schöne Literatur über Kindererziehung (Chudožestvennaja literatura o vospitanii detej)*, die Makarenko im Auftrag des Moskauer Bezirkssowjets der Gewerkschaften hält, setzt er sich mit den damals weitverbreiteten Jugendbüchern *Die Rechtsbrecher* von SEJFULLINA, *Republik Škid* von BELYCH/PANTELEEV und *Der Morgen* von MYKYTENKO kritisch auseinander ⟨Soč., t. 5, S. 358–387; A. S. Makarenko. Kn. 9, L'vov 1974, S.⟩
17.–19. Mai	Aufenthalt in Smolensk. Spricht vor Studenten des Pädagogischen Instituts (17. 5.) und vor Lehrern (18. 5.) über seine pädagogischen Erfahrungen

Daten zu Leben und Werk A. Makarenkos 1937 127

	⟨Bol'ševistskaja molodež', 1937, Nr. 72, S. 4⟩
8.–29. Juni	Zieht sich aufs Land (nach Dubečnja bei Kiev) zurück und überarbeitet das Manuskript des *Buchs für Eltern* ⟨Mor., 117⟩
Ende Juli/ Anfang August	Die Zeitschrift „Krasnaja nov'" beginnt mit dem Abdruck von Band 1 des *Buchs für Eltern* ⟨Krasnaja nov', 1937, Nr. 7, S. 3–48; Nr. 8, S. 3–64; Nr. 9, S. 86–131; Nr. 10, S. 79–102⟩
10. August	Unter der Überschrift *Ein gesetzmäßiger Mißerfolg (Zakonomernaja neudača)* rezensiert Makarenko in der „Literaturnaja gazeta" das in der Zeitschrift „Znamja" veröffentlichte Werk *Gesetzmäßigkeit* des protegierten Nachwuchsautors N. VIRTA, dessen Erstlingswerk *Einsamkeit* STALIN im März 1937 den sowjetischen Schriftstellern zur positiven Besprechung empfohlen hatte; Makarenko bezeichnet das neue Buch als „übereilt geschriebenes Machwerk" ⟨Lit. gaz. 1937, Nr. 15, S. 2; Nr. 43, S. 3⟩
14. August	Schreibt für die in Moskau erscheinende Zeitschrift „Revue de Moscou" einen Beitrag über Probleme der Berufswahl im vorrevolutionären Rußland und in der Sowjetunion, wobei er seine Erfahrungen als Lehrer an Eisenbahnschulen und als Kolonieleiter zugrundelegt. Der Artikel wurde (unter der Überschrift *Le chemin de la vie*) in der Novemberausgabe veröffentlicht, und zwar mit dem Hinweis „A. Makarenko, l'auteur du célèbre roman: *Le Poème Pédagogique*" ⟨Soč., t. 5, S. 535; Revue de Moscou, 1937, Nr. 9, S. 26⟩
28. August	In der „Izvestija" erscheint Makarenkos Artikel *Cel' vospitanija (Das Ziel der Erziehung)*, worin er mehr Aufmerksamkeit für diese von der pädagogischen Theorie „fast vergessene Kategorie" fordert ⟨Izvestija CIK, 1937, Nr. 207, S. 3f.⟩
1. September	Der Moskauer Rundfunk (Redaktion „Pädagogische Propaganda für Eltern") sendet den ersten von acht Vorträgen Makarenkos über Kindererziehung in der Familie ⟨Radioprogrammy, 1937, Nr. 39, S. 4; Nr. 42, S. 1⟩
13. Oktober	Die „Pravda" bringt unter dem Titel *Radost' našej žizni (Die Freude unseres Lebens)* einen Bericht über eine Wählerversammlung der Moskauer Kugellagerwerke; erster von insgesamt sieben publizistischen Beiträgen Makarenkos zu den Wahlen zum Obersten Sowjet (12. 12.) ⟨Pravda, 1937, Nr. 283, S. 3; Nr. 286, S. 2; Izvestija CIK, Nr. 246, S. 1; Lit. gaz., Nr. 58, S. 2; Večernjaja Moskva, Nr. 273, S. 2; Oktjabr', Nr. 12, S. 41–46; Krasnaja nov', Nr. 12, S. 22–28⟩
Ende Oktober	Das Oktober/November-Heft der Zeitschrift „Literaturnij kritik" veröffentlicht unter der Rubrik „Die besten Bücher der sowjetischen Literatur" u. a. eine Würdigung des *Pädagogischen Poems* durch die Literaturwissenschaftlerin N. ČETUNOVA ⟨Lit. kritik, 1937, Nr. 10–11, S. 256–280⟩
Ende Oktober/ Anfang November	Die Zeitschrift „Oktjabr'" beginnt mit dem Abdruck des Romans *Čest' (Ehre)*, dem Erfahrungen von Makarenkos Bruder VITALIJ als Offizier im Weltkrieg zugrundeliegen ⟨Oktjabr', 1937, Nr. 11, S. 32–69; Nr. 12, S. 152–167; 1938, Nr.

	1, S. 72–87; Nr. 5, S. 93–137; Nr. 6, S. 10–45⟩
Anfang November	Aufenthalt in Jalta. In einem Brief an den ehemaligen Gor'kij-Kolonisten N. ŠERŠNEV (1. 11.) schreibt Makarenko über seine in letzter Zeit erschienenen Artikel: „sie waren gar nicht so schlecht, doch die Bürokraten in den Redaktionen fürchten das lebendige Wort, verderben den Artikel, fügen eigene Sätze ein und werfen das Interessanteste heraus"; er sei aber auf die Honorare angewiesen, da er kein Gehalt beziehe und „das ‚Päd. Poem' versiegt ist" ⟨A. S. Makarenko. Kn. 3, L'vov 1956, S. 142f.⟩
7. November	In der Ausgabe der „Izvestija" zum 20. Jahrestag der Oktoberrevolution erscheint der Aufsatz *Sčast'e (Glück)* ⟨Izvestija CIK, 1937, Nr. 260, S. 5⟩
16. November	Makarenko wird (neben K. FEDIN, V. VERESAEV, I. KASATKIN und A. NOVIKOV-PRIBOJ) in den Vorstand der Sektion Prosa des Sowjetischen Schriftstellerverbandes gewählt ⟨Lit. gaz., 1937, Nr. 63, S. 6⟩
31. Dezember	In einer Umfrage der „Literaturnaja gazeta" über Arbeitsvorhaben der Schriftsteller nennt Makarenko fünf Werke, die er im Jahre 1938 beenden wolle: die Romane *Ehre, Kolonisten (Kolonisty), Ein Mensch (Čelovek), Wege einer Generation (Puti pokolenija)* und den 2. Band des *Buchs für Eltern* (außer *Ehre* unvollendet) ⟨Lit. gaz, 1937, Nr. 71, S. 2⟩
noch 1937	Makarenko plant, eine Biographie N. K. KRUPSKAJAs zu schreiben; erstellt hierfür eine detaillierte Disposition ⟨Niž., 200; Rad. škola, 1969, Nr. 3, S. 33–35⟩
1938 10.–20. Januar	Hält einen Zyklus von vier Vorlesungen über *Probleme der sowjetischen Schulerziehung (Problemy škol'nogo sovetskogo vospitanija)* vor verantwortlichen Mitarbeitern des Volksbildungskommissariats der RSFSR ⟨Mor., 118f.⟩
12. Februar	Setzt sich in einem (gemeinsam mit den Schriftstellerkollegen A. KARAVAEVA und A. ERLICH gezeichneten) Artikel in der „Komsomol'skaja pravda" für einen Nachwuchsautor (V. PANOV) ein, von dem ein Werk in der „Izvestija" sehr kritisch rezensiert worden war; *Kleveta na molodogo pisatelja (Verleumdung eines jungen Schriftstellers)* ⟨Koms. pravda, 1938, Nr. 35, S. 3⟩
20. Februar	Beendet den Roman *Ehre* ⟨Mor., 119⟩
26. Februar	Auf einer gemeinsamen Sitzung des Präsidiums des Schriftstellerverbandes und des Aktivs der Moskauer Schriftsteller trägt Makarenko eine Variante seines Vorschlags vom 5. 4. 1937 zur Reorganisation des Verbandes vor, den er als „Produktionsorganismus zur Herstellung künstlerischer Werte" verstanden wissen will und der deshalb nach dem Produktionsprinzip umgestaltet werden sollte: Bildung von Brigaden als primären Produktionskollektiven, die miteinander um die Qualität der Produktion in Wettbewerb treten und deren Bevollmächtigte einen Rat (beim Sekretariat des Verbandes) bilden. Der Berichterstatter in der „Literaturnaja gazeta" hebt hervor, daß die Versammlung den Ausführungen Makarenkos zunächst mit großem Interesse gefolgt sei, dann aber habe sich die-

Daten zu Leben und Werk A. Makarenkos 1938

	ser „im Dickicht seiner Vorschläge verfangen und das Podium verlassen" ⟨Lit. gaz., 1938, Nr. 12, S. 4⟩
Anfang März	Auf einer Veranstaltung der Sektion Theater des Schriftstellerverbandes zur Thematik „Bühnenstücke über Kinder und die sowjetische Familie" spricht Makarenko über seine eigenen Theaterstücke ⟨Lit. gaz., 1938, Nr. 13, S. 6⟩
Mitte/Ende März	Die Zeitschrift „Sovetskaja pedagogika", ein Organ des Volksbildungskommissariats der RSFSR, veröffentlicht eine kritische Stellungnahme zum *Buch für Eltern – Vrednye sovety roditeljam o vospitanii detej (Schädliche Ratschläge für Eltern über Kindererziehung)* – von N. P. STOROŽENKO. Makarenko sieht in dem Artikel einen „Anzeiger für die Stimmungen im Narkompros" (Volksbildungskommissariat) und notiert am 15. 4. 1938 in sein Notizbuch: „Man müßte eine Antwort schreiben. Wo drucken? Die pädagogische Einsamkeit dauert an. Man steht wie vor einer Wand." ⟨Sov. ped., 1938, Nr. 3, S. 124–128; Niž., 202⟩
23. März	In der „Pravda" erscheint der Artikel *Problemy vospitanija v sovetskoj škole (Erziehungsprobleme in der sowjetischen Schule)*, zu dem mehr als 2000 Zuschriften eingehen ⟨Pravda, 1938, Nr. 81, S. 4; Mor., 119⟩
Frühjahr	Arbeitet an dem Roman *Flagi na bašnjach (Flaggen auf den Türmen)*, dem die Entwicklung der Dzeržinskij-Kommune in den Jahren 1930 bis 1932 zugrundeliegt ⟨Niž., 202; Paed. hist., 1970, Nr. 3, S. 512f.⟩
7. Mai	Die „Pravda" veröffentlicht einen weiteren Artikel Makarenkos zu Schulproblemen – *Vospitanie charaktera v škole (Charaktererziehung in der Schule)* ⟨Pravda, 1938, Nr. 124, S. 4⟩
9. Mai	Spricht auf einer Leserversammlung der S.Ordžonikidze-Maschinenfabrik über das *Buch für Eltern* ⟨Mor., 119⟩
10. Mai	Nimmt an einer Beratung des Kinderbuchverlages und der „Literaturnaja gazeta" teil. Makarenkos Referat *Vospitatel'noe značenie detskoj literatury (Die erzieherische Bedeutung der Kinder- und Jugendliteratur)* wird in der „Literaturnaja gazeta" vom 15. Mai veröffentlicht ⟨Lit. gaz., Nr. 26, S. 6; Nr. 27, S. 3⟩
13. Mai	Unterzeichnet gemeinsam mit dem Schriftsteller N. G. ŠLJAR einen Vertrag mit dem Verlag Sowjetschriftsteller über die Herausgabe eines Buches *Deti dvuch epoch (Kinder zweier Epochen)* ⟨Mor., 119⟩
2. Juni	Wird in den 15köpfigen Redaktionsrat des Verlages Sowjetschriftsteller gewählt[14] ⟨Lit. gaz., 1938, Nr. 31, S. 6⟩
Anfang Juni	Fast gleichzeitig erscheinen in der „Pravda" und der Zeitschrift „Literaturnyj kritik" Artikel des Literaturkritikers K. MALACHOV zu dem Roman *Ehre*, in denen Makarenko eine Entstellung der russischen Geschichte und „Amnestierung des Chauvinismus" vorgeworfen wird. Eine Erwiderung Makarenkos veröffentlicht die „Literaturnaja gazeta" (30. 6.) – das einzige Publikationsorgan, das

	ihn (wie die Redakteurin O. VOJTINSKAJA berichtet) „nach den Angriffen in der ‚Pravda' in einer für ihn schwierigen Situation unterstützte" ⟨Pravda, 1938, Nr. 155, S. 4; Lit. kritik, Nr. 5, S. 151–166; Lit. gaz., Nr. 36, S. 3; 1939, Nr. 23, S. 1⟩
Anfang/Mitte Juni	Spricht auf einer Elternversammlung der K. E. Vorošilov-Musterschule, die dem *Buch für Eltern* gewidmet ist ⟨Mor., 120⟩
Juni	Schreibt in Moskau und in Jalta den (abschließenden) 3. Teil von *Flaggen auf den Türmen;* mit der Veröffentlichung des Romans beginnt die Zeitschrift „Krasnaja nov'" Ende Juni ⟨Niž., 202; Krasnaja nov', 1938, Nr. 6, S. 43–114; Nr. 7, S. 16–101; Nr. 8, S. 54–130⟩
2. Juli	Auf einer Sitzung des Präsidiums des Schriftstellerverbandes und des Aktivs der Sektionen fordert Makarenko strengere Maßstäbe für die Aufnahme in den Schriftstellerverband: „... unter den Mitgliedern gibt es Leute, die mit Literatur überhaupt nichts zu tun haben" ⟨Lit. gaz. 1938, Nr. 37, S. 6⟩
11. Juli	Als Vertreter des Schriftstellerverbandes diskutiert Makarenko mit Nachwuchsautoren über das Thema *Wie ein schöngeistiges Werk entsteht (Kak sozdaetsja chudožestvennoe proizvedenie)* ⟨Mor., 120; Lit. učeba, 1938, Nr. 10, S. 93–100⟩
22. Juli	In einer Elternversammlung in der Redaktion der Frauenzeitschrift „Obšestvennica" hält Makarenko ein Referat zum Thema *Familie und Kindererziehung (Sem'ja i vospitanie detej)* ⟨Mor., 120⟩
10. August	Akute Verschlechterung des Gesundheitszustandes – Makarenko bricht auf der Straße zusammen ⟨Kalabalin, 90⟩
Ende August bis Ende September	Aufenthalt in einem Sanatorium in der Nähe von Moskau ⟨Kalabalin, 90; Soč., t. 7, S. 467⟩
28. September	Gegenüber der Zeitung „Večernjaja Moskva" teilt Makarenko mit, daß er an zwei Büchern arbeite: dem zweiten Band des *Buchs für Eltern* (das auf insgesamt vier Bände konzipiert ist und bis 1940 abgeschlossen sein soll) und dem Roman *Newtonsche Ringe*, den er der sowjetischen Jugend widme und dessen erste Kapitel er bereits der Zeitschrift „Molodaja gvardija" zur Veröffentlichung übergeben habe ⟨Več. Moskva, 1938, Nr. 223, S. 3⟩
6. Oktober	In Briefen an zwei ehemalige Zöglinge (V. G. ZAJCEV und S. A. KALABALIN) berichtet Makarenko über seine „sehr schwere Arbeit" mit Nachwuchsautoren im Redaktionsrat des Verlages Sowjetschriftsteller: „unter ihnen gibt es sehr wenig künftige Schriftsteller und viele Graphomanen"; „darum fürchte ich, daß meine Arbeit für die Katz sein wird" ⟨CGALI, f. 332, op. 4, ed. chr. 262; Soč., t. 7, S. 467⟩
10./11. Oktober	Anläßlich des erfolgreichen Fernostfluges dreier sowjetischer Pilotinnen veröffentlicht die „Literaturnaja gazeta" (10. 10.) einen *Sovetskie letčicy (Sowjetische Fliegerinnen)* überschriebenen Artikel Makarenkos. Eine längere Fassung dieses Beitrages – erweitert um Ausführungen über die Emanzipation der Frau in der bürgerlichen

	und der sowjetischen Gesellschaft – erscheint in der Zeitung „Le Journal de Moscou" (11. 10.) unter der Überschrift *La femme soviétique* ⟨Lit. gaz, 1937, Nr. 56, S. 3; Le Journal de Moscou, 1937, Nr. 45, S. 4⟩
Mitte Oktober	Aufenthalt in Leningrad; Vortrag über pädagogische Schlußfolgerungen aus seinen Erfahrungen vor Lehrern allgemeinbildender Schulen im Bezirkshaus des Lehrers (16. 10.); Diskussion mit Lesern von *Flaggen auf den Türmen* im S.M.Kirov-Haus der Roten Armee (17. 10.)[15] ⟨Krasnaja gazeta, 1938, Nr. 240, S. 4; Mor., 120⟩
20. Oktober	Vortrag (über seine pädagogischen Erfahrungen) im Wissenschaftlich-praktischen Institut für Sonderschulen und Kinderheime des Volksbildungskommissariats der RSFSR ⟨Mor., 120⟩
21. Oktober	Bietet dem Odessaer Filmstudio, das eine Verfilmung von *Flaggen auf den Türmen* abgelehnt hatte, zwei weitere Themen für Drehbücher an: *Sem'ja i škola (Familie und Schule)* und *Nastojčivost' i ustupčivost' (Beharrlichkeit und Nachgiebigkeit)* ⟨Učt. gaz., 1969, Nr. 31, S. 3⟩
Ende Oktober	Wird Vorsitzender einer Kommission des Schriftstellerverbandes zur Unterstützung der Irkutsker Autoren ⟨Lit. gaz., 1938, Nr. 59, S. 6⟩
November	Zur Kur in Kislovodsk ⟨Mor., 120⟩
7. November	In der Wochenzeitung „Moscow News" erscheint Makarenkos Artikel *Fullness of Soviet life brings colorful novels into being*, der einen Überblick über seine Entwicklung als Pädagoge und Schriftsteller unter der Sowjetmacht gibt ⟨Moscow News, 1938, November Seventh Anniversary Issue, S. 22, 46⟩
21. November	Die „Pravda" veröffentlicht eine Besprechung der überarbeiteten Buchausgabe von N. VIRTAs *Gesetzmäßigkeit*, in der Makarenkos Rezension der Erstfassung des Romans in der „Literaturnaja gazeta" (10. 8. 1937) als Verriß „unseligen Gedenkens an den RAPP'schen Geist" eines „gewissen Möchtegern-Kritikers" bezeichnet wird ⟨Pravda, 1938, Nr. 321, S. 3⟩
November/ Anfang Dezember	Arbeitet am Roman *Wege einer Generation*, in den er die fertiggestellten Teile der Romane *Ein Mensch* (1935) und *Newtonsche Ringe* (1938) einfügt und auch einige Figuren aus seinen (weder aufgeführten noch veröffentlichten) Theaterstücken *Newtonsche Ringe* (1934) und *Die Sorge um den Menschen (Zabota o čeloveke,* 1935/36) übernimmt ⟨Voprosy literatury, 1967, Nr. 1, S. 159⟩
2. Dezember	Unter dem polemischen Titel *Otkrovenija A. Makarenko (Die Offenbarungen des A. Makarenko)* erscheint in der „Komsomol'skaja pravda" eine Replik des Jugendbuchautors A. BOJM auf Makarenkos von der Zeitschrift „Detskaja Literatura" (1938, Nr. 17) zur Diskussion gestellten Aufsatz *Stil'detskoj literatury (Der Stil der Kinder- und Jugendliteratur)*, in der Makarenko vorgeworfen wird, „nach dem Erfolg des *Pädagogischen Poems* und dem Mißerfolg des

	Buchs für Eltern bilde er sich nunmehr ein, das Monopol der Auslegung der Grundsätze der marxistischen Pädagogik zu besitzen". Makarenko schickt der „Komsomol'skaja pravda" eine *Antwort an den Genossen A. Bojm (Otvet tovariŝču A. Bojmu)*, die jedoch nicht veröffentlicht wird ⟨Koms. pravda, 1938, Nr. 276, S. 3; Soč., t. 7, S. 514f.⟩
Anfang Dezember	Als erste Reaktion auf die Veröffentlichung von *Flaggen auf den Türmen* erscheint in der Leningrader Zeitschrift „Literaturnyj sovremennik" eine Parodie von A. FLIT *A. Makarenko. Detki v sirope Fragmenty medovogo romansa (A. Makarenko. Kinderchen in Sirup. Fragmente einer honigsüßen Romanze)* ⟨Lit. sovremennik, 1938, Nr. 12, S. 226f.⟩
Mitte Dezember bis Anfang Januar 1939	Schreibt für die Moskauer Produktionsgesellschaft „Kinderfilm" das Drehbuch *Nastojaščij charakter (Ein wahrer Charakter)* ⟨Soč., t. 6, S. 444⟩
noch 1938	Die Buchgemeinschaft „Nieuwe Cultuur", Amsterdam, veröffentlicht eine niederländische Übersetzung von Teil 1 des *Pädagogischen Poems (De weg naar het leven)* ⟨A. Makarenko, De weg naar het leven, Amsterdam 1938⟩
Dezember/ Januar 1939	Hält in der Moskauer Pädagogischen Lehranstalt Nr. 1 einen Vortrag über politische Erziehung auf dem Hintergrund seiner Erfahrungen ⟨Soč., t. 5, S. 536⟩
1939 Januar	Schreibt für den sowjetischen Pavillon der Weltausstellung (New York 1939) die Broschüre *Children in the Land of Socialism* ⟨Mor., 121⟩
Anfang/ Mitte Januar	Teilt seinem Freund S. KALABALIN mit, daß er „so bald nichts schreiben werde", sondern Energie sammeln müsse, „um mich so richtig über meine Feinde hermachen zu können" – „einzeln will ich mich mit ihnen nicht einlassen" ⟨Kalabalin, 89⟩
7. Januar	Makarenko nimmt an einem Treffen von Schriftstellern und Literaturlehrern Moskauer Schulen im Schriftstellerklub teil; er betont, daß beide Berufsgruppen in ihrer praktischen Arbeit aufeinander angewiesen seien ⟨Lit. gaz., 1939, Nr. 2, S. 4⟩
Anfang/ Mitte Januar	In einem umfangreichen Beitrag in der Zeitschrift „Literaturnij kritik" – *Četvertaja povest' A. Makarenko (Die vierte Erzählung A. Makarenkos)* – schreibt der Kritiker F. LEVIN in bezug auf *Flaggen auf den Türmen*, Makarenko sei „nur stark als Erzähler wirklicher Ereignisse und Menschen, als Künstler, als Schöpfer synthetischer Gestalten jedoch schwach" ⟨Lit. kritik, 1938, Nr. 12, S. 138–154⟩
29. Januar	Schreibt für die „Literaturnaja gazeta" einen *Offenen Brief an den Genossen F. Levin (Otkrytoe pis'mo tov. F. Levinu)*, der jedoch wegen der darin enthaltenen politischen Anschuldigungen nicht veröffentlicht wird. (Nach einem Gespräch mit der Redakteurin O. VOJTINSKAJA streicht Makarenko die F. LEVIN diskreditierenden Passagen.) ⟨Lit. gaz., 1939, Nr. 23, S. 1, 4⟩
Januar	In der Zeitschrift „Komunistyčna osvita" erhebt der Kiever Pädagogikdozent J. A. LIPMAN den Vorwurf, Makarenko habe mit

seiner Forderung nach „Disziplinierungsmaßnahmen und Strafen als wichtiges, wenn nicht sogar entscheidendes Erziehungsmittel" (in den „Pravda"-Artikeln vom Frühjahr 1938) „den klassischen Ausspruch LENINs [auf dem V. Allrussischen Sowjetkongreß] außer acht gelassen, daß jede neue Gesellschaft neue Beziehungen zwischen den Menschen schafft, d. h. eine neue Disziplin"; LIPMAN zitiert LENINs Gegenüberstellung einer „Disziplin des Stocks" (im Feudalismus), einer „Disziplin des Hungers" (im Kapitalismus) und einer „Disziplin des Vertrauens zur Organisiertheit der Arbeiter und der armen Bauern, einer kameradschaftlichen Disziplin, einer Disziplin der Selbständigkeit und Initiative im Kampf" (nach der Oktoberrevolution)
⟨Kom. osvita, 1939, Nr. 1, S. 20–31⟩

31. Januar Das Präsidium des Obersten Sowjet zeichnet 172 Schriftsteller „für hervorragende Verdienste um die Entfaltung der Sowjetliteratur" aus; 21 mit dem Leninorden, 49 (darunter Makarenko) mit dem Rotbannerorden und 102 mit dem Ehrenabzeichen
⟨Lit. gaz., 1939, Nr. 7, S. 1⟩

Anfang Februar Schreibt den Artikel *Literatura i obščestvo (Literatur und Gesellschaft),* den die „Literaturnaja gazeta" am 5. Februar zusammen mit weiteren Beiträgen von Ordensempfängern veröffentlicht. Seinem Freund KALABALIN teilt er mit: „Der Orden hat alle in Aufregung versetzt, ich denke, daß es sich jetzt auch leichter arbeiten lassen wird" (2. Februar)
⟨Lit. gaz., 1939, Nr. 7, S. 4; Kalabalin, 92⟩

8. Februar Vortrag über Erziehung in Familie und Schule im Haus des Lehrers im Moskauer Frunze-Stadtteil
⟨Soč., t. 4, S. 540⟩

13. Februar „Makarenko-Abend" im Moskauer Schriftstellerklub. Die Schriftsteller A. KARAVAEVA, V. GERASIMOVA und JU. LIBEDINSKIJ, der Literaturwissenschaftler V. ERMILOV, der Regisseur N. PETROV, der Psychologe V. KOLBANOVSKIJ u. a. verteidigen *Flaggen auf den Türmen* gegen die von Seiten der Kritik vorgetragenen Angriffe
⟨Več. Moskva, 1939, Nr. 36, S. 3; Lit. gaz., Nr. 12, S. 6⟩

18. Februar Spricht auf einer Feier zum zwanzigjährigen Bestehen der Schule Nr. 1 der Jaroslavl'er Eisenbahn, die von A. K. VOLNIN – in Makarenkos Studienzeit Direktor des Poltavaer Lehrerinstituts – geleitet wird, über seine pädagogischen Erfahrungen
⟨Soč, t. 7, S. 530⟩

Mitte/
Ende Februar Nach (mindestens zwei) vorangegangenen Versuchen, Mitglied der Kommunistischen Partei zu werden (die wohl vor allem an der ihn politisch belastenden Tatsache scheiterten, daß sein Bruder VITALIJ, der zuletzt Offizier der weißgardistischen Armee war, als Emigrant im Ausland lebte), stellt Makarenko erneut einen Aufnahmeantrag und benennt V. KOLBANOVSKIJ und den Schriftsteller A. FADEEV als Bürgen. Über diesen Antrag sollte die Parteiversammlung des Schriftstellerverbandes am 4. April entscheiden
⟨Bal., 357; A. S. Makarenko. Kn. 7, L'vov 1969, S. 158; Makarenko-Symposion Vlotho 1966, Marburg 1966, S. 34 f.⟩

Februar/März Bewirbt sich um den Direktorposten einer Schule im Moskauer Ro-

	stokinskij-Bezirk; erhält von der Volksbildungsabteilung dieses Stadtteils eine Zusage ⟨Mor., 122⟩
26. Februar	In einer Sammelbesprechung der 1938 in der Zeitschrift „Oktjabr'" erschienenen literarischen Werke betont L. LEVIN, der Roman *Ehre* sei von der Kritik „völlig zu Recht als mißlungen bezeichnet worden"; er lenkt die Aufmerksamkeit darüber hinaus noch auf die „Hilflosigkeit in der Ausdrucksweise", die zu ausgesprochenen Stilblüten geführt habe. Aufgrund dieser Veröffentlichung zieht Makarenko seinen offenen Brief an F. LEVIN zurück ⟨Lit. gaz., 1939, Nr. 11, S. 4; Nr. 23, S. 1⟩
1. März	Am Tag der Beisetzung N. K. KRUPSKAJAs hält Makarenko im Auditorium der Moskauer Universität einen öffentlichen Vortrag über *Kommunistische Erziehung und kommunistisches Verhalten (Kommunističeskoe vospitanie i povedenie)* ⟨Soč., t. 5, S. 537; Mor., 122⟩
2.–11. März	Aufenthalt in Char'kov; spricht vor Studenten und Dozenten des Char'kover Staatlichen pädagogischen Instituts über seine pädagogischen Ansichten (9. 3.). Trifft ehemalige Zöglinge und Mitarbeiter der inzwischen aufgelösten Dzeržinskij-Kommune ⟨Niž., 212; Mor., 122; MM II, 20⟩
10. März	Makarenko erhält von I. P. SOPIN, einem ehemaligen Zögling der Gor'kij-Kolonie und Dzeržinskij-Kommune (Parteimitglied seit 1930), eine Empfehlung zur Aufnahme in die Kommunistische Partei, worin seine große Leistung bei der Erziehung minderjähriger Rechtsbrecher unterstrichen wird ⟨Mor., 122⟩
13. März – bis 1. April	Aufenthalt im Heim des Schriftstellerverbandes in Golicyno bei Moskau ⟨Mor., 122 f.⟩
13. März	In einem Brief an O. P. RAKOVIČ, einen ehemaligen Erzieher der Gor'kij-Kolonie, schreibt Makarenko: „Ich habe jetzt nichts mehr in der Hand, was ich bis zum letzten Blutstropfen verteidigen würde" ⟨Niž., 212 f.⟩
Mitte März	In einem Sammelband mit Beiträgen sowjetischer Schriftsteller zu Ehren des XVIII. Parteitages der VKP (B) *(Das Wort des Schriftstellers)* erscheint der Artikel *Predstoit bol'šaja rabota nad soboj (Uns steht eine große Arbeit an uns selbst bevor)* ⟨Slovo pisatelja, Moskva 1939, S. 211–214, 320; Knižnaja letopis', 1939, Nr. 14, S. 28⟩
Mitte/Ende März	In dem Pariser Verlag Editions sociales internationales erscheint eine französische Übersetzung von Teil 1 des *Pädagogischen Poems (Le chemin de la vie)* ⟨Le chemin de la vie, Paris 1939, S. 235⟩
29. März	Vortrag über seine pädagogischen Erfahrungen auf einer Konferenz der Lehrer an Schulen der Jaroslavl'er Eisenbahn in Moskau ⟨Soč., t. 5, S. 532⟩
30. März	Beendet die Überarbeitung des Romans *Flaggen auf den Türmen* für die Buchausgabe ⟨Mor., 123⟩
1. April	Stirbt an akutem Herzversagen in einem Eisenbahnabteil auf dem Bahnhof Golicyno bei Moskau ⟨Mor., 123⟩

Anmerkungen

[1] Makarenkos Teilnahme an dem illegalen politischen Zirkel am Poltavaer Lehrerinstitut wird in dem hier herangezogenen Zeugnis (Erinnerungen eines Studienkollegen, A. N. Vedmickij) nicht ausdrücklich erwähnt. Doch neben Hinweisen auf Makarenkos offenbar in dieser Zeit geprägte politische Grundeinstellung – etwa in den Bewerbungsunterlagen für das Studium in Moskau, August 1922 – läßt auch der Umstand der Publikation dieser Quelle in zwei Folgen (1949, 1956) diesen Schluß zu: Der hier relevante Teil wurde erst in der zweiten Folge veröffentlicht. Die Tatsache, daß dieser Zirkel Michajlovskij und Plechanov, nicht aber Lenin las, wird den Autor (bzw. den Redakteur) veranlaßt haben, auf Makarenkos Teilnahme nicht besonders einzugehen.

[2] Die bisherige Darstellung aufgrund von Makarenkos eigenen Angaben, daß er Krjukov nach Einnahme dieser Stadt durch die Denikin-Truppen (10. August 1919) aus *politischen* Gründen verlassen habe (Mor., 82; Bal., 78; Niž., 36–38), ist wenig überzeugend, da Poltava bereits am 29. Juli 1919 von der Denikin-Armee erobert worden war und Makarenko somit von dem „weißen" Krjukov in das ebenfalls „weiße" Poltava umzog.

[3] Lysenko/Ubyjvovk veröffentlichen einen russisch beschrifteten Umschlag und ordnen diesen Makarenkos Brief vom Juli 1925 zu, aus dem jedoch hervorgeht, daß Makarenko in der Zeitschrift „Ogonek" nach langen Bemühungen Gor'kijs „italienisch geschriebenen Schriftstellernamen" gefunden habe. Der Umschlag mit dem Poststempel 10. 6. oder 10. 8. (Jahr unleserlich) ist von Makarenkos Hand wie folgt beschriftet: „Italija. / Sorretto [!]. / Pisatelju Maksimu Gor'- / komu (Peškomu Alekseju Maksi- / moviču) / iz SSSR. / esli adres nevernyj, to prošu ekspedirovat' ispraviv". (Italien, Sorreto [statt: Sorrento]. An den Schriftsteller Maksim Gor'kij [Peškov Aleksej Maksimovič] aus der UdSSR. Falls die Adresse nicht richtig ist, bitte richtigstellen und weiterleiten.) Einen Rücksendungsvermerk trägt der Umschlag nicht. Es ist also anzunehmen, daß er zu einem Brief gehört, den Makarenko nach Bekanntwerden von Gor'kijs Übersiedlung nach Italien geschrieben und den dieser auch erhalten, jedoch nicht beantwortet hat.

[4] Mor., 84, datiert den Aufbau einer Komsomolzelle in der Gor'kij-Kolonie bereits auf Ende 1922 – offenbar gestützt auf das „Pädagogische Poem", wo die Gründung des Komsomol in den 1. Teil einbezogen wird, der in den Jahren 1920 bis 1923 spielt.

[5] Makarenkos Teilnahme an der Gesamtukrainischen Kinderstädtchenkonferenz in Odessa wird bei Mor., 90, und Bal., 115, mit dessen Teilnahme an der Poltavaer Konferenz verwechselt und dementsprechend auf „Anfang 1926" datiert.

[6] Das bisher (Mor., 93; Niž., 115) angegebene Datum – 27. September 1927 – geht auf einen entsprechenden Eintrag in einem Widmungsexemplar des Romans „Das Feuer" zurück, das Barbusse – so der Zögling P. Drozdjuk in einem Erinnerungsbeitrag – den Kolonisten bei seinem Besuch überreichte.

[7] Mor., 93, datiert Makarenkos Heranziehung für die pädagogische Organisierung der Dzeržinskij-Kommune auf Juni 1927. Da die Gründung der Kommune jedoch erst am 9. April 1927 beschlossen worden war (Vt. r., 15) und Makarenko bei der ersten Besichtigung bereits fertiggestellte Gebäude vorfand (A. S. Makarenko. Kn. 9, L'vov 1974, S. 122f.), ist davon auszugehen, daß das von diesem angegebene Datum seiner Einstellung als Kommune-Leiter (Vt. r., 15), 20. Oktober 1927, offenbar mit dem Datum seiner Heranziehung für die Organisierung der Dzeržinskij-Kommune identisch ist.

[8] Mor., 93, datiert diesen Vorgang – entsprechend der Angabe „Winter 1927" bei G. A. Alekseevič (A. S. Makarenko. Kn. 4, L'vov 1959, S. 13) – irrtümlich auf den Beginn des Jahres 1927.

[9] In der in der Akademie-Ausgabe der „Pädagogischen Werke" Krupskajas enthaltenen Version dieser Rede ist der Bezug auf Makarenkos Kolonie nicht mehr so deutlich: An-

statt „dom im. Gor'kogo na Ukraine" (das Gor'kij-Heim in der Ukraine) heißt es dort „odin dom im. Gor'kogo na Ukraine" (ein Gor'kij-Heim in der Ukraine); Ped. soč., t. 5, Moskva 1959, S. 270.

10 Die Sitzung des Kommune-Vorstandes, auf der dieser Beschluß gefaßt wurde, datiert Makarenko in Vt. r., 17, irrtümlich auf den 11. Mai *1928*.

11 Mor., 106, datiert den Herriot-Besuch in der Dzeržinskij-Kommune aufgrund der Erinnerungen des Zöglings A. G. Javlinskij (A. S. Makarenko. Kn. 4, L'vov 1959, S. 163) auf „im Jahr 1932". So auch in: A. S. Makarenko. Kn. 2, L'vov 1954, S. 140.

12 Makarenkos Ausführungen im Höheren Institut für Kommunistische Bildung werden von V. E. Gmurman und G. S. Makarenko (A. S. Makarenko. Kn. 7, L'vov 1969, S. 142) auf Mai 1936 datiert. Inhaltliche Kriterien lassen jedoch auf einen Termin *nach* dem Parteibeschluß vom 4. Juli 1936 schließen.

13 Nach Niž., 187, leitete Makarenko die Kolonie in Brovary nur bis Mitte November 1936, und zwar – so auch Soč., t. 1, S. 743; Mor., 115 – *neben* seiner Tätigkeit in der Abteilung Arbeitskolonien des NKVD. Aus einem bereits 1949 publizierten Brief Makarenkos an den ehemaligen Zögling L. V. Konisevič (18. April 1937) geht jedoch hervor, daß Makarenko bis Ende Januar 1937 in Brovary tätig gewesen ist und dort auch gewohnt hat.

14 Makarenkos Wahl in den Redaktionsrat des Verlages Sowjetschriftsteller datiert Mor., 121, irrtümlich auf den 3. Februar 1939 (ohne Quellenangabe).

15 Bisher (Soč., t. 3, S. 442; Mor., 120) wurde die Diskussion über „Flaggen auf den Türmen" – aufgrund einer entsprechenden Angabe im Kommentar zum Erstdruck des Stenogramms in der Ausgabe „Pedagogičeskie sočinenija", Moskva 1948 – auf den *18.* Oktober 1938 datiert.

174

REGISTER [*]

---

[*] Zusammengestellt von G. Hillig. Die Zahlen in Kursive beziehen sich auf Werke Makarenkos.

NAMENREGISTER *

Achmatov 164
Alčevskaja, Ch. D. „Buch der Erwachsenen" *11* 135
Alekseevič, G. A. 173
Alexander I. 150
Arakčeev, A. A. 150
Arnautov, V. A. 152 153
Atilla *15*

Balabanovič, E. Z. 141
Balickij, V. A. 161 164
Barbarov, P. O. 153
Barbusse, H. 150 173
Bel'skij, P. G. 151
Belych, G. 164
Bočačer, M. N. 160 161
Bogdanov, P. M. „Plaudereien über das Leben der Pflanzen" *10* 135
Bojm, A. E. 169f.
Borisov, F. 135
Bratčenko, Anton 134
Bratkevič 7 134
Bubnov, A. S. 158 160
Budennyj, S. M. *15* 138
Bukšpan, M. M. 156
Bykovec', M. 147

Campbell *15 53 78* 137
Cejtlin, M. G. 158
Četunova, N. I. XI 165
Chamberlain, J. A. *15* 137
Cinger, A. V. „Elementarphysik" *9* 135

Decroly, O. 132
Denikin, A. I. 173
Djušen, V. 149
Dmitrieff, A. 159
Dončenko, O. V. 160
Drozdjuk, P. 173
Dzeržinskij, F. E. 162

Erlich, A. I. 166
Ermilov, V. V. XI 171

Fadeev, A. A. 171
Fedin, K. A. 166
Fedorov, I. 6 134
Fere, N. E. 137 138 146 154
Feuerbach, L. 146
Fink, V. G. XI
Flit, A. 170

Gal'čenko, Andrej (A. S. Makarenko) 158
Gavrilin 148
Gerasimova, V. G. 171
Gladkij, M. 135
Gmurman, V. E. XII 174
Gogol', N. V. 158
Gorbunov, K. Ja. 163
Gorbunov-Posadov, I. I. 135
Gor'kij, A. M. 142 147 148 151 152 153 156 157 158 159 160 161 162 163 173
Grigorovič, E. F. 142 143 144 150
Gutenberg, J. 6

Hegel, G. W. F. 146
Herriot, E. 157 174
Hillig, G. 139
Hlibov, L. I. „Fabeln" *10 11* 135

Iov *90* 140

Jakovlev 140
Javlinskij, A. G. 174

Kairov, I. A. XII
Kajgorodov, D. N. „Der Baum und sein Leben" *10* 135
Kalabalin, S. A. XI 158 168 170 171

---

* Namen fiktiver Personen werden unverkürzt wiedergegeben.

Karavaeva, A. A. 166 171
Kasatkin, I. M. 166
Kiselev, A. P. *8* 134
Kogan, S. B. 154
Kolbanovskij, V. N. XI 161 171
Kol'cov, I. V. „Der Wald" *10*
Konisevič, L. V. 174
Konstantinov, N. A. 133
Kornejčuk, T. D. 159
Kostyčev, P. A. „Die Düngung des Bodens mit Stallmist" *6 7* 135
Kotel'nikov, M. N. 145 146
Koval', L. T. 148
Kovnator, R. A. 162
Kožin, A. 135
Kozlov, I. F. XII XIII
Krupskaja, N. K. 136 139 152 166 172 173

Lenin, V. I. 136 138 171 173
Leščenko, P. 135
Levin, F. M. 170 172
Levin, L. I. 172
Levitina, M. I. s. Maro
Libedinskij, Ju. N. 171
Lighthart, J. 132
Lipman, J. A. 170f.
Lukin, Ju. B. XI
Lunačarskij, A. V. 139
Luzgin, M. V. 163
Lysenko, P. H. 147 173

Makarenko (Sal'ko), G. S. XI XII *82* 139 149 154 155 161 174
Makarenko, V. S. 143 155 165 171
Malachov, K. 167
Maro (M. I. Levitina) 147
Marx, K. *121*
Matisen, A. G. „Vorträge über den Ackerbau vor Bauern des Schwarzerdegebietes im südlichen Rußland" *7* 135
Medynskij, E. N. XII 133
Meierhold, W. E. s Mejerchol'd, V. E.
Mejerchol'd, V. E. 158
Michajlovskij, N. K. 143 145 173
Molodcov, I. 152 153
Morozova, N. A. 141
Mstislav, P. T. 134
Mykytenko, I. K. 164

Nižyns'kyj, M. P. 141
Novikov-Priboj, A. S. 166

Ostapčenko, A. I. 150
Ostromenckaja, N. F. 151 152

Panov, V. 166
Panteleev, L. 164
Petrov, N. V. 171
Petrovskij, G. I. 156
Petruchin, I. S. XII
Peškov, M. A. 152
Pimenova, E. K. „Die Welt der Tiere in Schilderungen und Bildern" *10* 135
Pistrak, M. M. 162
Plechanov, G. V. 143 173
Pokrovskij, A. I. „Lesebuch für die Elementar stufe an Volksschulen" *11* 135
Poletaeva, O. V. „Drei Jahre Naturkunde- und Geographie-Unterricht" *9* 135
Popov, A. I. 151
Prišvin, M. M. „Wie man Felder und Wiesen düngt" *7* 135

Rakovič, O. P. 172
Roze, A. M.; Sutulov, A. N. „Der Landmaschinenbau und die Mechanisierung der Landwirtschaft in Amerika" *51 53* 137 138

Sal'ko, G. S. s. Makarenko, G. S.
Schnitzler *15* 137
Sejfullina, L. N. 164
Seršnev, N. F. 166
Ševčenko, T. H. 144
Sinowjew, G. J. s. Zinovev, G. E.
Skrypnyk, M. O. 157
Šljar, N. G. 167
Smirnov, P. A. s. Zajkov, A. M.
Sokoljanskij, I. A. 145 147
Sopin, I. P. 172
Sazanov, V. (u. a.) „Wie man die Produktivität der Feldwirtschaft im Poltavaer Gebiet steigern kann" 135
Stalin, I. V. 163 165
Storoženko, N. P. 167
Šul'gin, V. N. 160
Sutulov, A. N. s. Roze, A. M.
Svadkovskij, I. F. XII

Tatarinov, T. D. 150
Tatarinova, V. N. 150
Ter-Gevondjan, A. G. XII
Terskij, V. N. 150
Tolstoj, A. N. 158

Namenregister

Trepke 2 144
Trockij, L. D. 163
Trotzkij, L. D. s. Trockij, L. D.

Ubyjvovk, I. S. 147 173

Vachterov, V. P. „Die Welt in Erzählungen für Kinder" *10 11* 135
Vagner, G. (Wagner, H.) „Erzählungen über den Aufbau und das Leben der Pflanzen" *10* 135
Vavrov, N. 135
Vedmickij, A. N. 173
Veresaev, V. V. 166
Vesič, V. A. 146 155
Virta, N. E. 165 169

Vladimir Monomach 159
Vojtinskaja, O. S. 168 170
Volnin, A. K. 171

Wagner, H. s. Vagner, G.
Wiehl, I. 139
Wilson, M. L. *47 49 50 53 69* 138

Zahirnja, M. M. „Rätsel in Reimen" *9 10* 135
Zajcev, V. G. 168
Zajkov, A. M.; Smirnov, P. A. „Die Düngung mit Stallmist" *7* 135
Zalkind, A. V. 151
Zinovev, G. E. 163
Znamenskaja, E. 135

TOPOGRAPHISCHES REGISTER *

Amerika *15 21 23 30 35 36 46 47
48 49 50 51 52 53 55 61 62 63
67 69 70 71 72 73 76 78 79 80*
s. a. USA
Amsterdam 170
Argentinien *36*
Asien *35*
Ataman *58*

Baku 155
Batum 155
Belgien *23*
Belopol'e 141 142
Berdjansk 156
Berlin XII 87
Bolševo. OGPU-Kommune 139 153 163
Bratislava XII
BRD XI
Brovary. Arbeitskolonie Nr. 5 141 163 174
Budapest XII
Bukarest (București) XII

Čeljabinsk. Traktorenwerke *39*
Char'kov (ukr. Charkiv) XXI *2* 85 86 94 141 142 147 148 149 150 151
   Allukrainisches Zentrales Exekutivkomitee 155f.
   Arbeiter- und Bauerninspektion 150
   Bezirksexekutivkomitee 148 151
   Bezirks-Kinderhilfe 149
   Bezirkskomitee des Komsomol 150
   Bezirks-Volksbildungsabteilung 149 150
   Dzeržinskij-Kommune XIII XXI 141 150 152–160 161 162 163 167 172 174
      Kommune-Vorstand XXI 150 153 154 155 156 174
   GPU der Ukr.SSR *105* 150 153 155 157 159
   Kinderbuchverlag 160
   Medizinischer Staatsverlag der Ukr.SSR *82* 139 155
   Russisches Theater 158 160
   Sowjet des Dzeržinskij-Stadtteils 160
   Staatliches pädagogisches Institut 172
   Staatsverlag der Ukraine *14* 137 154
   Traktorenwerke *39*
   Ukrainisches Forschungsinstitut der Pädagogik (UNDIP) 151
   Verlag Sowjetliteratur 159 160
   Verwaltung der Char'kover Kindereinrichtungen 150
   Volksbildungskommissariat der Ukr.-SSR 136 145 146 147 148 150 155 156 157 158 162
      Hauptverwaltung Sozialerziehung 145 148 152
      Wissenschaftliche pädagogische Kommission 147 148
   Zentralbüro der Kommunistischen Kinderbewegung der Ukraine 136 151 152 153
   Zentralkomitee des Komsomol der Ukr.SSR 152 153
Cherson 142
Chicago 138
Chomutovskaja *18*
Čkalov XII
Cleveland (Ohio) 138

Dänemark *23*
Dakota *26*
Detroit 138
Deutschland *23* 87 *91* 147
Dolinskaja 142
   Eisenbahnschule 141 142
Don *15 32 80*
Donau 138

---

* Den Ortsnamen werden gegebenenfalls Institutionen zugeordnet.

Topographisches Register

Donbass *9*
Donez (Donec) 159
Dubečnja 165

Egorlykskaja *15 16 17 18 19 28 30 32 47 70*
England *87*
Europa *15 69*
s. a. Westeuropa

Frankfurt/M. 153
Frankreich *91* 155 157

Golicyno 141 172
  Heim des Schriftstellerverbandes 172
Gor'kij 157

Hardin (Montana) 137
Helsinki XIV
Homestead (Montana) 137

Irkutsk 169
Italien *91* 147 157 173

Jalta 154 166 168
Japan *63*
Jaroslavl'. Jaroslavl'er Eisenbahn 171 172

Kagal'nickaja *16*
Kanada *36*
Kaukasus (Kavkaz) XXI *15 83* 137 154 155
Kiel XIV
Kiev (ukr. Kyjiv) *94* 142 143 159 160 162 163 164 165
  Medizinischer Staatsverlag der Ukr.SSR *82* 139 155
  Schriftstellerverband der Ukraine 163
    Russischsprachige Sektion 161
  Verlag Sowjetliteratur 159 160
  Volkskommissariat des Inneren (NKVD) der Ukr.SSR 159 160 161 164
    Abt. Arbeitskolonien 141 160 162 164 174
    Klub 161
Kislovodsk 158 169
Kovalevka. Gor'kij-Kolonie s. Triby
Kremenčug (ukr. Kremenčuk) 141 142
Krim (Krym) *83* 154 159
Krjukov (ukr. Krjukiv) 142 143 144 146 173

Eisenbahnschule 141 142 143
Höhere Eisenbahnelementarschule 143 144
Kurjaž. Gor'kij-Kolonie XIII XXI *13 117* 136 141 148–153 160 162 163 172
s. a. Triby

La Porte (Indiana) 138
Leningrad 148 151 164 169 170
  Bezirkshaus des Lehrers 169
  Haus des Schriftstellers 164
  Kirov-Haus der Roten Armee 169
  Kirov-Werke 138
  Landwirtschaftsverlag *51* 137
London *87* 163
L'vov (L'viv) 137

Machačkala XII
Marburg XI XIII XIV XV
Mexiko *36*
Milwaukee 138
Montana 138
Moskau XI XII *94 105* 141 143 145 148 150 151 153 154 156 158 159 160 162 163 164 164–173
  Bibliothek des Pädagogischen Bezirksinstituts 164
  Haus des Lehrers, Frunze-Stadtteil 171
  Höheres Institut für Kommunistische Bildung 162 174
  Kaganovič-Kugellagerwerke 164 166
  Kinderbuchverlag 167
  Künstlertheater 158
  Landwirtschaftsverlag *51* 137
  Litkens-Institut für Organisatoren der Volksbildung 145 146
  Oberster Sowjet der UdSSR 165
    Präsidium 171
  Ordžonikidze-Maschinenfabrik 168
  Pädagogische Lehranstalt Nr. 1 170
  Produktionsgesellschaft „Kinderfilm" 170
  Schriftstellerverband der UdSSR 158 162 164 168 169 171
    Haus des Sowjetischen Schriftstellers 162
    Präsidium 166 168
    Rat der Schriftstellerfrauen 162
    Schriftstellerklub 170 171
    Sekretariat 162 166
    Sektion Prosa 166

Sektion Theater 167
Staatsverlag für Schöne Literatur 154 156 159
Universität 143 172
Verlag Sowjetschriftsteller 167
Redaktionsrat 167 168 174
Volksbildungsabteilung des Rostokinskij-Stadtteils 171f.
Volksbildungskommissariat der RSFSR 160 166 167
Wissenschaftlich-praktisches Institut für Sonderschulen und Kinderheime 169
Vorošilov-Musterschule 161 168
München XIV

New York 170
Novgorod *90* 140
Novorossijs 157

Odessa (ukr. Odesa) XXI 149 155 160 173
Filmstudio 169
Kardiologisches Institut 160
Kinderbuchverlag 160
Österreich *91*

Paris 155 172
Peoria (Illinois) 138
Petersburg 143
Petrograd 143
Poltava XXI 141 142 143 144 145 146 148 173
Arbeiterkomitee *2* 132
Bezirksexekutivkomitee 148
Gor'kij-Kolonie s. Triby
Gouvernements-Exekutivkomitee 147
Governements-Volksbildungsabteilung/ amt 131 133 144 144f. 146
Kinderpalast 144
Landwirtschaftliche Versuchsstation 135
Lehrerinstitut 141 143 171 173
10. Arbeitsschule 144
2. Städtische Elementarschule 144
Prag (Praha) XII XIV

Rostov *17*
Landwirtschaftliche Versuchsstation *73*

RSFSR XI *105* 132 140 158
s. a. Rußland
Rußland *4 18 22 23 63* 139 151 165
s. a. RSFSR

Sahara *46*
Sal'sk *17* 137
Schwarzes Meer (Černoe more) 138 157
Sevastopol' 154 157
Smolensk 164
Pädagogisches Institut 164
Soči 156 157
Solowezk (Soloveck) *108* 140
Sorrent (Sorrento) 147 148 173
Sowjetunion *83 84 86 117 120* 138 139 140 157 165
s. a. UdSSR, Rußland
St. Petersburg s. Petersburg
Stalingrad XII 157
Svjatogorsk 159

Tesseli 159
Tiflis (Tbilisi) XII 155
Tokio (Tôkyô) XII
Triby. Gor'kij-Kolonie XIII XXI *2 4* 131–134 138 141 144–148
s. a. Kurjaž

UdSSR *23 24 59 77* 144 163
s. a. Sowjetunion, Rußland
Ukraine *18 64 73* 141 148 174
s. a. Ukr.SSR
Ukr.SSR XI *105* 133 140 149
s. a. Ukraine
Union s. Sowjetunion
USA *24 25 26 27 50 53 78* 137 138
s. a. Amerika

Verbljud *17 19 39 40 47 74 77*

Warschau (Warszawa) XII
Washington XIV
Westen, Der *46 53 84 85 87 88 118 128*
s. a. Westeuropa, Europa
Westeuropa *23 83 84 86 87 89* 155
s. a. Westen, Der; Europa
Wolga (Volga) 138 157

REGISTER DER WERKE MAKARENKOS

An der gigantischen Front XVI 137–139 154
An die Char'kover Pioniere 136
Antwort an den Genossen A. Bojm 170
Beharrlichkeit und Nachgiebigkeit 169
Berechnung von Tragflächen XIII
„Die Bolševcer" 163
Ein Buch für Eltern XIV 140 161 163 164 165 166 167 168 170

Charaktererziehung in der Schule 167
Le chemin de la vie
s. Der Weg ins Leben
Children in the land of socialism
s. Kinder im Lande des Sozialismus

Darstellung der Bildungsarbeit in der Poltawaer Arbeitskolonie „Maxim Gorki" s. Erfahrungen mit der Bildungsarbeit...
Disziplin 155
Ein dummer Tag 143
Dur 157 158

Ehre XIV 165 166 167 172
Der Einzelne und die Gesellschaft 164
Erfahrungen mit der Bildungsarbeit in der Poltavaer M. Gor'kij-Arbeitskolonie XVI 134–136 146
Die erzieherische Bedeutung der Kinder- und Jugendliteratur 167
Erziehungsprobleme der sowjetischen Schule 167
Eugen Onegin 160

Die F. E. Dzeržinskij-Kommune (ukr.) 156
Familie und Kindererziehung 168
Familie und Schule 169
FD-1 156

La femme soviétique s. Die sowjetische Frau
Flaggen auf den Türmen XIV 167 168 169 170 171 172 174
Die Freude unseres Lebens 165
Die Fülle des sowjetischen Lebens bringt farbenprächtige Romane hervor 169
Fullness of Soviet life brings colorful novels into being s. Die Fülle des sowjetischen Lebens...

Ein gesetzmäßiger Mißerfolg 165
Glück 166
Gruß den Pionieren s. Willkommen, Pioniere!

Ein herrliches Denkmal 162

Im Namen des „eisernen" Bolschewiken 157

Kinder im Lande des Sozialismus 170
Kinder zweier Epochen 167
Die Kinderverwahrlosung und ihre Bekämpfung XVI 132 139f. 155
Kleine Jungen 161
Kolonisten (Roman) 166
Kommunistische Erziehung und kommunistisches Verhalten 172
Die Krise der modernen Pädagogik 143

Literatur und Gesellschaft 171

Die M. Gor'kij-Kolonie XVI 132 134 146
Maksim Gor'kij in meinem Leben 164
Der Marsch des Jahres dreißig XIV 154 156
Mehr Aktivität beim Spielen 164
Mehr Kollektivität 164

Ein Mensch 161 166 169
Methodik der Organisierung des Erziehungsprozesses XIV 161

Newtonsche Ringe (Roman) 169
Newtonsche Ringe (Theaterstück) XIII 159 160 163 169

Offener Brief an den Genossen F. Levin 170
Die Organisierung der Erziehung schwererziehbarer Kinder 149

Pädagogen zucken die Achseln 157
Ein pädagogisches Poem XI XIV 134 149 153 154 155 157 158 159 160 161 162 164 166 169 173
 (engl. Übers.) 163
 (franz. Übers.) 172
 (niederl. Übers.) 170
 (ukr. Übers.) 160
Probleme der sowjetischen Schulerziehung 166

Schöne Literatur über Kindererziehung 164

Die Sorge um den Menschen XIII 169
Sowjetische Fliegerinnen 168
Die sowjetische Frau 169
Der Stil der Kinder- und Jugendliteratur 169

Uns steht eine große Arbeit an uns selbst bevor 172
Ein Urteil des ganzen Volkes 163

Verleumdung eines jungen Schriftstellers 166
Versuch einer Methodik für die Arbeit in einer Kinderarbeitskolonie 155
Vier Kameraden 163

Ein wahrer Charakter 170
Der Weg ins Leben 165
Wege einer Generation XIII 166 169
Wie ein schöngeistiges Werk entsteht 168
Willkommen, Pioniere! XVI 136
Wir leben in einer überaus glücklichen Zeit 163

Das Ziel der Erziehung 165